中国联合国协会会长陈健致辞

外交部副部长崔天凯致辞

上海市副市长屠光绍致辞

联合国文明联盟高级代表桑帕约致辞

联合国秘书长特别顾问瑞扎致辞

联合国文明联盟高级顾问
Jean-Christophe Bas致辞

复旦大学党委副书记陈立民致辞

北京大学副校长李岩松致辞

上海市社会科学院副院长王振致辞

中国外文局副局长黄友义致辞

澳大利亚拉筹伯大学对话中心主任
Joseph A. Camilleri致辞

马来西亚国际公平运动组织负责人
Chandra Muzaffar致辞

部分与会嘉宾合影

崔天凯会见桑帕约

会场

欢迎晚宴

会议运营团队

承办单位领导

会议闭幕式

复　旦　联　合　国　研　究　丛　书

联合国与文明对话

United Nations
and Dialogue among Civilizations

张贵洪　郭峰铖◎主　编
石晨霞　薛　亮◎副主编

时事出版社

本书的出版得到中导集团和教育部
《联合国发展报告》项目的大力支持

总序

什么是联合国？谁代表联合国？联合国是一个什么样的机构？联合国有什么作用？中国与联合国的关系如何？这是每一个对联合国有兴趣的读者都想知道的。

我的回答是：联合国是一个“不独立的多元体”。所谓不独立，就是联合国没有独立的主权，它的权力来自于它的成员国。所谓“多元体”，就是说在联合国的所有机构中，没有一个能够完整地、全面地或在任何时候都代表联合国。很多人会认为联合国秘书长是代表联合国的。那么，是不是就是说联合国秘书长在任何时候、任何地点、任何问题上都可以代表联合国讲话呢？其实不然，《联合国宪章》对联合国秘书长的规定有两段话：第一段话是讲联合国秘书长是联合国的 chief administrative officer，即首席行政长官，所谓行政的概念就是“办事”，而不是“决策”；第二段话就是说秘书长可以将他认为威胁到国际安全与和平的问题提交到安理会，以引起安理会的注意。这两条规定，第一条把秘书长的职权局限到了“非决策”的范围；第二条规定似乎又放宽了一点，让他可以就有关国际和平与安全的问题发表自己的意见。

在成立后的六十多年里，联合国究竟起了怎样的作用呢？综合起来看，它的作用主要有五点：一是作为一面镜子，反映了国际形势的变化，折射了国际格局的演变；二是作为一个论坛，反映了世界上各种各样的声音；三是作为多边外交最活跃的舞台；四是一个国际合作的平台；五是国际行动合法性的象征。

联合国是多边外交的论坛，联大每年都云集了各国的元首、首脑和外长，这是任何一个国际机构都无法比拟的。联合国是集团外交博弈的舞台，许多重大谈判都是在集团之间进行的，集团外交在联合国里面有很重的分量。集团外交有优势也有弱点，它的优势在于增加了弱小者的谈判分量，有利于在这个强弱不等、力量失衡的世界里面为弱小国家争得一份发言权、一份决策权；缺点在于增加了谈判的复杂性和难度，联合国常常议而不决，决而不行。

联合国是国际合作的平台，二战以后其发挥这个平台作用主要体现在以下几个方面：一是完成了非殖民化的进程，使得一大批亚非拉国家取得了独立并参加了联合国；二是开展了历史上最广泛、最持久的发展援助，联合国里面有三大机构专门从事援助工作，即联合国开发计划署、联合国人口基金以及联合国儿童基金；三是缓和了国际冲突，通过军控、预防外交、维和、建设和平等手段解决了一系列地区冲突，更重要的是避免了大战的发生；四是规范国际行为，确立行为准则，并通过它的一系列决议、宣言、行动纲领以至于法律文件如条约、公约等形式，确立战后国际社会应该共同遵行的游戏规则。

联合国还有一个作用是过去不为人们意识到的，就是其已成为某一国际行为是否合法的象征，这从两次伊拉克战争就能看出来，有没有联合国的授权是行动合法还是非法的一个依据。

同时，联合国还是一面镜子，反映了国际形势的变化，折射了国际格局的演变。联合国成立到现在大概有这么几个时期：联合国成立初期，只有 51 个成员国，当时联合国是美国操纵的工具；20 世纪 60 年代开始，情况逐步发生变化，到 70 年代就发生了质变，发展中国家成为联合国里的多数；1971 年中国代表权的恢复是一个分水岭，标志着美国操纵联合国的时代一去不复返了；70—80 年代，联合国折射出来的是两对矛盾的交叉，一是南北矛盾，二是东西矛盾，既对抗又对话；进入 90 年代，苏联解体、冷战结束，联合国进入了一个新的时期，这个时期的特点是两极争雄消失、南北矛盾缓和，使得联合国能够在政治、安全、经济、社会、人权等各个领域全面发挥作用。安理会在经历冷战时期的瘫痪之后恢复工作，被称为联合国的黄金时代。世界人民对联合国的期望值也大大提高。但是好景不长，第二次伊拉克战争使联合国陷入空前危机，联合国在世界民众心中的形象大为受损。在这样的背景下，要求联合国改革的呼声在世界范围内响起。

从现在来看，联合国将来会怎样？这里人类再次面临需要和可能的矛盾。需要是因为国际关系格局发生了重大的变化，从两极格局向多极格局迈进，但多极化是一个漫长的过程，又是一个充满变数的过程。

进入新世纪以后，联合国在变化，中国也在变化。中国的实际利益已经不局限在国门以内，中国的影响也已经超出了地区。所以，有很多全球问题都事关中国的切身利益，这就要求中国以更积极的态度来参与联合国的事务，维护自身的利益。可以预见，中国将在财政、维和等方面作出更大贡献，同时也需要利用联合国这个平台来拓展自身利益。联合国需要中国、中国需要联合国这样一个时代即将到来。

近年来，国内对联合国问题的研究越来越重视。现在，复旦大学联合国研究中心与时事出版社合作推出“复旦联合国研究丛书”，这是一件非常有意义的事，可喜可贺。相信本丛书的出版必将推动我国的联合国研究上升到一个新的水平。

今天是《联合国宪章》生效和联合国成立六十五周年，此总序也是对“联合国日”的一种纪念。

（前联合国副秘书长、中国联合国协会会长）

2010 年 10 月 24 日

于北京和平里

目录

第一篇　背景报告

第二篇　地区变革

第三篇　地区对话

第四篇　地区合作

“通过对话和多样性促进和谐”
——联合国文明联盟亚洲南太平洋磋商会议综述

石晨霞*

2012年11月29—30日，“联合国文明联盟亚洲南太平洋磋商会议”在上海国际会议中心长江厅隆重举行。此次会议由联合国文明联盟（UN-AOC）、中国联合国协会（UNA-China）共同主办，上海联合国研究会和中导集团承办，复旦大学国际问题研究院、北京大学北京论坛秘书处、上海社会科学院国际关系研究所、澳大利亚墨尔本拉筹伯大学对话中心、马来西亚国际公平运动组织等5家单位协办，并获得联合国中国书会、中国外文局、上海市文明办、上海市外办等单位的支持。

出席此次会议的嘉宾和领导包括：葡萄牙前总统、联合国文明联盟高级代表桑帕约（Jorge Sampaio）、中国外交部副部长崔天凯、上海市副市长屠光绍、中国联合国协会会长陈健等。此外，联合国秘书长特别顾问Iqbal Riza、联合国文明联盟高级顾问Jean-Christophe Bas、复旦大学党委副书记陈立民、北京大学副校长李岩松、上海市社科院副院长王振、中国外文局副局长黄友义、澳大利亚拉筹伯大学对话中心主任Joseph A. Camilleri、马来西亚国际公平运动组织负责人Chandra Muzaffar等各方代表均出席了会议。来自中国、印度、澳大利亚、新西兰、马来西亚、泰国、菲律宾、印度尼西亚、日本、韩国、中国台湾等数十个国家和地区的代表、国际和地区组织的代表、私人机构和非政府组织领袖、媒体代表

---

* 石晨霞，复旦大学联合国研究中心博士后。

等约150人应邀与会。

“联合国文明联盟亚洲南太平洋磋商会议”的主题是“通过对话和多样性促进和谐”（Harmony through dialogue and diversity），会议共分为4场全体大会，分别为：“地区变革：经济发展对社会、政治、文化和价值的影响”、“研讨会汇报总结”、“从联盟2007年奥克兰会议到一个地区合作的新框架：在亚洲和南太通过多样性和对话实现和谐”、“未来五年”。此外，会议还包括在两个时段分别同时举行的4个研讨会，共涉及8个议题，分别是“文化传统与现代生活的结合”、“世俗主义和宗教的复兴”、“文化和文明对话作为国际关系的新兴范式”、“联合国体系与亚洲文化”、“中国传统文化的精髓如何为‘多元文化、一个人类’做贡献”、“如何通过对话缓和紧张和冲突”、“青年如何为跨文化对话与和谐做贡献”及“教育如何适应跨文化对话与和谐”。

开幕式由Jean-Christophe Bas（联合国文明联盟高级顾问）主持，陈健会长、崔天凯副部长、屠光绍副市长、桑帕约高级代表先后致开幕辞。随后，在张小安（中国联合国协会副会长兼总干事）的主持下，陈立民副书记、李岩松副校长、王振副院长、黄友义副局长、Joseph A. Camilleri和Chandra Muzaffar作为协办方代表分别致辞。

随后，在潘光教授（联合国文明联盟大使）的主持下，Iqbal Riza（潘基文特别顾问）、Belen Alfaro（西班牙外交部）、Helena Barroco（联合国文明联盟）、Jordi Torrent（联合国文明联盟项目主管）、Abhishek Thakore（印度蓝丝带运动组织）就联合国文明联盟的工作和活动进行了具体的介绍。他们分别对联合国文明联盟成立的背景，联盟的具体项目和活动，联盟在媒体、教育项目中取得的成绩以及联盟在青年活动中的一些有效做法做了细致而生动的介绍。

在这个文化与文明多样共存的时代，“联合国文明联盟亚洲南太平洋磋商会议”将亚洲和南太平洋地区在文化、宗教、教育、媒体等领域百余名代表汇聚一堂，为该地区的文化与文明对话提供了一个平台，这在促进相互之间的交流与理解、推动合作与共赢方面具有重要意义。

一、地区变革：经济发展对社会、政治、文化和价值的影响

在关于“地区变革：经济发展对社会、政治、文化和价值的影响”这一主题的讨论中，来自马来西亚、澳大利亚、印度和中国的代表分别就不同问题做了发言。

马来西亚的Chandra Muzaffar教授就“亚洲和南太社会如何应对宗教、种族和文化多样性带来的挑战”这一问题发表了自己的看法。首先，他对马来西亚在处理多种族、多文化问题上的有效做法进行了介绍。在过去的55年中，马来西亚只发生过一次国家层面的社区性暴力事件。他们大多数人对其他的种族和社团以及文化都具有包容性和接纳性，尤其是对待国家本土的群体。可以说，包括中国、印度等在内的少数群体与本土群体共同作出贡献，才创造出多种文化和谐共存的局面和环境。同时，马来西亚政府以价值、平等、平衡等为主要原则来制定政策，避免极端性的政策出台，也给予处理多种族和谐共存、财富公平分配、教育公平等问题以巨大支持。当然，马来西亚也面临着贫富分化、宗教冲突等挑战，但是在多种族、多宗教的文化中会持续努力。

中国南京大学的赖永海教授就如何应对宗教文化多样性所带来的挑战提出自己的见解。他提到一种宗教文化之所以会产生、能够长期存在并持续发展，必然有着非常深刻的历史原因、文化背景和社会基础。也就是说，多宗教文化并存都有其社会历史必然性，所以不应该回避它，或者排斥某种宗教文化，而应该正视它、认真对待它，其中包括三个方面的内容：一是认真研究宗教产生的原因；二是增加沟通对话，增进了解，求同存异，共同发展；三是因势利导，使各种宗教文化各尽其能，充分发挥各种文化的社会功能、历史作用，使其推动整个经济的发展。而要做到这一切，就必须有海纳百川、有容乃大的胸怀。这种态度在中国历史上都有成功的案例可以借鉴，佛教的传播和发展就是其中最具代表性的案例。

来自澳大利亚的Joseph A. Camilleri在“地区机制多大程度上融入到‘通过多样性和实现和平’原则的过程和活动中?”这一问题上认为，应该增强知识分子在亚洲多元化发展中的作用。在过去的一百年当中，在联合国文明联盟还未成立之前，知识分子就看到亚洲有非常大的对话潜力，包括甘地、杜维明教授都是这方面的代表。另外，像东盟这些组织应该重视文化对话这一领域，应该成为对话的催化剂。对于如何在东亚和南太平洋地区进一步推进教育、媒体、法律、宗教方面的交流，以及如何通过对话、交流进一步加强亚洲的区域认同这些问题，他提出五条建议：第一，每两到三年召开一次区域磋商会议；第二，建立指导委员会，负责建立各区域间的磋商；第三，支持联合国文明联盟，建立更多的区域组织，同时在经济和安全合作之外进一步开展文化、文明方面的合作；第四，在本次磋商当中，教育和媒体方面的项目可以形成一个探讨文件；第五，建立区域跨文化培训中心，主要任务就是培养国家区域和不同城市之间的合作伙伴关系。

北京大学的杜维明教授就中国文化的特点与面临的挑战等问题进行了发言，他认为中国文化的发展具有持续性的特点，且目前仍然处于生机勃勃的状态，而这些特点都是源于中国文化强调容忍和尊重对方，强调己所不欲，勿施于人。但是，中国目前也面临很多问题，腐败行为不仅存在于政治领域，也存在于文化领域、宗教领域。而且，整个社会对精神领域的关注很少，对宗教、文化了解得太少，因此需要进行深入研究。文明联盟给我们带来了很多机遇，我们需要借助和更好地利用文明联盟所带来的平台和机遇，对文化教育体制做一个机制性的重造，以帮助人们获得文化资产，而不仅仅是经济资产。我们需要更多的是文化和精神价值，而不仅仅是物质财富。而且，联盟最终会给我们带来非常重要的自我意识的复苏和唤醒，促使中国更多地关注和培养公共知识分子，尤其是那些具有文化和社会意识的知识分子。

最后，印度的Mata Amritanandamayi Devi就“亚洲和南太社会如何更好地为不同文化和文明之间共存和接触的全球对话作出贡献?”发言。中国的王戈就文化和谐性的问题发言，他认为1960年之后美国通过包容使各种文化进入美国，且这种多样性的文化在美国落地、生根、发芽，因此包容是多样文化共存的关键因素。“和而不同”是中国文化的精髓，也是人类共同的价值标准，也会产生共同的理念，这是东西方文化的最高阶段。和谐是最重要的文化元素，萌芽于人类的历史，但体系构建于我们目前的现代文明。

二、分组研讨会汇报总结

在第二场全体会议中，各位发言人主要围绕前期讨论的八个议题进行汇报总结。首先，来自韩国的 Arnaud Leveau 就第一议题“文化传统与现代生活的结合”汇报了第一分会场的讨论结果。他认为文化是很好的交流方式，东北亚地区也可以通过文化的交流来加强相互之间的理解。同时，宗教也发挥着很大的作用，宗教领导人往往能够受到人们的尊重。此外，他还就该议题提出两条建议：第一，关于宗教，宗教虽然可以发挥分裂的作用，但是也有良好的团结作用，因此应着力发挥其团结的作用；第二，当今世界的冲突并未消失，这在东南亚地区也存在，希望文化交流可在更多的区域冲突中发挥积极的作用，也希望东南亚地区的经验能够传播到其他地区，以更好地解决地区的冲突问题。

来自印度尼西亚的 Hefiz Al Asad 就第二议题“世俗主义和宗教的复兴”汇报了第二分会场的讨论结果。他谈到，宗教在我们的个人和社会生活中发挥的作用越来越大，因此应该更多地去了解宗教，相信宗教能够帮助我们更好地实现不同文明之间的对话。第二，宗教的理念和世俗的想法之间可以进行很好的融合，它们两者之间并没有明显的分界线。第三，宗教在克服世界物质主义的过程中也发挥着很好的作用，它提倡的简化生活方式应该在应对金融危机的过程中发挥重要作用。第四，宗教应该在人权发展过程中发挥应有的作用。第五，建立教育网络，在亚太地区建立相关的培训机构，推广宗教文化知识。

来自澳大利亚的 Aran Martin 就第三议题“文化与文明对话作为国际

关系的新兴范式”汇报了第三分会场的讨论结果。她认为，不是把所有的东西都整合起来而作为一个标准，而应该让每一个国家作出应有的贡献，且每一种文化都有自己的内涵，所以应该尊重不同的文化。我们应该有更多的对话机制，求同存异，一旦认识到存在分歧的时候就应该积极进行对话。在政治框架中，大家可能有相同的意见，也有不同的意见，但是国际关系可能有其他的基础，不一定都要依靠这种博弈去解决。总体的建议是，联合国文明联盟是很好的场所，可让我们探讨共同的价值观，即使我们有着各种不同的解释。因为国际关系应该由不同的理念来塑造，我们应该有更多的同情心、宽容心来塑造全球化时代的国际关系。此外，希望未来会有更多的群体能参与其中，包括公司、环境非政府组织、政府、商界等，更多的群体参与更能体现当今国际社会的包容性。

来自联合国文明联盟的 Jordi Torrent 就“联合国体系与亚洲文化”汇报了第四分会场的讨论结果。他谈到，研讨会对联合国文明联盟提出了诸多建议：第一，联合国文明联盟可以更多地参与东盟区域组织的讨论；第二，水资源有着非常重要的作用，它可以推动地区各个国家之间的合作；第三，有关哲学方面，中国的道家思想可以很好地理解社会各个阶层，因此可以将道家思想作为西方二元论的替代或者视角来看待社会的冲突；第四，建立联合国文明联盟办事处来鼓励本地区参与到联合国文明联盟的活动，并且增加联盟在地区的影响力和知名度；第五，涉及到青年人，可在本地区建立青年会议或研讨会；第六，涉及教育者，与会者建议建立区域性教育者会议，通过这些会议来增进区域间文化的理解，分享经验，同时可以就一些历史问题进行讨论，从历史的角度来看待问题；第七，涉及到沟通，建议联合国文明联盟在本地区会议上有更多的出席率，让更多的人参与区域性会议并发言。

Fethi Mansouri 就“中国传统文化的精髓如何为‘多元文化、一个人类’做贡献”这一议题对第五分会场的讨论进行了汇报。他首先谈到中医，其在西方已经逐步被大家接受，许多西方人在接受中医治疗后有了非常好的效果，因此中医可以成为中西方联络的桥梁。其次，中国文化传统是很重要的，它有着内在的活力，有助于解决现代问题，解决我们现在面临的一些紧张现象。另外，从中国文化的内在来说，其具有多样性的特点，而且中国文化具有包容性。在多样性中体现包容性，这些经验可以为国际社会提供借鉴。最后，文化的多样性需要持不同语言的群体相互认知，因此语言的翻译工作就显得很重要。他建议：第一，以丰富多彩的中国文化为基础来推动本地区和世界文化的多样性活动，可以建立文化数据库来实现地区分享，或者建立战略伙伴关系，比如和孔子学院等机构建立战略伙伴关系；第二，联合国文明联盟可以和孔子学院一起对年轻人进行教育方面、领导力方面的培训。

来自柬埔寨的 Thanine Sok 向大家汇报了第六个议题，议题是“如何通过对话缓解紧张和冲突”，而且大家讨论的主要是地区冲突。东南亚地区冲突分为两类：一是国内的；二是国家间的。国内的冲突主要是一个民族的文化在政治上优于另一个民族，造成另一个民族不满。国家间的冲突主要是政治冲突和领土冲突。而且，人们注意到民族主义的紧张局势正在日益恶化，应该对此进行研究，就这些问题进行探讨。我们面临的问题是民族主义在全球化背景下不能实现沟通的问题，因此建议将妇女融入到冲突的解决中，因为妇女是天然的调解员，同时还需要第三方来调停国家之间的冲突。另外还可以采取预防性的措施：首先，要通过对话避免冲突；第二，采取教育手段；第三，让学者积极表达他们的想法，提出解决方案。

来自新加坡的 Aljunied Khairudin Syed 就第七个议题“青年如何为跨文化对话与和谐做贡献”做了汇报。他谈到大型的跨国公司也可以作为很好的文化传播者，能够通过其让更多的人提升意识。就联合国文明联盟而言，希望通过媒体，包括电影、微博以及其他多媒体方式，让年轻人有更多发言的机会，也可以让他们更多地去谈论自己对不同文化的理解。另外，应该更好地让年轻人参与到全球问题的解决与对话中。此外，应该在联合国文明联盟中建立青年秘书处，由全球不同的成员参与其中，作用是让世界各国的青年人进行跨文化交流，让他们发出声音，发表观点。

最后，来自美国的 Alessia Lefebure 就第八个议题“教育如何适应跨文化对话与和谐”进行了汇报总结。她谈到，在我们的文化和平进程中，教育起着非常重要的作用，因此必须考虑教育在跨文化交流中的重要作用，希望有更多的非正式教育能够发展起来。此外，希望能够教育年轻人不仅要了解传统的知识，也应该了解文化；不仅要成为未来的劳动力，也应该更多地了解其他的一些技能。相应的培训应该包括多学科的内容，不仅是理论上的知识。在新的教育方法方面，可以建立一些社区性的学校，将这些经验在其他正统教育中进行推广。

此外，教师应该更多地鼓励讨论，或者将其他内容融入到教学中，不仅把学生动员起来，也把教师动员起来，教师观念的改变就意味着课堂观念的改变。

三、从联盟2007年奥克兰会议到一个地区合作的新框架

在关于从“联盟2007年奥克兰会议”到“一个地区合作的新框架”：在亚洲和南太通过对话和多样性实现和谐这一议题的讨论中，来自韩国的Kim Yersu、台湾的黄俊杰、马来西亚的Phar Kim Beng、中国的高述群、菲律宾的Cesar Villanueva先后做了发言。这一环节主要围绕联盟目前所取得的成绩、遇到的一些挑战或将要解决的一些问题以及如何展望未来等问题展开。

Kim Yersu认为，文明联盟在过去的几年中已经取得很多成绩，从2007年奥克兰会议的召开以来，跨文明交流取得很多成果，多元化的文化相互交织，包括和谐、多样性方面的对话也越来越多。在过去的10年左右时间里，人们不再从单一的角度来讨论文明，而是越来越自然地从多角度来讨论文明，更多地从理论上来进行交流。与此同时，国际社会还存在不同形式的冲突，不同的国家之间也出现了很多冲突，特别是领土方面的争议，同时还包括因文化差异而造成的一些矛盾，因此我们应该通过对话的形式来解决冲突。关于未来，需要将更多的工作放在寻求和建立共同的价值方面，并在此基础上将本地区中的国家团结起来。

黄俊杰谈到，在过去的一百年里，所有的亚洲国家都经历了西方的侵

略，这对许多亚洲国家来说是一部血泪史，特别是中国大陆和台湾地区尤其是这样，因此他从历史的角度提出几点建议：第一，所有的亚洲国家不仅要关注国内的政治，还要关注国际环境，国际环境就是法国人说的“社会环境”。在这个前提下，就能更好地了解、考虑人们提出的建议。第二，关于中国的崛起，这是世界历史上非常重大的发展，中国在南海方面的问题通过政治和军事手段无法解决，所以文明之间的对话才是我们唯一的出路，通过搭建一个平台来让不同的文明在21世纪全球环境下进行对话。第三，2500年前孔子就已经提到采取两种治理方法：一种是同质性的治理；一种是非同质的治理。孔子这样的想法在我们现在的环境当中还是可以适用的，即应该关注分享利益，而不是垄断利益。

Phar Kim Beng介绍了马来西亚全球运动基金会（IMMF）的成立背景、所取得的一些成绩和整体运作情况。他认为我们不仅要关注全球层面，也要关注区域层面，在对待传统国际问题的时候可以从文明的角度加以考虑。基金会的一些文明对话理念也逐步为东盟国家所接受，还将推出更多的对话机制，并通过更多的对话网络在区域内开展活动。同时，基金会也希望能够和联合国文明联盟或其他机构，包括其他的国际组织开展更多的合作，以更好地发挥其作用。此外，基金会的优势在于其实践性。国际层面比区域层面的不信任、冲突更多，通过更温和的态度来解决问题，相信更多的问题都可以获得解决。如果没有这样的缓和机制、温和机制，整个社会不会向正轨方向发展。

中国的高述群则介绍了尼山论坛的基本情况以及其在促进世界文明对话方面取得的成绩。尼山世界文明论坛是立足于孔子故乡，以聆听世界多元声音为主要宗旨的跨文明对话的交流平台，“和”、“和为贵”、“和而不同”是其中心思想。尼山论坛遵循联合国宪章精神和开展不同文明对话的决议精神，致力于推动跨文明的对话理解和合作，致力于在不同文明之间架设起思想交流、情感连接、心灵沟通之桥，致力于维护世界文化多样性和推动建设和谐世界。他希望尼山论坛能够与联合国文明联盟加强合作，共同为在亚洲和南太通过多样性和对话实现和谐而作出努力。最后，他提出三点建议：第一，在这样的时代背景下，建议由联合国文明联盟与尼山论坛等组织合作，致力于在亚洲及南太建立起一个跨国界、跨地区、跨文明的亚洲对话联盟，形成在各大文明和亚文明之间进行交流、沟通，减少误判、化解矛盾的模式与机制，构建起一个地区合作的新平台。第二，在孔子故乡或者上海设立亚洲及南太跨文明对话联盟总部，形成覆盖全亚洲及南太文明对话联盟的系统。第三，在 2014 年 5 月 1 日，即第 12 个联合国世界文明对话日，在尼山举行“亚洲及南太跨文明对话联盟”首届年会，并首先推动在全亚洲的青年人和妇女中开展文化对话和联谊活动。

最后，来自菲律宾的 Cesar Villanueva 代表国际天主教协会介绍了文明对话取得的成绩以及未来应该进一步改进的问题。他认为我们应该倡导和平，在怎样为未来的一代创造更和平、更和谐的环境方面作出努力。菲律宾已经将对话作为不同文化交流的重要工具，并且制定了框架文件，出台了最终的和平协议。而且，菲律宾伊斯兰联盟提出召开国家会议，在马尼拉建立了和平组织，并提出将妇女作为主流纳入对话中。同时，他认为大家非常关注宏观的东西，在微观方面讨论不够，而且面临的问题非常复杂，因为对话不仅是双方的对话，而是多边对话，涉及很多利益相关者，因此需要有包容性，这是非常重要的。在价值方面，他认为首先要坚持和平共处；第二是发展；第三是和而不同。在国际关系方面，他提到三点：第一，国际关系中存在互利性、互相性、互惠性；第二，在国际关系中要倡导平等，这种平等是每个国家都有权享受的；第三，可持续性在国际关系中非常重要，也是我们处理国际关系的中心要点。最后，他强调应该更多地投资于下一代，因为他们是未来世界的领导者。

四、未来五年

这一环节的会议主要是在本次会议前期讨论的基础上进行总结，为联合国文明联盟在东亚和南太平洋地区的工作规划提供建议，在上海和维也纳之间建立桥梁，将磋商会议的成果在下一次维也纳联合国文明联盟全球论坛中体现出来，并展望未来五年的发展前景。本场会议发言的是来自联合国文明联盟的 Jean-Christophe Bas、Helena Barroco、缅甸的 Nanda Hmun，以及中国的潘光。

Jean-Christophe Bas 在发言中谈到，整个会议过程是非常独特的，这不仅是联合国文明联盟的成果，也是不同地区、不同国家探讨合作的新模式。会议中对文明对话中新的问题和总的趋势都做了探讨，也对宗教的复兴、个人主义和整个社会之间关系、全球面临的问题、硬实力和软实力等问题都进行了探讨，同时在此基础上建议在文明社会中追求更多元化的目标，同时建立区域化的机制。当然，我们也看到一些不足之处，例如日本、朝鲜的缺席。此外，企业界的人士也非常少。因此，应该有更系统的机制，比如让音乐界、娱乐界等更多其他行业的人员参与到对话中，这样才能构建一个更好的对话平台。关于后续的工作，联盟要重新审视所有建议，根据要求再进行筛选，然后选择代表性的提议，浓缩成具体的实施计划或形成一个具体的行动计划，并在维也纳会议中将其细化。当然最关键的是，如何将上述建议更好地付诸实施，形成长期的行动计划，并通过不同的机构来实施，进而在了解现有机制运作情况的基础上制定新的方案。最后，Jean-Christophe Bas 也提出了建议：第一，在国家层面，更深入地看每个国家层面的方案，在具体的国家中认识文化多样性的发展；第二，在区域层面，重视与国家合作的问题；第三，在全球层面，亚洲的文化价值应推向全球的层面。

Helena Barroco 的发言主要围绕如何为维也纳会议做准备，包括组织和人员上的安排，并希望得到与会代表的建议。她也提到联盟下一步的工作主要是执行会议中的建议，并在维也纳会议上分享此次会议的成果。她提议建立一个针对此次磋商结果的工作小组，或组织非正式的辩论，把该区域的讨论结果带到别的区域，让别的区域了解此次活动和成果，也可以把别的区域所讨论的结果介绍给本地区，这样对话就会有不同的视角，因此希望大家能够踊跃参加维也纳的论坛。她建议会议形成一个宣言和一份全面报告，这些都需要大家来共同协商。此外，她希望各位采取投票方式来挑选嘉宾，为使讨论变得有意思而出谋划策。

来自缅甸的 Nanda Hmun 在发言中认为，21 世纪是一个特殊的世纪，各种文明虽然来自不同的背景，但是都朝着一个方向在前进，亚太地区也不例外。联盟可以组织更多的区域和次区域的项目和活动，以此来倡导人与人之间的宽容，分享彼此的信念、文化与语言。当然也要有不同的观点，并尊重彼此的观点，这样就可以在此基础上建立伙伴关系网络，为区域的发展作出更大的贡献。同时，也应该进一步弘扬和谐、团结的精神，让更多的人注意到这些价值的重要性。此外，通过一些活动来弥补发展鸿沟、建立桥梁，推动人和人之间的沟通。对于那些选择持负面观点的人，要和他们分享共同的想法，以改变他们的偏见。最后，国家的相互依存度越来越高，和平、发展以及共存应该在日常的活动中反映出来，每一个国家都可以为此作出一些贡献，为区域安全尽一份职责。

最后一位发言人是来自中国的潘光教授，他就中国和联合国文明联盟如何进行合作的主题进行了发言。他谈到包括上海、北京、尼山论坛等各地代表和机构都希望能够与联合国文明联盟建立合作关系，也希望联盟能够在中国建立亚洲和南太平洋地区的办事处。一些机构也乐意提供支持，以帮助联合国文明联盟建立办事处。此外，他谈到希望利用电影等渠道促进文化方面的交流，包括得到一些明星的支持，还可以通过举办大的活动来推广联合国文明联盟的理念和活动。例如，联合国馆曾经借助上海世博会举行活动，受到百万人的关注，这就是有益的经验，因此在 2014 年也可以利用世界杯或其他大型活动进行宣传。

此后，一些代表也从自身角度提出一些建议和问题，大家随后进行了讨论。最后，桑帕约先生做了致辞，对给予此次会议支持的各单位表示感谢，也对为联盟提出建议的各位代表表示感谢，表示联盟会认真考虑这些建议并形成一个报告，而且联盟会在未来的工作中建立更多的区域框架，让更多的区域参与联盟的活动和工作。对于代表们提到的与联合国文明联盟进行合作的愿望，桑帕约先生专门做了回应，谈到将会做一个协调，希望能够让这种合作变为现实。最后，对于会议的工作人员，他也表达了谢意。

第一篇

背景报告

联合国文明联盟高级名人小组报告

（2006 年 11 月 13 日）

第一部分

一、弥合世界鸿沟

1.1 我们这个世界严重失衡，已经到了令人惊恐的程度。对许多人而言，上个世纪带来了前所未有的进步、繁荣、自由，而对其他人来说，上个世纪却标志着一个征服、屈辱、被剥夺的时代。我们这个世界充满了巨大的不平等和矛盾性。在这个世界上，最富有的三个人的收入超过了世界最不发达国家的总收入；虽然现代医药每天创造着奇迹，可是有 300 万人每年死于可预防的疾病；虽然我们比以往任何时候都更加了解遥远的宇宙，但仍有 1.3 亿个儿童无法获得教育机会；虽然存在着各种多边的公约与机构，然而国际社会在面对冲突和大屠杀时经常显得无能为力。对于人类中的大多数来说，免于饥饿、免于恐惧依然是遥不可及的梦想。

1.2 我们也生活在一个日益复杂的世界中，在这里两极对立的看法在不公正和不平等的催化下，往往酿成暴力和冲突，威胁着国际的稳定。在以往数年中，战争、占领及恐怖行为加剧了各个社会内部和各个社会之间的猜疑和畏惧。除了激进团体之外，某些政治领导人及部分媒体利用了这种环境，向世人描绘了一种似是而非的景象，好像这个世界上的文化、宗教、文明互相排斥，历来截然不同，注定要走向对抗。

1.3　令人遗憾的是，由“文明冲突”论所带来的忧虑和混乱扭曲了对于该世界面临困境之实质的讨论话语。文化之间的关系史并非只是战争和冲突的历史，同时也是建设性交流、相互启迪、和平共处的历史。况且，用一成不变的文明分界线来概括内部不断变化、千差万别的不同社会，妨碍了人们以更有启发性的方式去理解身份、动机、行为这类问题。与这种公式化的文化框框相比，有权势者与无权势者之间的裂痕，富有者与贫穷者之间的裂痕，不同政治团体、阶级、职业、民族之间的裂痕，会具有更大的解释力。事实上，文化框框只会强化已经两极对立的看法，更糟糕的是它们会助长一种错误的观点——似乎不同文化处于某种不可避免的冲突的轨道上，因此会把本可协商解决的争端变为看来无法克服的、基于身份的冲突，而且还会挑起大众的绵绵想象。故此，很有必要反对这些公式化的偏见和错误理念，因为它们加深了不同社会间的对立与不信任。

1.4　以此观之，在不同社会之间架起桥梁，促进对话和理解，并且形成一个处理全球失衡问题的集体政治意志，这种必要性在今天比以往任何时候都更为迫切了。这个急迫的任务构成了“文明联盟”行动的政治理由。该行动先由西班牙和土耳其的总理联合倡议，2005 年由联合国秘书长正式发起。它强调在不同国家、文化、宗教之间应有的一种广泛共识，即所有社会都是人类大家庭中的成员，大家在寻求稳定、繁荣及和平共处的征程中相互依赖、命运相连。

1.5　“文明联盟”力图关注不同社会之间日益扩大的裂痕，重申具有不同文化与宗教传统的民族应当互相尊重这一规范，并愿促使各方为此而采取共同的行动。这一努力反映了绝大多数民族要求摒弃任何社会中的极端主义、尊重宗教和文化多样性这样的意愿。为了指导这一举措，联合国秘书长建立了由著名人士组成的“高级名人小组”，本文件便是小组的报告。[①] 该报告以分析为基础，评估了不同社会之间的关系，考察了当今

① 本报告反映了高级名人小组成员的共识，但并不意味着在所有问题上大家都完全一致。

正在出现的滑向极端主义的趋势，特别关注西方社会与穆斯林社会之间的关系——当然，我们深知，这样的特点描述并未反映各自内部巨大的差异。报告向行政当局（包括国家、地区和基层各层次）、国际组织和公民社会提出了务实的行动方案建议，希望借此有助于减少世界各民族和文化之间的敌意，促进其相互间的和谐。

二、指导原则

2.1 “文明联盟”从本质上说，必须立足于一个多极的视野。因此，有一些原则指导了名人小组的思考，这些原则确立了倡导一种对话文化、倡导所有民族和文化互相尊重这样的框架。《联合国宪章》、旨在将人类从恐惧和苦难中解放出来的1948年《人权普遍宣言》，以及其他有关文化和宗教权利的基本文件[①]为下列这些原则提供了基本的参照。

2.2 一个日益互相依赖和全球化的世界只能通过以联合国体系为核心的法治和有效的多边体制来加以管理。这要求遵守国际法和国际公约，包括遵守比如《国际人道法》（尤其是《日内瓦公约》）所载明的规范战争行为的所有权利和责任，也要求尊重确立这些法规的机构，并要求支持那些对违规行为进行裁决的机制。

2.3 对人权标准充分的、始终如一的恪守构成了稳定的社会及和平的国际关系的基石。这些标准包括禁止身体和精神上的酷刑、有权自由信仰宗教、有权自由表达和自由结社。这些权利的神圣性体现于其普遍性和无条件性上，因此这些权利应当被视为不可侵犯的，在任何情况下所有政权、国际组织、非国家行为体、个人都必须恪守这些标准。

2.4 文明和文化的多样性是人类社会的一个基本特征，也是人类进步的一股推动力量。文明和文化反映了人类的巨大财富和遗产，其本质就

① 参见“文明对话”网址 www.unaoc.org 列出的参考文件。

是彼此交叠、相互影响、不断演化。各个文化都对人类的进化作出了贡献，它们相互之间没有高低等级之差。文明的历史实际上是一段互相借鉴、彼此不断取长补短的历史。

2.5　贫困导致绝望，导致不公平感，导致被排斥感，当与政治悲情相结合时会助长极端主义。消除贫困可以减少那些与经济边缘化和被排斥相关联的因素，所以就如联合国“千年发展目标”所要求的那样，必须全力推进消除贫困的事业。

2.6　恐怖主义永远都没有为自己开脱的理由。为了成功地促使国际机构和各国政府制止恐怖主义，我们需要关注一切有利于恐怖主义滋长的条件，要看到在和平、安全、社会与经济发展、人权之间的相互联系。就此而言，最近批准的“联合国反恐战略”代表了一个重要的里程碑。

2.7　民主治理代表了公民的意志，并且会对公民的需要和诉求作出反应，它为个体充分实现其潜力提供着最为有效的渠道。为了保证其成功，民主制度必须从每个社会自己的文化土壤中有机地成长起来，体现出该社会中人们的共同价值，并适应其公民的需求和利益。只有当人民拥有自由而且感到自己在掌握自己命运的时候，才能做到这一点。

2.8　宗教是许多社会中日益重要的一个方面，也是个体价值观念的重要源泉。在促使人们尊重其他文化、宗教和生活方式并使之和谐相处方面，宗教扮演着关键的角色。

三、全球背景

概述

3.1　20世纪的政治和技术进步展示了希望和可能，有望在国家之间维持前所未有的长期和谐，同时大幅度地改善全球的福利状况。事实上，也的确取得了许多成就。多边合作加之公民社会的主动参与，为国际关系中的众多积极的进展创造了条件，禁止使用地雷、建立国际刑事法庭、开启旨在消除疾病或者消除贫困的广泛合作行动，便是积极进展中的若干例子。然而，尽管取得了这些成就，在世界现状的许多方面依然可以感觉到一种总体的失调现象。人们普遍察觉到，主要由于缺乏大多数强国的支持，本来为了推行普遍原则和改善总体福祉而建立的多边机构效力不彰。同时，人们切实地担忧，为当今年轻人创造一个更加和平、稳定和繁荣未来的前景面临着危险。在某些情况下，这种悲观看法起源于某种特定的当地的、国家的或者区域的事态变迁，但是也的确存在着某种更为广泛的全球背景，这种全球背景必须予以关注。

3.2　从社会、政治、经济的角度观察，西方既在推动着全球化，又似乎受到全球化的某些趋势的威胁。西方强国在世界上维持着压倒性的政治、经济和军事力量，包括在多边政治和经济机构中拥有不成比例的影响力。同时，漏洞百出的边境，从穷国向富国节节上升的人口流动，未能融入主流社会的移民群体，经济、环境、健康，甚至是实物性的安全威胁的跨境扩散，都昭示着不同社会既互相依存、相互间差异又在持续拉大这一事实。

3.3　就经济福利而言，收入上的不平等在近几十年中继续扩大。目前的研究表明，世界经济进一步的一体化实际上加剧了国家间在经济增长方面的差距。因此，全人类的一半以上仍然过着穷困潦倒的日子，国家内部以及国家之间的贫富分化似乎在难以避免地继续发展。发展中国家的健康和教育体系依然满足不了需求，对于环境的破坏还在恶化，核武器、生物和化学武器的扩散似乎脱离了有效的控制，包括官方和非法的全球武器销售也在失去监控。

3.4　就政治福祉而言，人们越来越感到，人权和民主治理这些普遍原则只在被某些国家认为符合其自身利益时才会得到它们的有力捍卫，这种有选择的方式削弱了相关多边组织的合法性，因为它们肩负着表达、促进、倡导这些原则的使命。当民主选出的政府被强国绕开，或有时被强国颠覆时，那些支持民主制的博学鸿词随即黯然失色、无足轻重。

3.5　族群之间用于互相沟通的机制和技术发展迅速，似乎快于我们借此来谋取人类共同福利而应有的集体政治意志的成长。这一环境使以族群的身份认同为基础的政治获得了生长的沃土，而这种政治反过来又会导致各族群之间的暴力性紧张关系，催生各族群之间的敌对关系。

身份认同与感知

3.6 特点各异的文化身份认同是丰富的人类经验中不可分割的一部分，因而必须得到尊重和光大。在现代身份认同的发展与传播中，传统和习俗尤其扮演着关键的角色。但是，难以抵挡的“全球化”趋势在世界的许多地区，包括拉美、非洲和亚洲，对集体性身份认同形成挑战。20世纪后期的进步开启了新的可能性，让不同的民族和文化在保持其各自特有身份认同与信仰体系的同时，能够更加容易地交流，以更加平等的地位协商其利益，并且追求其共同的目标。可是，许多人感到实际出现的却是这样一种国际体系：它展现了让部分群体改善经济福利的前景，作为交换，却要求各文化更大程度地遵从和同质化，同时家庭和社区因城市化而轰然解体，传统的生活方式被否定或抛弃，自然环境则走向衰败和退化。在任何地方，只要有关群体感到面临着被边缘化的处境，感到未来无望，甚至只感到受压抑和被排除，部分人必然会作出反应，更加有力地来宣示其基本的身份特征。

3.7 在民主社会，当共同遭受歧视或迫害的群体起来要求平等权利和政治参与时，可以通过诸如平权运动这样的方式来和平地回应其要求。但在那些没有提供渠道让苦难得到倾听的政治体制中，经常会出现政治和军事团体，它们会倡导使用暴力来实现利益的调整。有些人会将它们视为解放运动，而另有些人则将其视为对国家安全的威胁。在这一空间的最极端，那些角逐经济和政治利益的激进分子会利用受屈辱和被剥夺的情绪，为其按宗教和民族分化组织起来的政治党派和军事团体吸引和招募人员。虽然媒体上时有客观的分析，但经常充斥肤浅的、简单化的言辞，加之不公正的报道，会强化人们相互间的负面看法。

极端主义的抬头

3.8 唯意识形态分子极力说服人们接受并支持其事业，他们对于宗教的利用造成了一种错觉，好像宗教本身是跨文化冲突的一个根本原因。故此，很有必要消除误解，客观并准确地评估宗教在当代政治中的作用。事实上，在我们这个时代，宗教与政治之间可能呈现一种互利共生、相互影响的关系。历史上也不乏此种例子，如貌似世俗的殖民事业曾打着“文明拓展使命”的旗号，也即19世纪时人们所相信的“天定命运论”，实际上就有深刻的宗教根源。反过来，当代某些表面上以宗教为纲领的运动则掩盖了其借用宗教来服务于意识形态目的的政治野心。

3.9 从19世纪中叶到20世纪中叶，许多知识分子和政治精英曾以为，现代化将会瓦解宗教的活力。根据他们的理论，随着人们经济上更加富有，政治上自由度更大，受教育程度更高，世俗化和世俗主义作为一条法律和政治原则也将向前发展，从而在世界事务中将宗教降低到一个不那么重要的地位。但是，在最近几十年里，几乎每一个主要的世界性宗教都在挑战这一理论，反而在政治中确立了其新的地位。在某些社会中，支持宗教在公共事务中发挥更大作用的呼声在不断增大。多数人以和平的方式表达这一愿望，但在世界范围内也有一小部分基于宗教动机的团体在参与暴力活动。

3.10 在此紧要关头，澄清我们对于某些常用术语的理解是颇为重要的。“原教旨主义”是基督教新教徒杜撰的一个西方术语，直接用于其他群体是不合适的。它经常被用来描述某些不安于宗教在世俗社会中的边缘化，试图重新恢复宗教中心地位的运动。实际上这些运动具有高度的创新性，甚至还是非正统的，但它们往往呼吁回到宗教传统的本源，不顾历史因素而原原本本地恪守基本的文本和原则。尽管“原教旨主义”一词经常被滥用，但值得指出的是，这些运动在大多数信仰传统中都确实存在，而且它们并非天然倾向暴力。一般来说，它们都怀有一种对于世俗现代性的深深的失望和畏惧。在它们的经验中，世俗现代性具有侵犯性和不道德性，而且缺乏深层意义。另一方面，由于极端主义倡导采取激进措施以追求政治目标，在某些情况下，它们可利用原教旨主义和极端意识形态来证明暴力行为、甚至针对平民的恐怖主义袭击是合理的。

3.11　必须认识到，世界上没有哪个宗教可以宽恕或者准许对平民的杀戮，所有宗教都崇尚同情、公正、敬重生活的尊严。然而，在世界不少地方近来持续发生的冲突中，宗教被用来证明不宽容、暴力，甚至杀人都是有理的。最近，极端主义团伙搞的许多暴力和恐怖活动都是打着穆斯林社团的旗号进行的。由于这些活动，伊斯兰正被某些人视为一个天然崇尚暴力的宗教。诸如此类的看法往好说是错误的，往坏说则是居心叵测，它们加深了各社团之间的裂痕，并且强化了其相互间危险的敌意。

3.12　极端主义和恐怖主义并非纯粹由宗教排他主义所挑起，也不是只由非国家行为体实施。事实上，世俗的政治动机曾经导致的最为骇人的恐怖罪行在人们的脑海中仍然记忆犹新，如纳粹大屠杀、苏联时期斯大林的大清洗，以及更近些的在柬埔寨、巴尔干和卢旺达的种族屠杀，所有这些罪行都是由国家政权犯下的。简言之，随便浏览 20 世纪便可发现，没有哪个社团、文化、地区或政治主张可以特别地与极端主义或恐怖主义行为画等号。

3.13　在任何地方，只要一些群体相信自己正面临以种族、宗教或者其他身份特征为基础的持续不断的歧视、屈辱或者边缘化，那么它们就可能更加激烈地张扬其身份。只要愤怒的源头依然如故，特别是如果正常政治进程中进一步的羞辱或者失意加强了这种愤怒的情绪，温和的领导人总会不遗余力地去争夺激进领导人的光芒；而后者总是挑动集体愤怒的情绪，并且通过排他主义的意识形态、对立性的政治和暴力，来提供本群体一家的感情和调整现状的手段。有效的应对之策不能单靠攻击这些意识形态的追随者，实际上此类战术反而可能进一步煽起本欲消灭的那些情绪。唯一持久的解决方案是消除怨恨和愤怒的根源，因为它们使极端主义的、暴力的意识形态显得魅力十足。排他主义的意识形态、敌对性的感受、文化上的傲慢、媒体的模式化宣传，与脱胎于不公正（主观认为的和客观存在的）的冲突往往危险地结合在一起，没有哪里比在西方与穆斯林的关系中可以更加明显地看到这种危险的结合了。

四、政治方面

历史叙述

4.1 “文明联盟”是以此前有关“文明对话”[①] 的努力及其他有关倡议为基础的，[②] 它必须以一种多视角和综合的方法来考察当今不同社群之间关系的现状，以及其塑造这些关系的世界观和相互感受。这里的分析集中于考察西方社会和穆斯林社会之间的关系，当然名人小组对于这个问题的考察和见解将会给一般意义上的跨越鸿沟提供借鉴作用，从而会有助于建设和平与和谐。

4.2 虽然在世界三大“一神教”——基督教、伊斯兰教和犹太教的信徒之间曾经有过紧张和对抗的历史，但是他们之间的冲突往往更多地出于政治原因而非宗教原因。重要的是，应当看到和平共处、互惠贸易和相互学习是这三大宗教从古至今关系中的主要特点。在中世纪，伊斯兰文明曾经是善于创新、知识积累、科学进步的重要源泉，为欧洲文艺复兴和启蒙运动的兴起作出了贡献。历史上，在穆斯林统治下，犹太教徒和基督教徒基本上可以自由地从事其宗教活动，其中很多人还曾晋升至较高的政治职位。特别是，犹太人在历史上不同的时期都曾在穆斯林帝国中寻求庇护，以逃离歧视和迫害。同样地，在最近的数个世纪中，西方的政治、科学、文化和技术的进步，也影响了穆斯林社会生活中的很多方面。许多穆斯林也试图移民到西方社会，部分地是因为在那里可以找到政治自由和经济机会。

---

① 参见“文明对话全球议程”（A/60/259）。

② 尤其是，“建设和平文化宣言与行动方案”，此文件随同“文明对话与文明联盟”，在“联合国大会 2005 年世界峰会成果”第 144 段中得到提及。

西方社会与穆斯林国家的关系

4.3　激进势力利用古代史中的历史片段来描绘一幅不祥的画面，好像各个宗教团体历史上就是泾渭分明的、相互排斥的，并且注定要走向对抗的。我们必须反对这种扭曲的历史叙述。对于本报告而言，最为重要的是这样的事实，久远的历史并不能为当今的冲突提供解释，也不能为西方社会与穆斯林社会之间敌意的上升提供解释。相反，当今这些现象的根源存在于19世纪和20世纪的那些发展。那时，先出现了欧洲的帝国主义，此后便导致了反殖民主义运动，进而形成了相互对抗及其遗产。

4.4　1947年，联合国同意巴勒斯坦分治时，曾经设想建立两个国家——巴勒斯坦国和以色列国，同时给予耶路撒冷以特殊的地位。这后来导致了1948年以色列国的建立，并从此开启了一系列的事件。至今，这些事件还是西方社会和穆斯林社会关系中最为困扰人的问题。以色列持续占领巴勒斯坦和其他阿拉伯领土，耶路撒冷这个穆斯林、基督教徒、犹太教徒心目中的圣城至今一直未能确定其地位，人们认为这是得到了西方政府的默许。因此，这成为穆斯林世界对西方世界抱有怨恨和愤怒的主要原因。这种占领在穆斯林世界中被看作是另一种形式的殖民主义，使许多人相信，不管他们的看法是对是错，以色列跟“西方”在进行着共谋。这些怨恨和感受由于以色列最近在加沙和黎巴嫩过分的报复行动而进一步加剧。

4.5　在另外一个关键的方面，中东作为一个对繁荣和权力具有关键意义的重要石油产地而崛起。冷战时期的大国在这一地区的战略重地和石油资源丰富的国家进行角逐，经常采取军事和政治的干预行动。这导致一些国家的发展受到阻碍，最后反过来还使干涉这些国家的强国引火烧身，其后果至今还能够感受到。1953年伊朗的政变就是这些事件中的一个，这一事件的后果充分展示了外国对于一国政治进程的干预既具有局限性，又充满危险性。

4.6　1979年，苏联对阿富汗的侵略和占领开辟了另一条战线上的对抗。作为支持宗教抵抗组织遏制共产主义的西方政策的一部分，美国及其盟国（包括该地区的某些穆斯林政府）为阿富汗的抵抗组织（圣战者游击队）撑腰，最终迫使苏联在1989年撤离。经过一段时间的不稳定之后，塔利班政权控制了阿富汗，并且支持“基地”组织，由此而挑起了针对西方的敌对情绪，同时也开始了一系列使新千年开端蒙上血腥的事件。

4.7　2001年9月，由“基地”组织对美国实施的恐怖袭击，几乎招致了全球范围不分宗教信仰、不分政治立场的同声谴责。袭击也展示了这个极端组织敌对情绪的深度。恐怖袭击引发了对于阿富汗塔利班政权的强力报复，后来这些袭击又被当作侵略伊拉克的正当理由之一。实际上，伊拉克与这些袭击的联系从来都没有得到证实，这使穆斯林社会觉得对伊拉克的入侵是西方进行的又一场非正义侵略战争。

4.8　在穆斯林与西方社会的关系方面尤其让人感到尖锐的问题是，人们认为在国际法应用和对人权的保护方面存在着双重标准。有关集体惩罚、定点清除、严刑拷打、肆意拘禁、高压引渡，以及对于独裁政权的刻意支持等等报道，导致全球各地、尤其是穆斯林国家深感自己易受外来攻击，也导致了人们对于西方双重标准的反感。西方某些政治和宗教领导人关于伊斯兰天性暴力及其他相关的言论，包括使用像“伊斯兰恐怖主义”和“伊斯兰法西斯主义”这样的词汇，引起了“恐伊斯兰情绪”的急剧上升，反过来又进一步加深了穆斯林世界对西方的畏惧。

4.9　在另一方面，针对西方平民的暴力袭击，包括自杀性爆炸、人质劫持、严刑拷打，也造成了西方社会的怀疑、不安和恐惧气氛。西方的许多人也感到穆斯林领导人身上也有双重标准。事实上，虽然穆斯林世界普遍指责西方的军事行动，但是对于穆斯林内部的冲突，大家却闭口不言。比如，某些穆斯林国家中什叶派和逊尼派之间的暴力冲突，以及针对苏丹达尔富尔地区平民的暴行等，都没有遭到穆斯林世界的普遍谴责。

4.10　双方各自感受到对方的双重标准，也造成了一种猜疑和不信任的气氛，破坏了穆斯林社会与西方社会之间的关系。

穆斯林社会中的趋势

4.11 在殖民时代后期，许多穆斯林思想家敦促他们的社会应该顺应时代、与时俱进。获得独立之后，一些穆斯林领导人开始实施现代化计划，以促进自己国家的发展。这些政策经常被宗教派别视为在走一条世俗化道路。最近几十年里，人们却看到了五花八门的宗教政治运动的崛起，大家把它们笼统地称为“伊斯兰主义”运动。这些运动赢得了可信度和民众支持，部分是因为它们向社会中的被剥夺群体提供了急需的社会服务，特别是在医疗卫生和基础教育方面。这些运动与统治当局形成了鲜明的对照，因为人们普遍认为当局未能为其国民提供足够的经济和社会福利。

4.12 在评估西方社会与穆斯林社会关系的时候，应当看到伊斯兰主义运动并非必然地在伊斯兰社会中制造伊斯兰主义好战情绪，也并非自然地导致与西方的暴力对抗。西方军事力量对于某些穆斯林国家的侵略，以及它们在这些国家中持续的存在，加上穆斯林世界中对于政治运动的压制，才是暴力活动出现的原因。正如历史上在许多国家中所见到的那样，长期占领和政治压制会激起暴力抵抗。这一视角让我们看到了穆斯林世界正在发生的内部变化，它们才影响着穆斯林社会与外部世界的关系。

4.13 目前大部分穆斯林国家所遭遇的困境并不能简单地归咎于外来干涉。在穆斯林社会内部，进步派和保守派之间的争论正在展开，除涉及到对于伊斯兰教法及传统的解释外，还涉及到整个穆斯林世界的社会和经济问题。用简单而明了的话说，几个穆斯林国家对于变化的抗拒才是他们目前处境不妙的根源，这种不妙处境是相对于当今正在迅速进步的其他社会而言的。在穆斯林中似乎有一种越来越明显的认识，在以往数个世纪中，随着世界日益一体化和相互依存，他们社会中的威权主义和高压求同构成了进步的严重障碍。似乎显而易见的是，如果穆斯林社会能够加强对话和讨论，以看清妨碍其社会充分融入到全球政治、经济和思想群体中的那些内部障碍，并就如何克服这些障碍进行探讨，将会给所有穆斯林社团都带来益处。

4.14　在某些情况下，一些自封的宗教人物利用了民众寻求宗教指导的愿望，对伊斯兰教义进行狭隘的、扭曲的解释。这些人歪曲性地描述某些习俗，把为名誉而杀、肉体惩罚、迫害妇女当作其宗教所要求的内容。这些习俗不仅仅违背了国际间达成共识的人权标准，而且在受尊敬的穆斯林学者眼中也毫无宗教基础。这些穆斯林学者认为，如对伊斯兰经文和历史进行恰当的解读，应当让人们革除而不是延续这些习俗。

4.15　很多这些习俗与妇女的地位直接相关，在某些穆斯林社会中，孤陋寡闻的宗教人士与一些思想僵化的保守政治政权结为一体，成功地严格限制妇女参与政治和职业生活，从而妨碍了她们自我实现的前景和潜力。所造成的结果是，对于整个社会以及未来子孙后代而言，民主多元主义被扼杀、经济和社会进步被妨碍。这一问题只能通过法律来加以克服，即法律应依据国际达成共识的人权标准来保障性别平等。如果得到宗教教育的支持，而这种教育又是以对宗教教义做恰当解释为基础的话，那么这些措施有可能取得成功的。不过，必须指出的是，在世界的许多地方，包括西方社会在内，有关改善妇女地位的问题，尚有待于更多的努力。

4.16　谁将从这些穆斯林的内部斗争中获胜，不仅对于穆斯林社会的未来是至关重要的，而且对于穆斯林与外部世界的关系也是至为关键的。故此，我们要在这里讨论这一问题。显然，上述紧张关系只能由穆斯林社会自己来加以解决。在此过程中，非穆斯林世界并没有一个特别的角色要扮演。西方的活动分子和政府尤其应当避免采取一些会对穆斯林社会正在进行的辩论具有负面影响的行为。西方媒体和官方经常做一些简单化的解释，或者对整个伊斯兰宗教进行一番指责，或者不恰当地挑起世俗主义者和宗教分子之间的对立，这种言行都是具有危害性的。例如，我们看到媒体只把时间和空间给予那些伊斯兰世界中最为激进的宗教势力以及西方社会中最为反穆斯林的意识形态分子。同样，穆斯林世界制作的某些媒体产品也主要地或者完全地对其他群体进行负面报道，这也强化了舆论的两极化对立。有些用语，比如西方世界所谓的“穆斯林恐怖主义”和穆斯林世界所谓的“现代十字军远征”，都增加了双方的敌对情绪。

4.17　在穆斯林内部的讨论中，直接影响到与西方社会关系的一个问题就是“圣战”这一概念。“圣战”概念非常丰富，包含很多层意思，既可以指每一个个体内心善与恶之间的斗争（经常在伊斯兰中被称为“大”圣战），也可以指拿起武器捍卫自己的社会（所谓“小”圣战）。现在这个术语却越来越多地被激进分子用来证明他们的暴力是正确的，而很少考虑其相应的历史条件及宗教条件。大多数穆斯林学者都认为，使用该词时应当附加这些条件。当媒体和西方政治领导人捕捉并放大激进团体对于暴力的这种呼吁时，“圣战”的概念便丧失了对穆斯林所具有的多层含义和正面内涵，只成为跟暴力或者负面意义连在一起的一个词。然而，这些负面意义本来就是错误地强加给它的。

4.18　对于许多穆斯林而言，在以往30年中，能感受到的摆脱西方国家占领和政治主导的成功，都是由那些宗教政治军事合一的运动和非国家行为体所领导的。西方国家的力量不管在军事上、经济上还是政治上，都远远超出这些团体。但是，这些团体通过非对称战争，成功地抵制了侵略和占领。这种获胜的能力让人感到一种同仇敌忾和同心协力的力量。人们对于西方占领的担忧是如此的尖锐和普遍，以至于某些温和领导人也不得不得支持抵抗运动。这些领导人本来并不赞成上述团体更广泛的政治和宗教方面的意识形态，他们更担心这些团体势力的上升会对政治自由和社会自由带来长远的影响。因此，出现这样的现象就不奇怪了：在穆斯林社会中，那些最感到被排斥、最体会到沮丧的群体中，无能为力感和受迫害感越强烈，激进宗教军事运动的革命言辞就越能得到响应和支持。

4.19　更主要的是，这些团体都是在政治反对派的背景下崛起的，它们的行为与许多伊斯兰国家当局所遭遇的失败形成了鲜明的对照。实际上，这些当局都被视为未能抵制西方的干预，或者与西方国家站在一起来支持占领穆斯林国家或压迫穆斯林兄弟。

4.20　有鉴于此，在伊斯兰社会内部以及更大的范围内，出现了一种日益强烈的认识，认为应将那些抵制外来占领的民族运动与那些具有全球野心的恐怖主义团体区分开来。国际社会中并不是所有人都赞成这种看法。对于那些抵抗组织，应当鼓励它们通过非暴力地参与政治进程和民主化过程来寻求实现其目标。对于全球性的恐怖主义团体，“文明冲突”论正好是一个可资利用的口号，可以帮助吸引和调动松散网络中的行动分子和支持者。我们必须清楚地表明，在我们看来，没有任何政治目标，不管是基于历史上的不公正还是现实中的挑衅，也不管是由抵抗组织所为、由全球好战团体所为，还是由国家所为，可以把枪口对准平民或者非战斗人员，此种行径必须得到毫不含糊的谴责。

五、走向“文明联盟”：总体政策建议

中东

5.1　就伊斯兰社会与西方社会的关系而言，我们必须承认造就了数以百万计穆斯林之观点的当今现实，那就是由来已久的以色列与巴勒斯坦的冲突、阿富汗境内的武装冲突，以及伊拉克内部日益激烈的暴力冲突。

5.2　我们必须强调，解决巴勒斯坦问题日益迫切，这是伊斯兰社会与西方社会裂痕加深的一个主要因素。就此而言，我们有责任表达我们集体的看法，即没有一个代表了这场冲突中所有各方意志的公正的、有尊严的、民主的解决方案，一切试图弥合鸿沟、化解敌意的努力，包括本报告中所提建议在内的，都只能取得有限的成功。

5.3　我们强调巴以冲突，并不是说它就是伊斯兰与西方社会所有紧张关系中唯一的原因。其他因素也在酿成怨恨和不信任，比如伊拉克境内日渐上升的危机、阿富汗持续的不稳定、穆斯林社会中的内部问题以及许多国家里针对平民的恐怖袭击。然而，在我们看来，巴以问题已具有一种象征意义，它影响了三大宗教信徒之间跨文化的和政治的关系，已经远远超出其有限的地域范围。

5.4　对于这样一场冲突，寻求一个公正的和可持续的解决方案，将需要以色列人、巴勒斯坦人和所有能够影响局面的国家拿出勇气，大胆地对未来进行构想。我们坚信，这方面的进步将有赖于同时承认巴勒斯坦人和以色列人的国家诉求，有赖于建立两个充分具有主权、并肩生活在和平

与安全中的独立国家。

5.5 实现这一目标将要求以色列不仅仅接受，而且要努力推动建立一个可维持的巴勒斯坦国，包括以色列、埃及和约旦在内的和平协定表明，符合国际法的这种建设性步骤是可行的。况且，1991 年马德里会议上各方所达成的有关条件、2000 年克林顿总统所推动的和平倡议、2002 年在黎巴嫩贝鲁特会议上阿拉伯联盟所提出的和平建议都表明，一个广泛的协定框架的确存在，政治意志是可以形成的。

5.6 在这方面最为重要的是，冲突双方应当认识到，在以色列国建立之后出现了相互抵触的两种说法。在大多数犹太人和以色列人的眼中，以色列建国是犹太人建立家园这一长期诉求的结果，可是随后却受到了毗邻阿拉伯国家的攻击。然而，对于巴勒斯坦人和穆斯林世界中的大多数人而言，以色列的建国是一个侵略性举动，导致了数十万巴勒斯坦人的被驱逐及自己土地的被占领。值得注意的是，这些相互抵触的说法也反映在他们对最近历史各不相同的解释上，双方都以相异的方式来描述冲突、占领以及和平谈判的努力。

5.7 巴以冲突白皮书　巴勒斯坦人和以色列人相互抵触的说法不能得到充分的调和，但是两种说法必须得到共同的认可，如此方可奠定持久解决方案的基础。为此，我们建议制定一份白皮书，以冷静的、客观的方式来分析巴以冲突，倾听双方互相矛盾的说法，回顾并且诊断以往和平举措的成功和失败，清晰地界定为摆脱危机必须要实现的条件。这样的一份文件可以为参与这一冲突解决的关键决策者的工作提供一个坚实的基石。平衡的和理性的分析将让巴勒斯坦人清楚地看到，他们几十年被占领、被误解、被丑化的代价现在正在得到充分的承认。与此同时，此份文件又有助于消除以色列人的担忧。这样的努力将会给予那些寻求公正解决这一危机的人们有力的帮助，同时又可削弱各方面的极端势力，因为他们将再也无法误导这一进程。本来由于没有人去讲述这一事实，或者由于这一事实被国际社会有意地漠视，这些人一直在利用这一点谋取私利。

5.8 恢复多边和平进程的活力成为解决处于中东危机核心的问题，作为重新努力的进一步步骤，名人小组呼吁再次开启政治进程，包括尽快召开有关中东和平进程的国际会议。所有相关方面都应当参与该会议，其目的是要达成一个广泛的和平协定。

5.9　与伊拉克和阿富汗达成国际约定[①]　国际社会应该以高度的责任感来关注伊拉克境内的政治和人道主义危机。名人小组表示充分支持阿拉伯联盟在伊拉克内部寻求国内政治共识的努力，也表示充分支持实施“与伊拉克的国际约定”。同样，当然是在不同的一个区域范围内，名人小组表示充分支持最近所倡导的“与阿富汗的国际约定”。

5.10　伊斯兰国家中的政治多元化　导致穆斯林社会与西方社会两极对立，并且导致其关系中出现激进主义情绪的原因之一，就是穆斯林世界对于政治运动的压制。因此，穆斯林世界的执政当局应当为非暴力的政治党派（不管是宗教的还是世俗的）提供充分参政的空间。这符合穆斯林社会和西方社会的利益。为此，外国政府应当前后一贯地支持民主进程，当有关结果并不符合自己的政治议程时，也不应加以干预。对政治多元化的这一呼吁，不仅适用于中东国家或者更大范围内的穆斯林世界，而且适用于所有的国家。

其他的总体政策建议

5.11　重新致力于多边主义　像本报告通篇指出的那样，国际社会所面对的很多问题，只有在一个多边的框架下才能得到有效的解决。因此，各国都有义务来强化多边的机制，尤其是联合国，大家也有义务来支持那些旨在强化这些机制能力和效率的改革努力。

5.12　充分地、一贯地尊重国际法和人权　当人们只是有选择地捍卫或者所谓“捍卫”普遍人权时，群体之间的两极对立情绪就会增长。因

① “与伊拉克国际约定”由伊拉克政府、联合国、世界银行倡议，在2006年9月10日阿布扎比筹备会上发起，参见www.iraqcompact.org。“与阿富汗国际约定”由阿富汗政府、联合国及国际社会磋商后制定，在2006年1月31日至2月1日伦敦阿富汗会议上发起，参见www.fco.gov.uk。

此，在各民族间进行真正的对话，就要求对于国际人权原则，对于充分地和始终如一地应用这些原则有一个共同的理解。特别是，这一对话必须建立在对人权尊重的基础上，也建立在对于国际刑事法庭权威尊重的基础上。这里的人权包括良心的自由、表达的自由、免予拷打和其他非人道酷刑的自由。这些人权原则已由《人权普遍公约》、《日内瓦公约》和其他基本文件加以规定。

5.13　与人权标准相适应的协调性移民政策　移民问题要想得到最为有效的管理，必须要求相关的政策在移出国、中途国和目的国之间得到协调，也要求有关政策符合国际人权法、国际人道主义法和其他为保护难民和内部流离失所人员提供指南的国际协定。

5.14　扶贫与经济不平等　“文明联盟”只有在一个包括所有国家都致力于实现“千年发展目标”的框架下才能得到实现。这个问题的迫切性，再强调也不过分。全球的不平等正在以令人发指的速度加剧：在非洲，一半的人口每日生活费不足1美元；虽然非洲人口占世界人口的将近1/6，它只占世界贸易的不足3%；而且，在包括投资、教育和健康在内的其他领域中，非洲也明显落后。[①] 必须只争朝夕地处理这些问题，因为贫富日益扩大的差距，对于挑起怨恨、腐蚀全球团结会具有很大的影响力。

5.15　保护宗教信仰自由　宗教自由和信仰自由是所有国家和宗教团体都加以保障的基本权利，为此必须尤其关注对于宗教纪念场所和神圣地点的尊重问题，因为其意义直接关涉个人和集体宗教身份的核心。冒犯和损坏宗教信仰场所会严重地破坏不同群体之间的关系，并且增加诱发大规

---

① 根据联合国开发计划署《2005年人类发展报告》，2003年非洲获得的外国直接投资为130亿美元，与此相对照，欧洲联盟为2160亿美元，亚洲为1470亿美元，北美为950亿美元，而且在1990年至2003年期间，非洲大陆53个国家中有18个国家遭遇了生活水准的下降。

模暴力的危险。因此，依照2001年联合国大会所采纳的决议案，[①] 我们相信，各国政府应该采取有力措施，反对污损神圣地点和信仰场所，并且肩负起保护这些地方的责任。我们同时也呼吁公民社会和国际组织，帮助弘扬一种宽容的文化和尊重所有宗教和宗教场所的风气。

5.16　发挥负责任的领导作用　很多导致群体间紧张关系的问题实际上都出现在政治和宗教交汇的地方。这些问题中的一个就是，有时候政治和宗教领导人使用煽动性的言辞会带来不良影响，这些语言通过媒体传播更可造成破坏性的影响。此类语言会挑动仇恨和不信任，使之扩散开来，导致“恐伊斯兰情绪”、“恐外症”和反犹主义。在目前遍及世界各国的恐惧与猜疑气氛中，公众舆论的领导者和影响者肩负着特别的责任，他们应当在不同文化当中致力于促进理解，促进不同宗教信仰和传统之间的互相尊重。由于他们拥有影响力，拥有人们的尊重，他们有责任来防止使用一些涉及他人信仰或者神圣象征的暴力性或者挑衅性语言。

5.17　公民社会积极参与的关键作用　要实现上述的每一项政策建议，政治步骤固然必要，但是如果没有公民社会的支持，政治行动往往会无法形成长期的效果。名人小组因此呼吁，在推进这些政策建议的过程中，尤其是在和平解决冲突的过程中，公民社会应发挥更大的作用，应能够更深地介入。

5.18　建立推进“文明联盟”的伙伴关系　名人小组建议，应当跟那些赞成其目标的国际组织在“文明联盟”的框架下建立伙伴关系。同时，应当强化其与联合国体系的互动与协调，特别应当关注那些作为联合国大家庭一部分的国际组织，以及那些已经与“文明联盟”名人小组进行合作的组织。这些组织有：联合国教育科学和文化组织、欧洲联盟、欧洲安全与合作组织、伊斯兰会议组织、阿拉伯国家联盟、伊斯兰教育科学和文化组织、联合城市和地方政府组织、世界旅游组织，以及其他官方或民间的国际与国家组织。

---

① 参见2001年5月31日联合国大会通过的联合国关于“宗教场所保护”的决议（A/RES/55/254）。

5.19　本报告第一部分所做分析的目的，不管是就全球角度而言，还是就穆斯林社会与西方社会关系这一具体角度而言，是要确定一个基础，是要为建设跨文化和谐、增加全球稳定而在机构层面和公民组织层面采取联合行动，奠定基石，并确认其道德基础。本报告的以下部分，即第二部分主要是行动领域和主题建议，将探讨可以采取这些行动的主要途径，分析教育、青年、移民、媒体目前在不同社会之间的关系方面所扮演的关键角色，并就这些领域可以采取的改善关系的行动提出建议。

第二部分

六、主要行动领域

6.1　在本报告的第一部分，我们强调了应当解决最富有争议性的同时又具有象征性的政治冲突，因为我们认为这对于消除建立“文明联盟”道路上的障碍是极为重要的。与此同时，我们意识到，不同文化间相互的畏惧、猜疑和无知已经超出政治领导层面，进入到了普通人的头脑和心灵中。情况已经相当严重，以至于认为文化之间以及宗教之间存在着实质性的和不可协调性的差异，这一点现在经常被用来解释一系列文化与政治冲突的原因。对于这种令人不安的现象，必须以务实的方式来加以处理。

6.2　尤为重要的是，教育、青年、移民和媒体在帮助减缓跨文化紧张关系和建立群体间的桥梁方面，能够发挥关键的作用。故此，本报告第二部分的目的是要提供这些领域的一个概况，同时提出一些在各个领域可以采取的行动方案。我们既承认已经进行的努力，同时也提出扩大、强化、协调和提高这些努力的方式。名人小组成员坚信，国际社会已经对现存的严重冲突多有担忧，同时也深知国际社会存在着要求普遍保障人类安全和繁荣的广泛意愿。现在所需要的是，为这种意愿的表达和推进提供切实的渠道，这是所有社会的各个方面都应该可以作出贡献的。

教育

6.3　当今的教育体系面临着这样的挑战，即如何使年轻人为一个互相依存的世界做好准备，这个互赖的世界让个人和集体的身份充满了不确定性。各个社会有关自己历史的教育当然会培养一种团结一体的共同体情感，但是与此同时也应该提供有关全球事务的知识和对其他社会与文化的理解和赞赏。教育包括众多方面，如音乐、体育、文艺、戏剧、电影等等，它们都可以帮助在不同群体和人民之间架起桥梁。这样一种广泛的视野会鼓励年轻人远离排他性的思维方式。那种狭隘的思维方式认为，一个群体的利益只有通过损害其他人的利益才可以得到促进，同时又认为一个群体加害于他人就意味着其他人也有权反过来加害于这个群体。非正式的教育在追求所有正当目标方面都可以发挥一个关键性的支持作用。

6.4　公民教育与和平教育　公民教育提供了处理身份问题和培养尊重多元性的方式。激进的意识形态所宣传的是一种身份互相排斥的世界，而通过理解共有的价值和理想，通过培养对于不同文化的尊重，我们可以抵制这样的做法。如果公民们要在一个多元的世界中有效地发挥作用的话，就应该了解联合国《普遍人权宣言》和联合国教科文组织《文化多样性共同声明》中所包含的原则。

6.5　全球的跨文化教育　那些越来越拥有多宗教和多种族人口的国家必须意识到，有必要开展涉及世界和各民族的更为包容性的教育。在过去的几十年中，全球很多著名的大学和研究中心一直在努力开设一些包含多极视角的世界历史或人类历史的课程，人们越来越多地在大学和中小学教授跨学科的世界历史。这有助于让学生增加对于人类多样性、全球文化相互依存的知识和理解，也有助于缔造一种人类经验相同、风雨同舟的感受。

6.6　尤其是在研究生层面和在科学领域的交流计划　最近的经验表明，在科学层面上的交流计划，比如说包括研究生和教授在内可以产生广泛的影响，他们不仅能够帮助我们克服文化间的误解，而且也有助于传播知识，这本身就是促进发展事业中的一个关键因素。如果我们能够让交流计划包括更大程度的双向性，以保证由“北方”向“南方”的科学交流和知识转移，那么就可以取得重大的进步。

6.7 媒体基本知识教育 人们经常暴露在媒体的影响之下，这实际上形成了教育上的一个挑战，这种挑战在电子和数码时代无疑更为严峻。评估信息的来源需要技术和批判性的思维，它是教育责任的一部分，但这种责任的重要性经常被忽视了。把事实与观点区分开来，评判文本和形象是否包含偏见，按照逻辑的原则来构建和解构文本，这些都是可以传授的技术。人们对于传授媒体基本知识的重要性还没有充分的认识，因此还没有开发出较多的培训项目，还没有使之成为现代基础教育的一个部分，而这本来应当是公民教育与和平教育的一个方面。

6.8 教育与宗教 《人权普遍宣言》第18款以及大多数宗教传统都规定，人们有权在不受压制的情况下选择和从事自己信仰的权利。教育体系，包括宗教学校在内，必须向学生传授对于世界上不同宗教信仰、习俗和文化的理解与尊重。[①] 不仅仅是公民和宗教领导人，而且整个社会都需要对于自己之外的宗教传统，对于所有宗教均共有的有关恻隐之心的核心教义有个基本的了解。

6.9 教育与发展 教育的机会依然远离大量的年轻人和妇女，尤其是在发展中国家。[②] 在贫困国家中，贫穷迫使父母在孩子之间作出需求取舍，而女孩往往是首先被剥夺教育机会的人。应当依照“千年发展目标”，

---

① 目前穆斯林与西方关系问题在学校教育中涉及甚少，这在一系列民意调查中得到了反映。2005年12月美国盖勒普民意调查发现，当被问及他们羡慕穆斯林社会何种东西时，被访者中最为通常的回答（32%）是“没什么东西”，随后最通常的回答（25%）是“我不知道”。参见“美国人对于伊斯兰世界的看法”，载“盖勒普调查新闻服务”，2006年2月8日。

② 根据2006年7月11日联合国人口基金于“世界人口日”之际发表的评估“千年发展目标”进展的报告，虽然从1995年以来全球完成小学教育的年轻人的数字在稳步而持续地上升，但仍然有1.3亿名儿童未能入学，有1.33亿人为文盲。

继续扩大小学、中学和大学教育的机会，并且利用创新性的远程教育和其他的传统手段，扩大教育的机会。

6.10　新技术和接触网络　在发展中国家里，电脑普及率较低，并且缺少上网的机会，此即人们所称的数码鸿沟。这强化了不平等，同时也限制了跨文化的学习。[①] 没有普遍的上网机会，特别是在学校体系中缺乏这种机会，这些地区的人群就不可能充分地参与到当今世界接触信息和跨文化交流的主渠道中去。如果发展中国家的年轻人要获得更大范围内的信息，并且获得跟其他国家、民族和宗教背景的人进行交流的机会，扩大因特网的覆盖范围便是必要的。这些努力需要与对有关工具和电子空间的支持与创造结合起来，这种工具和空间可以促进跨文化的对话和理解。

6.11　就业教育和终身教育　因为面临发展的挑战，所以许多教育改革的努力几乎完全集中于让年轻人为就业做好准备。这种侧重导致了教育体制中的失衡，造成技术、科学、数学教育与社会科学和人文学科之间出现严重割裂。社会科学和人文学科的价值被低估了，通常被认为是没有经济效益的，应当改变这种知识教育中的背离状况。学者们现在越来越多地达成共识，认为通才式的跨学科教育方法是相当重要的，它可以让学生们为一个多文化世界中的复杂性、模糊性和不断变迁性做好准备。

青年

6.12　扩大动员青年的机会　近年来，全球青年运动和组织的成长为调动青年提供了新的机会。学生交流项目、体育运动和政治参与都可以为拓展跨文化理解及培养对多样性的尊重提供新的机会。更主要的是，支持年轻人参与决策过程可以给整个社会带来利益，因为年轻人是创新思想的源泉，也为社会的积极进步提供着动力。从这个意义上说，很重要的是，

---

① 美国和欧洲（外加亚洲）拥有最高的电脑和因特网设施的保有率，但中东和北非的电脑普及率只有18/每千人，这与全球平均73.8的水平形成对照。参见《袖珍“世界数字”2005年版》，经济学家联合概况书籍公司2004年版。

应该看到青年不仅是应当动员的对象，而且应当成为自主的行为者和伙伴。

6.13　交流项目　青年交流是克服文化障碍、加深跨文化意识和培养个人发展的一个重要途径，在不同文化背景的年轻人之间迫切需要大力地促进青年交流计划。在这方面，可以学习欧洲，以及欧洲—地中海交流项目的成功模式与经验，[①] 并把重点放在西方与穆斯林社会之间的交流上。[②]

6.14　社会经济方面的被排斥　青年的失业比全球范围内国民的总失业率要高出两到三倍，对于那些主要为穆斯林人口的国家，年轻人的失业问题尤其尖锐。在中东和非洲地区，青年在劳动力中的参与度是最低的，只有 40%，而全球平均值是 54%。促进青年参与经济活动的战略可以包括以学校为基础的职业指导、国家青年就业战略、对于青年创业活动的支持，这些都是应对青年失业问题的重要手段。

6.15　文化方面被排斥　对于青年人在文化方面的被排斥感，有很多因素在起作用，包括缺乏学习榜样、缺乏在自己文化和宗教背景中表达与青年人相关问题意见的机会。在文化领域，代表西方青年的产品与主要以非西方受众为目标的产品之间存在巨大的不平衡。这不仅妨碍切实的文化交流，也对年轻人看待自己文化的态度带来了不利的影响。

6.16　促进参与　让青年参与社区理事会、青年组织、公民社会各组织的管理机构，可以向年轻人提供独特的平台，使之在自己的社区中发挥建设性的作用。从全球而言，近年来通过搭建地区青年平台，使青年的参与程度获得了新的提高。这些网络为有关倡议，如“文明联盟”之类的活

---

① 特别可以对照除欧洲医学青年项目之外的伊拉斯穆斯、列奥尼德、苏格拉底诸项目，它们均由欧洲联盟主管。

② 由（纽约）AEA 咨询公司最近所做的涉及美国交流活动的一项调查指出，在美国支持的全部国际文化交流项目中，30%为与欧洲的交流（在与一个地区交流的费用中，此占最大的比重），只有6%属与中东的交流（此系与某一地区交流花费最小的比重）。参见“西方与穆斯林占主要人口的国家之间的文化和艺术交流：联合国文明联盟 2006 年 5 月 13 日会议工作论文”，载“文明联盟”网址（www.unaoc.org）。

动提供了机会，可以使之获得信息，并有助于将不同文化、宗教和国家背景的青年人调动起来。

移民

6.17 移民的动态性 几乎每个国家都是移民的来源国和目的国。当今世界边境漏洞甚多，交通和通讯方式在迅速变化，经济又呈现全球化的趋势，各国的人群必然会通过持续的移民而实现互动。这当然会形成挑战，对移民进入国而言尤其如此。这样一股力量在媒体上得到什么样的描述，政治和文化领导人如何就此进行讨论，决策者如何对此进行管理，这些都将决定人们是把更多的多样性视为力量的源泉，还是视为一种威胁。

6.18 应对移民的主动战略 在国家、地区和国际层面采取协调的战略，对于防止以非人道和歧视的方式对待移民是必不可少的。解决方案并不是在国家之间构建高墙，最有希望的方法似乎是，应该让大量移民的来源国、途经国和目的国共同协作，来关注大规模移民流动的原因。就此而言，如果较富裕的国家能够如其所承诺的那样在发展中国家增加投资，一定会取得明显的效果。这是因为富国对穷国增加投资，加上发展中国家内部良好的治理和能力建设，将有助于改善这些国家内部的经济状况。

6.19 移民的益处 移民对于其所定居社会中的经济、社会和文化发展会带来重要的贡献。与此同时，流动务工人员也为其母国创造显著的经济效益，尽管这往往是通过相当大的个人牺牲而实现的。更进一步说，移民向自己母国的汇款形成了劳动力出口国外汇收益中的一大部分。

6.20 移民的挑战 移民群体的融合问题会提出一系列挑战，其中包括移民难以获得教育和社会服务，在获得住房和工作机会方面面临限制，在成为完全公民方面遭遇障碍，同时还会遭遇种族主义。不过，穆斯林移民群体在美国和欧洲融入社会的努力尤其面临着挑战，特别是2001年的事件之后更是如此。那些在欧洲和美国开始遭遇更多歧视的移民群体现在越来越担心自己的基本公民权利受到侵犯。不过，穆斯林移民在欧洲面对的挑战比在美国要更明显一些。事实上，美国的穆斯林移民比非穆斯林美国人平均受到更高的教育，拥有更多的财富。[①]

6.21　反对歧视　1997年出台了“欧洲就业战略”，该战略试图消除流动人口和少数族裔面临的就业障碍，此外还建立了“欧洲种族主义和恐外症监测中心”。这表明，为出台和落实让移民群体参与主流社会的政策已采取了重要的步骤，这些经验应该加以扩大和拓展，还可介绍到欧洲之外。

6.22　支持各个层面广泛的包容性对话　制定前后一贯的移民融合的战略要求在基层、地区、国家和国际层面，在政府代表和移民群体、公民社会、宗教组织和用人单位之间进行经常性的对话。非正式的和临时性的机构固然有价值，但制度化的架构可以促进定期的和常规的对话，更可保证在促进移民融合方面产生实效。这一努力也有助于在移民与主流社会融合与保持移民自有文化宗教特征之间保持平衡。

6.23　领导作用　当移民权利受到威胁时，西方的政界、公民社会和宗教界的领导人通过有力地和公开地捍卫移民权利，通过承认移民对于所在社会生活所作出的贡献，能够为围绕移民问题的争论确定一个基调。

媒体

6.24　媒体如何塑造我们的观点　所有形式的媒体都有可能成为不同文化和不同社会之间的桥梁。媒体经常宣称的目标就是向观众或读者提供信息并进行教育。然而，当今世界中存在着一些强大的压力，特别是政治干预和市场力量，妨碍着本可以与外来文化一起进行展示的高质量新闻和娱乐节目的制作。穆斯林人群越来越可以获得由穆斯林自己提供的新闻，这提高了公众对巴勒斯坦、伊拉克和阿富汗事件的认识，那些渲染穆斯林

---

① 参见乔治敦大学“公共空间中的穆斯林项目”，以及穆罕默德·尼玛：《北美穆斯林资料指南：美国和加拿大穆斯林群体的生活》，纽约汝特列奇出版社2002年版，可查美国来自人口主要为穆斯林的地区的移民在收入和教育方面的水平。

兄弟被迫害的新闻往往会激发起公众的同情心和团结感。在西方，尤其是在 2001 年 9 月 11 日事件之后，从新闻和纪实类节目中也明显可以看到一股更富民族主义的、有时甚至是反穆斯林的调子。

6.25　媒体的自由与责任　许多国家中的媒体都缺乏新闻自由，而在那些存在自由的地方，市场的力量和民族主义的情绪往往会让人不负责任地使用这些自由。为了防止公式化的偏见和错误的表述，防止可靠信息的流动受到阻碍，我们需要客观的报道和多视角的展示。

6.26　娱乐媒体的影响力　娱乐媒体也会挑起敌对情绪。[①] 在西方的大众传媒中，现在迫切的需要是平衡地展示普通穆斯林的形象。不过，自 2001 年 9 月 11 日以来，也出现了一些积极的迹象，居住在西方的穆斯林现在更多地参与到好莱坞及欧洲的电影制作中，目的是为了更精确地描述他们自身及他们的信仰。

6.27　因特网和数码革命　“新媒体”的出现伴随着西方和穆斯林世界的上述趋势，因特网以及数码媒体的生产和发行为媒体的消费者开辟了同时成为媒体制造者和传播者的新渠道，此外也为大量增加的人与人的交往提供了手段。尽管因特网可以用于破坏性目的，但它同时也可以应用到大量积极的方面，它的开放性使之成为一个社会交往的理想网络，成为一个交流思想与信息的独特平台。就此而言，因特网提供了一个弥合文化与宗教鸿沟的有效机制，使得其中的积极参与者能够促进对话并加深理解。

七、建议

这一部分建议的提出对象是联合国系统、行政当局（包括议会和国家的、地区的、基层的和市一级的各层次行政当局）、政府间组织、民间组

① 对拥有阿拉伯角色的 900 部美国电影所做的一项调查发现，其中绝大多数的人物均被描写为粗陋不堪的或者种族主义的坏蛋。参见杰克 · G. 沙欣：《电影胶片上的阿拉伯坏人：好莱坞如何诬蔑一个民族》，纽约橄榄枝出版社，2001 年版。

织以及社会公众。在提出这些建议时，我们充分意识到这些领域中已经在采取许多措施，进行各种努力。落实这些建议必然要求建立（如前文5.18段落中已经提到的）“文明联盟”框架内的伙伴关系。

教育

教育领域中的大量活动都与“文明联盟”的目标相关，因此这一领域中的建议主要集中于改造并拓展目前已有的措施，而不是提出新的措施。

1. 各级政府、多边机构、大专院校、教育专家和政策制定者，应当既分头努力又协调一致，共同扩大全球跨文化的和人权方面的教育。

应当采取如下的步骤：

A. 政府应当保证小学和中学教育体系提供一个平衡的、一体的知识，其中既包括本国历史和身份信息，又兼顾其他文化、宗教、地区的内容。

B. 专门机构如联合国教科文组织和伊斯兰教科文组织，应当在区域层面与教育研究中心和课程开发者进行合作，让这一方面的现有资源，如“人类历史系列”和“区域历史课程”能够直接进入课堂。同时，开发并实施一项战略，让这些资源能为各成员国所共享。

C. 同样，应当制定一项战略，以便传播人权教育材料，在这方面可以借助联合国教科文组织和伊斯兰教科文组织已经取得的进展，同时借鉴诸如人类安全网提供的“人权教育手册”这样的成功活动。

D. 官方和民间的捐助者应该向教师培训机构提供有关会议和跨文化交流的研究津贴和经费。在这些教师培训机构中，世界历史和地理方面的专家已在为世界历史课程开发相关的教学内容、教学方法和其他教育资源。

E. 官方和民间的捐助者应该支持学术机构宣传伊斯兰遗产中那些涉及多元主义、理性和科学方法的内容，并使之能够以多种语言从网上获得。

F. 官方和民间的捐助者应当支持以西方的和伊斯兰国家的普通公众

为对象的那些教育行动，其途径可以包括为艺术表演、电影节、教育访问、学术与教育会议提供资金支持。这些活动将传播不同文化丰富性的信息，同时传播文化互动之重要性的信息。

G. 应当建立一个官方与民间两个部门相互合作的基金，来支持学者们从事有关跨文化对话与理解方面的教学和研究活动。

2. 在学校中，尤其是在中学，应当推行有关媒体基本知识的课程，使媒体的消费者对新闻报道具有鉴别和批评的能力。

作为起点，可以借鉴一些组织如欧洲安全与合作组织的举措及其他项目的经验，以提高人们的媒体意识和网络技能，从而抵制错误看法、无端偏见和仇恨性言辞。

3. 宗教领导人、教育决策者和跨宗教公民组织应当携手努力，就教授宗教知识问题达成一些反映共识的纲领。

国际间有几个重要的跨宗教项目，也存在较多教育政策中心，它们在研究教授宗教知识的模式问题。[①] 参与目前活动的人士应该携手合作，在宗教领导人和教育者之间就在不同教育背景下教授世界宗教的问题达成共识。这也包括有必要收集与传播教育中的最佳做法、纲领性指南、培训资源等，目标是要提供基础性的材料，以便学校和宗教中心在教授主要宗教传统时加以使用。应当确立有关的准则和机制，以保证宗教学校在官方部门得到注册，它们的教学大纲并不宣扬对其他群体的仇视。与此同时，不应当采取任何措施来限制教育自由或者宗教自由。

4. 政府和国际组织应当携手合作，召集评估教学大纲的专家小组，其中应当包括教学大纲专家和主要宗教传统的代表，借以评估广泛使用的教学大纲，以保证它们能够符合讨论宗教信仰时应当遵循的公正、精确、平衡的原则，同时保证它们不会诬蔑任何其他宗教及其信众。

一种双向的评估机制将可以制定教授其他宗教和文化时所需要的公正、精确和平衡的原则，有助于保证这些原则在不同地区应用时保持其

---

① 尚不完全的统计名单中包括“三方委员会”、“欧洲 TRES 网络”、“宗教寻求世界和平”、“国际教育学院”等。

一致性，并可鼓励有关国家一起努力，以在其教育制度中实现这样的目标。

5. 成员国和多边组织，如伊斯兰会议组织和欧洲联盟应当共同努力，采取教育方面的行动，扩大人们在跨文化容忍和尊重、公民参与及社会交流方面的能力。

应当采取如下步骤：

A. 通过教育者网络、教育培训项目和教学大纲管理者会议，传播教育材料。值得传播的有价值的教育材料包括联合国教科文组织的培训材料和项目，诸如“联合学校项目网络”、“民主文化”、“伊斯兰文化面面观”、“宽容：和平的门槛”、“和平的文化”。

B. 提出并且从经费上支持那些让年轻人和成年人能够负责任地履行公民职责，并扩大其民主参与能力的项目，包括正常的学校教育、校外项目和公民团体项目，这些项目应当包括人权教育和法治教育。同时，应当开发有关媒体基本知识的培训材料，以此作为抵制媒体激进化的重要一招。

C. 通过服务学习项目，把年轻人和成年人中的优秀者吸收过来，让其参与建设性的社会行动，同时可以把服务学习模块与学位和证书教育计划结合起来。

6. 政府应当与国际组织、其他政府及技术公司一起携手合作，扩大因特网的覆盖面，在这方面尤其应当关注以穆斯林为主要人口的国家。伊斯兰会议组织可以首先为其成员国提出一项雄心勃勃然而可以设想的项目，例如到2020年，在穆斯林世界的每一个小学、中学或者大学的教室中都应配备可以上网的电脑。同时，应当召集技术公司、投资者和其他合作伙伴一起来实现这一目标。应当咨询现有相关试点项目的主要实施方以及发展中国家从事项目的技术公司，学习它们的经验，这样的经验还应通过伊斯兰会议组织向每个成员国传播。伊斯兰会议组织也应当与“因特网管理论坛”进行合作。该论坛是突尼斯世界信息峰会召开之后建立的，可与之探讨在穆斯林国家加速普及因特网、使网络成本低廉化等问题。此外，应当与其他项目进行合作，比如“每个孩子拥有一台手提电脑”项目，它力图增加在发展中国家中数以百万计的孩子的学习机会。

7. 作为教育改革的一部分，政府应当恢复通才式的和一体化的教育方式。

许多国家中教育改革的努力都强调了以技术和技能为重点的教育，目的是要遏制高失业率。这当然是一个积极的进展。但是，在某些情况下，严格地强调与岗位相关的教育，已经削弱了对于人文学科和社会科学的关注，也因此限制了这些方面的教育内容在发展中国家的普及。一项全面的通才式的教育对于培养批评性的思维、解释性的技能、适应性的能力都具有无可比拟的价值，而这些思维和能力在目前这一日趋复杂和多元的世界中正显得越来越重要。教育改革努力因此应当致力于在教育的内容，尤其是在中小学的教育内容上保持合理的平衡。

青年

1. 应当建立全球青年联盟，以此作为一个机制，让年轻人有机会致力于落实本报告中所提出的所有建议（不限于“青年”部分的建议）。该倡议可以“全球青年团结基金”为基础，首先召集和调动各类青年网络和协会来推进对话与联合，培养一种和平文化。这些组织已经开始一起工作，召集会议，为不同背景的年轻人提供机会，以便制定行动方案，并将这些方案转交给世界领导人，以争取他们的支持和援助。此外，已经进行了一项调查，从 125 个国家中筛选出了 468 个青年组织，它们可望成为未来计划实施过程中的合作伙伴。

2. 美国、欧洲联盟和伊斯兰会议组织应该制定一个共同的目标，把它们之间青年交流项目的人数从现在所处的最低水平提升到跨地区交流的最高水平。尤其应当重视那些逗留时间较长的交流项目、团体交流项目，以及那些资金较为充裕从而可以接触到精英层面以外的普通人群的项目。应当扩大现有的成功的项目，以推动这一优先计划。例如应当拓展“伊拉斯穆斯项目”和“大学网络”，以使之包括穆斯林人口为主的国家；也应拓展“欧洲医疗青年项目”，使之不仅限于地中海地区，而且包括欧洲和中东的每一个国家。另外，“美国和平队项目”应该增加其在穆斯林国家的行动。随着更多的政府支持这些交流计划，会有更多的民间捐助者将跟进。为了保证交流的数量不会脱离其质量，这些资源当中的一部分应该用于下面三个相关的目标：

A. 增加大学和其他所在国机构对这些交流项目所提供的结构性支持。

B. 通过富有经验的公民社会组织，依照非正规教育和学习的原则，培训青年交流促进者。

C. 收集并传播研究成果，把它们吸收到成功交流项目所需要的教学方法中去。合作伙伴可以包括欧洲委员会、安娜林德欧洲地中海基金会，以及其他机构使命中包括了研究与实践内容的非政府组织。

3. 宗教领导人和公民社会积极分子应该建立一个网站共同体，把青年与有关学者结合起来，这些学者可以就当今青年所面临的挑战与他们进行建设性的讨论。这些网站可以为宗教学者所领导的讨论小组提供空间，对宗教历史和经文提供解释，以此对抗排他主义的思维方法；还可以为年轻人参与社会提供思想和工具，并且帮助年轻人与各种青年活动组织取得联系。虽然这可能会需要创造一些新的网站，但这方面的努力将首先可以从召集现有网站的管理人员着手。这些网站包括“信仰网”、“伊斯兰网”、“穆斯林遗产网”等。通过与公民社会和宗教领导人的合作，将可以为网络成员制定规范，并筹划如何来接近那些处于危险中的青年。

4. 穆斯林和西方的官方和民间捐助者应该携手努力，建立一个“文化基金与联络服务”组织，来使年轻的穆斯林艺术家、作者、音乐家、电影制片人与其西方文化产业中的同仁和领袖建立联系，目的是要促进当代穆斯林文化向其他社会扩散，并在这样做的过程中推动对话与理解的事业。

5. 应当建立一个关键利益相关方的联盟，以确立一项大家共同赞成的年轻人就业战略。应当召集在扶植年轻人就业方面具有经验的多边机构和公民社会组织，支持这一联盟来推进广泛的青年就业计划，尤其是在年轻人失业和排斥感比较严重的国家。

经与青年就业网络[①]和该领域中非政府组织进行磋商，了解到这样一个计划将会得到欢迎，即一站式的青年就业模式（包括岗位培训、简历撰写、面试技巧开发、工作寻找与落实、职业顾问、小额贷款融资）在国家层面已经证明是成功的。

6. 官方和民间捐助者应该支持有关女孩和年轻妇女的协会和网络，支持促进女孩教育的组织，为妇女参与社会各个领域搭建平台，并且实施其他可以提高妇女地位的项目。

在世界的许多地方，实现性别平等的进展依然非常缓慢，令人痛心。在全球1.3亿辍学儿童中，70%是女孩；在世界9.6亿不能阅读的成年人中，妇女占了2/3；在全球最贫穷的10亿人中，3/5是成年妇女和女孩。[②]在基层、地区和国家层面的各种计划将可以改变这种状况。有些公民社会组织正力图为妇女提供更好的学习机会、更好的工作前景和更完善的生活条件，支持这些组织能够有力地促进改变现有的不公正状况。

移民

在提出这一部分的建议时，我们理解到拥有大量移民人群的国家政府已经在真诚地努力，以实现移民融入主流社会的目标。这里的建议是我们讨论的结果，旨在支持这方面已有的努力。目前促进移民成功融合的努力包括："在来源国和目的国建立有效劳工移民手册"，[③] 以及在撰写本报告时由联合国秘书长所倡议的"全球移民发展论坛"。

1. 拥有大量移民人口的国家政府应该扩大激励措施，支持相关机制，增加对某些学校和机构的经费划拨，以便使移民学生能够参与到服务学习和公民教育计划中去。

2. 市政当局和当地基金会应当为建立青年社区组织提供更多的支持，

① 青年就业网络是联合国、世界银行和国际劳工组织的一项联合行动。

② "联合国发展署 2005 年年度报告"。

③ 由欧洲安全与合作组织、国际移民组织和国际劳工组织联合制定。

这些项目将会使年轻的移民在学校之外参与到更大的社区中，为他们提供与其他年轻人一起参与社会活动和其他公民活动的直接经验。这将有助于减少他们被社会边缘化的感觉。

3. 官方和民间捐助者应当增加对于公民社会机构的支持，这些机构在与移民群体一起携手努力，为移民家长更多地参与学校活动提供支持渠道。同时，这些机构也在提供一些可以强化移民群体能力的信息与教育。

这样的机制将主要努力克服这些障碍，包括语言障碍、交通困难与费用、不易请假、家务繁多、缺乏家长参与学校的经验，这些障碍往往限制家长参与学校的事务。这样的努力将可以极大地有利于减少移民青年在学校的被抛弃感，从而可以减少他们生活在“两个不同”世界的感受。这里的“两个不同”世界，一是指由他们家庭，尤其是他们的父母所构成的世界；另外一个是指由他们的同龄人和学校的老师所构成的世界。应当开发一些指导项目，帮助移民更好地理解法律和习俗，更好地参与当地社会，这将有助于他们的融合。同样，应建立一个多元的提示系统，来向移民报告那些涉及他们利益的有关法律变化，这也是非常有用的。

4. 欧洲联盟应当同其成员国一起，使整个欧洲大陆有关移民的资料收集实现标准化和一体化，此项工作将监控移民与劳动、房屋、医疗、社会、教育等社区服务部门交往的过程。

获得这样的资料将帮助“欧洲种族主义和恐外症监控中心”及相关研究机构和政府部门，以掌握在打击针对移民群体的歧视方面所取得的进展。这反过来也会有助于识别政府、企业和公民社会机构所采取的政策中，哪些在反击歧视方面是取得了成功的。识别这样的成功政策，包括公开地在欧洲联盟奖励这样的政策，将有助于进一步完善这些政策（比如将之收录到年度的国家报告中），并使之在其他地方得到效仿。

5. 关注宗教间关系和移民融合问题的官方和民间捐助者应当为移民群体内部的对话和群体活动提供资金支持。为这样的活动提供更多的支持将有助于移民群体中形成成功融入到美国和欧洲社会的领袖，包括宗教领袖。它也将有助于形成可以作为移民代言人的组织和网络，这些组织和网络更能够参与到与其他群体或与政府机构的跨文化和跨宗教对话中。

6. 移民群体领袖和当地国家当局应当携手努力，制作一些旨在弘扬对多元性给予尊重并弘扬良好群体关系的材料，其中包括网络通讯、公共服务告示及其他杂志。

7. 美国和欧洲的大学与研究机构应当深入研究移民群体对于美国和欧洲生活所作出的经济、文化和社会方面的重大贡献。同样，它们应当支持穆斯林世界出版的有关伊斯兰和穆斯林众多主题的书刊。

在政界和媒体界，有些人在搜集移民群体所发挥作用的权威性资料，这样的研究无疑将会给这些人提供支持。有影响的公众领导人发表的对于移民的支持性言论将会减缓移民群体在社会中经历的被边缘化的感觉，可使有关移民融合的讨论继续下去，同时又有助于扫除笼罩在移民头上的种族主义和恐外情绪的阴影。很关键的是，应该发起一个媒体运动，通过发布有关移民目前状况的信息，通过宣传移民对于这一国家的多样性所带来的好处，通过宣传移民所作出的贡献来抵制种族歧视、抵制公式化的偏见。这样的媒体运动应当强调居住在这一国家的所有人都有权要求并应当获得良好的服务，都有权抗议歧视，并有权要求采取一些恰当的补救措施。

8. 各级政府应当参与“全球移民与发展论坛”，借以就移民和发展问题增加合作，采取综合性治理方法。

这一磋商论坛将使各国政府在涉及移民的决策方面达成共同的谅解，而这些方面对于国家的发展具有潜在的重要影响。该论坛也将会使人们能够更好地了解到移民会对所在国带来的好处。

媒体

1. 媒体的专业人员必须制定、表达并实施自律性的行为准则。

对于言辞和图像在塑造我们对世界的理解上所具有的力量，我们做多高的估计也不会过分。媒体的专业人士必须负责地利用手中的权力。在这个意义上，精确的报道是至关重要的。但是，光凭这一点还不够，记者和制片人同时必须十分注意新闻播报中所隐含的编辑部决策和倾向对公众就某一问题的看法会产生的影响。国际记者联盟等协会已经提出了一些标准，但是这些标准并未得到专业群体始终如一的和不折不扣的实施。在这点上，记者协会就不如法律和医疗界在实施其专业指南和行为准则时那样一贯和严格。恪守这些准则，尤其是在民众的情绪和恐惧得到提升的危机时刻，以及在报道涉及宗教和政治相纠缠的问题时，就显得极为重要。当然，进一步地关注媒体的责任，没必要也不应当让我们放弃对于新闻自由的倡导。

2. 应当与有意向的新闻学院一起开设一些培训项目，帮助扩大记者对于关键国际问题的理解，尤其是在那些政治和宗教相纠缠的领域。这样，可以加强他们向公众准确地、公正地传输信息的能力。

3. 学术界、宗教界、政界、公民社会和文化界的领导人都应推出媒体内容，如特稿、评论、影像声明等，以帮助人们深化跨文化的理解，尤其是在危急时刻。

那些支持改善跨文化和跨宗教理解的人，应当抓住那些“教育的契机”，这是指西方与穆斯林社会的关系正被媒体新闻关注，而制片人和编辑又正在寻求材料内容的时候。在全球范围内，向编辑和制作人员快速传送对于危急问题的反应，可以产生显而易见的影响。公众究竟是以建设性的还是对立性的视角来看待有关事件的内容和含义，都会因此受到影响。评论者的显赫身份、评论推出的时效性以及用当地语言推出有关材料，都将会最大限度地扩大效果。此类做法的成功模式已经存在，只是尚不是在全球范围内。

4. 官方和民间捐助者应该把更多的资源投入到制作那些能够改善公众对于不同文化态度的媒体产品上。对于那些有助于改善不同文化和社会之间理解的节目，应该提供更大的资金支持。首先可以支持一些试探性节目的制作，如果它们成功，就可以获得为推出系列节目所需要的更多的资金支持。在这种情况下，初始的资金就会成为一个多元媒体节目的催化剂，而不需要大规模的投资。应当优先注重4类媒体产品的制作：

A. 已经获得媒体机构支持并正在参与跨文化、跨宗教合作的制作商。

B. 寻求以创新形式和大众媒体形式，或者拟在重大事件期间，来传播教育媒体内容的制造商。

C. 针对青年人群并试图扭转现行公式化偏见的那些制作品，包括有助于长期推动建设性跨文化、跨宗教对话的影视游戏、卡通和以年轻人为主的网站。

D. 以培养相互理解为目的、涉及不同社会之间关系的历史、社会和心理方面的多种语言的电视系列作品的制作。

5. 应当鼓励和支持那些对于影视在跨文化关系中所产生影响具有共同兴趣的公民社会和大众媒体的领袖们，帮助他们制作能够有助于改善不同文化间相互理解的那些影视和其他媒体产品。

应当支持制作商和对白撰写者，尤其是（也不限于）好莱坞的这些人物，还包括公民社会的行为者及公共健康的研究者们，帮助他们携起手来测定影视作品对于人们态度和行为所带来的影响，并帮助他们在大众媒体上增加描写普通的穆斯林，以及其他一向未得到充分报道或正面报道的群体。①

6. 政府、媒体组织和公民组织应当携手努力，开发一些让因特网成为跨文化对话中一个工具的项目。因特网是一个关键的信息工具，为全球的媒体传播提供了一个窗口，也提供了范围广泛的各种资源，所以在我们看来，非常关键的是，应该大力拓展公众接触网络的机会（参见教育建议第 6）。但是，人们也可以利用因特网或者滥用因特网，来传播一些可以激起愤怒和暴力的种族主义偏见和不宽容言辞。为了抵制这一现象，应当积极促进有关项目，把因特网作为一个促进跨文化对话和理解的工具。

7. 应当开始进行一项合作性双向项目，来监控媒体对于伊斯兰与西方关系的报道，这样才可以全面地评估媒体传播的内容，并且对于那些旨在改善穆斯林社会与西方社会关系的报道给予奖励。

可以请相关的机构，比如由欧洲联盟管理的机构、伊斯兰会议组织及其他一些公民社会组织，共同组成一个具有广泛代表性的监督机构联盟。

---

① 东西方研究所和哈佛公共卫生学院已经在为此工作，因此是推进该项活动的可能合作伙伴。

由它们进行双向性评判，并颁发相关的奖项，这将会比单纯局限于某一群体的个别机构更能引起公众的关注，并获得更大的合法性。

8. 官方和民间捐助者应该建立一个“风险基金”，以限制市场的力量。市场的力量往往会鼓励一些耸人听闻的、充满偏见的媒体和文化内容。电影院、剧院、博物馆、出版社和其他文化场所应当有机会来获得这一基金的支持，以帮助它们避免亏损。有时候，当它们在西方社会或在穆斯林社会推出一些客观反映对方观点和形象的纪实影片、戏剧或其他文化产品时，它们可能会蒙受某种亏损。可获得资助的产品可以包括：如在西方，展现穆斯林妇女取得成功、获得显赫地位的故事；在穆斯林世界，展现显赫的犹太人倡导人权和社会公正的故事；也包括展现那些与现实偏见背道而驰的古典穆斯林和西方文学中的故事。

9. “文明联盟”应当利用重要的媒体、文化和体育项目来弘扬其目标。如果“文明联盟”仅仅局限在国家政府和国际组织这一层面，那么其目的的实现一定会受到阻碍。很有必要的是，应该调动国际间的公众舆论。文化和体育项目提供了接触大批观众的独特机会，因此很可取的是，应当抓住这些文体项目所提供的机会，来推动实现“文明联盟”的目标。

八、建议的实施

本报告中的建议反映了联合国秘书长在建立名人小组时提出的“参照条件”中所提出的有关行动方案的主要内容。各国政府、多边机构和公民社会的领袖已经对于“文明联盟”作出了强烈的积极反应。[①] 有鉴于此，名人小组期待着在推进建议时，这些相关方将会表现出相当大的兴趣，能够提供相当大的支持。事实上，在提出这些建议时，我们知道相关的举措已经在实施当中，或者已经处在规划阶段。为了最大限度地发挥这些努力

① 参见“文明联盟”网址（www. unaoc. org），可查各国政府、国际组织和公民组织所表达的支持（“连接相关努力”）。

的作用，为了增加它们的集体影响力，为了让本报告中所包含的这些建议的实施形成一股强大的力量，我们建议联合国采取以下的步骤：

1. 联合国秘书长应指定一位“文明联盟”的高级代表，来监督本报告中所提建议的实施，同时保证“文明联盟”的可见性和持续性。该高级代表应当协助联合国秘书长缓解危机时刻不同群体之间宗教和文化方面的紧张关系。另外，应有一组著名人士帮助高级代表履行这些职责。

2. 应当建立一个小规模的辅助办公室来支持高级代表，该办公室的首要任务就是制定详细的实施计划，以推进本报告中建议的实施。有关计划应该包括：

A. 与国际、国家和当地层面上各个相关的官方和政治机构一起建立伙伴关系，并达成协定，以便共同促进具体项目的展开。

B. 参与筹划在未来几年中召开的重大国际会议，这些会议将提供机会来制定、强化和宣传“文明联盟”的各项倡议和活动。[①]

3. 在联合国的协助下建立一个“文明联盟”论坛，为政府、国际组织、公民社会和私营部门的代表提供一个定期的场所来形成伙伴关系，并表达对于行动的承诺。

4. 应当鼓励并促进在国家、地区和基层层面自我组织的“联盟理事会”，借以保证公民社会的普遍参与和介入，这些机构将可为“文明联盟”相关活动的实施和协调提供核心联系点。

5. 应当考虑把与“文明联盟”相关的新内容写入联合国大会第 62 次会议的议程中。

6. 应当建立“文明联盟”基金，支持在跨文化问题上的全球合作，并且推进旨在鼓励不同群体之间对话和沟通的各种举措。

7. 应当进一步建设好“文明联盟”网站（www. unaoc. org），使之成为一个促进跨文化对话的重要工具。

---

① 有关这些活动的初步罗列，参见“文明联盟”网址（www. unaoc. org：“相关活动”）。

附录1 名人小组参照条件

（2005 年 8 月 25 日）

联合国秘书长在西班牙和土耳其总理联合倡议的基础上，发起了一个建立“文明联盟”的倡议。

背景

• 本倡议是对各国、各文化和各宗教之间存在的一个广泛共识所作出的回应。大家认为，所有的社会都是相互依存的，在其发展和安全，在其环境、经济和金融的福祉方面，大家都彼此依赖。“文明联盟”试图铸造集体的政治意志，在机构和公民组织的层面采取协助性的行动，来克服那些对抗这一共识的无端偏见、错误思想和对立情绪。该倡议希望能有助于形成一个汇成一体的全球行动，它将反映最大多数人的意志，摒弃任何社会中的极端主义。

• 最近几年中的事件加剧了伊斯兰社会与西方社会之间的相互猜疑、畏惧和误解，这种气氛已经被世界各地的恐怖分子所利用。只有一个范围广泛的联盟才能够避免在不同社会和国家之间关系的进一步恶化，这种关系的进一步恶化将会威胁到世界的稳定。“文明联盟”试图扭转这一趋势，它力图建立一个不同文明和不同文化之间相互尊重的规范。

名人小组

• 为指导这一倡议，联合国秘书长经与联合倡导者协商，建立了一个由著名人士所组成的高级名人小组，其目的如下：

——评估国际和平与安全所面临的新的和正在出现的威胁，尤其是会酿成极端主义的那些政治、社会和宗教力量。

——制订在机构层面和公民社会层面应对这些趋势的集体行动方案。

——向国家政府、国际组织和公民社会推荐切实可行的行动方案，目的在于推进不同社会之间的和谐。

• 为此名人小组将考虑切实的战略：

——加强不同民族、文化和文明之间的相互理解、彼此尊重和共有的价值观念。

——对于那些挑动极端主义、排斥持不同世界观者的团体，要抵制其影响。

——抵制由极端主义所带来的对世界和平与稳定的威胁。

——提高各个社会中的意识，使大家认识到，安全是不可分割的，它对所有人而言都是一个核心的需求；全球合作是获得安全、稳定和发展必不可少的一个前提条件。

• 名人小组将提出一份报告，其中既包括分析，也包括建议各国政府、国际组织和公民社会应采取的行动方案，其中将设计务实的措施，特别是要：

——强调相互了解的重要性，提出可以促进相互了解的具体机制，包括但不限于制定更好的国际合作框架，利用大众传媒（包括因特网）建设性的方式来培养和规范公共辩论。

——促进现有不同倡议之间的合作，目的是让那些基本温和并且摒弃极端主义观点的、处在社会主流地位的人，能够主导议程的制定。

——确定有关的合作伙伴关系，以帮助不同的社会更好地理解相互间的差异，同时又强调并立足于它们现有的共同点之上。

——提出有关的措施，教育体系可以借此培养学生更多地了解和理解其他的文化与宗教。

——接近世界上的青年人，以便向他们灌输宽容与合作的价值观念，同时宣传对于多样性的尊重。

——提高人们的意识，让大家知道安全、稳定和发展对所有人都是核心的需求，全球合作对于实现这些目标是必要的，同时为推进相互安全提出切实的建议。

• 名人小组将在2006年下半年向联合国秘书长提交报告，秘书长将通过与联合国倡导者进行磋商，确定向国际社会提出行动计划的恰当方式，行动计划随后将由一个小组来加以监督实施。

支持结构

• 由富有经验的主导者所领导的一个秘书处将为名人小组提供其可以参考的有关研究、分析和建议，它也将与其他类似倡议进行合作，并且借鉴其他方面已经完成或者正在进行的其他工作。

附件2　高级名人小组的成员

联合倡议者

1. 双主席之一 Mehmet Aydi 教授（土耳其）：土耳其国务部长、哲学教授

2. 双主席之一 Federico Mayor 教授（西班牙）：联合国教科文组织和平文化基金会主席、前秘书长

中东

3. Seyed Mohamed Khatami 先生（伊朗）：伊朗前总统

4. Sheikha Mozah bint Nasser al Missned 陛下（卡塔尔）：卡塔尔国埃米尔夫人、卡塔尔教育科学与社区发展基金会主席

5. Ismail Serageldin 博士（埃及）：亚力山大图书馆馆长

北非

6. Mohamed Charfi 博士（突尼斯）：突尼斯前教育部长

7. Andre Azoulay 先生（摩洛哥）：摩洛哥国王陛下顾问

西非

8. Moustapha Niasse 先生（塞内加尔）：塞内加尔前总理

南部非洲

9. Desmond Tutu 大主教（南非）：开普顿大主教

西欧

10. Hubert Vedrine 先生（法国）：法国前外交部长

11. Karen Armstrong 女士（英国）：宗教史学家

东欧

12. Vitaly Naumkin 教授（俄罗斯）：莫斯科国立大学院长兼国际战略与政治研究中心主任

北美

13. John Esposito 教授（美国）：乔治顿大学穆斯林与基督教徒理解中心创始主任、牛津伊斯兰世界百科全书主编

14. Arthur Schneier 拉比（美国）：呼吁良知基金会主席、纽约东园

联合国与文明对话

犹太会堂拉比

拉美

15. Enrique Iglesias 先生（乌拉圭）：伊比利亚美洲组织秘书长暨前主席

16. Candido Mendes 教授（巴西）：拉丁学院秘书长

南亚

17. Nafis Sadik 博士（巴基斯坦）：联合国秘书长特别顾问

18. Shobhana Bhartia 女士（印度）：印度议会议员、新德里印度斯坦时报副总裁兼编辑主任

东南亚

19. Ali Alatas 先生（印度尼西亚）：印度尼西亚前外长

东亚

20. Pan Guang（潘光）教授（中国）：上海社会科学院教授

附件 3　Andre Azoulay 先生和 Hubert Vedrine 先生就巴以冲突致名人小组的信

2006 年 9 月 1 日

“文明联盟”的名人小组在联合国的支持下工作，不受任何正式的、外交的或机构的限制。这种思想的自由是一项关键的优势，它可以为该小

组的所有成员创造一种集体的责任。应当抓住这一责任，视之为一个创新性的和有用途的机会。

• 这是一项优势，因为名人小组成员都是依照其个人的身份而被指定的，他们都可以在不需要担心禁忌或者被审查的情况下作出决定。他们行为的动机是一种愿意提供帮助的愿望，一种在政府不能或者不便行动的领域进行行动的可能。

• 这是一项义务，因为我们被要求来考虑的问题，即伊斯兰与外部世界的关系，决定着并且塑造着我们这一时代的国际秩序。这是我们所面临的一个日益迫切的现实。面对这个现实，国际社会尚未能提供一个可信和有效的解决方案。

• 这是一项责任，因为给这一困境提供解决方案部分地是名人小组的角色。名人小组已经接受了“文明联盟”的使命，它怀有一个雄大的和坚定的路线图。在这方面，名人小组已经提起了而且也应当提起人们的期待和希望。这种期待和希望要求我们在我们的建议中，要表达真实性、创造性、务实性，以及勇气。

名人小组的目标是要推进“文明联盟”，反对伊斯兰或者西方世界中的某些人，他们或者由于无知、疯狂，或者由于意识形态的选择，而更倾心于分裂与对抗的逻辑。因此，名人小组必须抵制这样一种诱惑，那就是将其建议放在一个对于文明或宗教冲突论进行简单回应的基础上。那种简单回应只会以一种还原主义的方式来反映我们的所有问题。名人小组在涉及我们所面对的挑战时，必须抛弃那种宿命论。就此而言，对于名人小组并不否认其存在的问题，构建复杂的战略作为回应将是徒劳和危险的。对于这一问题，应当表明，目前看到的影响是一个结果，而不是一个原因。

名人小组不应掉入这个陷阱，而必须直接通达客观事实，包括历史的和政治的事实。这些事实确定了从毛里塔尼亚到印度尼西亚，再到塞内加尔和尼日利亚，甚至直到中国和印度的数以亿计的穆斯林的参照价值、他们的思维、他们的选择，以及他们的承诺。

这些事实有日期、名字、来源，它们被称为巴勒斯坦、以色列、伊拉克、阿富汗、车臣。从这个角度说，名人小组的成员们意识到殖民时代的遗产对于西方和阿拉伯穆斯林人群的心态、行为和表达所带来的影响。殖民时代的遗产维护着，并且挑动着激烈的反西方的回应，从穆斯林世界的一端到另一端，从摩洛哥一直到维吾尔族人所在的新疆，都是如此。在西方的国家里，虽然人们发表了一些正好相反的声明和小心翼翼的主张，但这份遗产导致把穆斯林等同为伊斯兰主义者和恐怖主义者，等同于挥之不去的和范围广泛的安全担忧。各种类型的极端分子都在忙于扩大这一鸿沟，这有利于他们的目的。从这个角度说，名人小组必须让西方人理解到，为什么比如说一个摩洛哥人会像一个中国的穆斯林一样，以同样的激情和决心来对这些事物做出反应，尽管这两个穆斯林可能相互并不认识，而且也可能永远也不会见面。

对一个“笛卡尔式”的西方人而言，这可能听起来是非理性的和不可能的，但这是一个事实。通过提出这样一个事实，名人小组涉及了它被要求来处理的问题的本质。这个问题的各个部分同时也包含了战略的、政治的、宗教的、历史的和文化的各个方面。

名人小组的成员并不相信他们拥有解决所有这些悲剧的奇迹般的方案，这些悲剧终究是由远期的和近期的历史所造成的。但是，这并不阻止他们在教育、媒体和青年这些领域提出有关方案和建议。他们的目的是要来抵制对抗的逻辑，防止冲突的威胁。但是他们也表明，如果各相关的政府和多边组织决定进行前所未有的国际努力，打击目前伊斯兰与西方对抗背后的政治原因，那么这些建议就会变得极为有效。

总之，名人小组必须肩负责任，把巴勒斯坦问题当作一个优先问题。当今谁也不能否认，该问题在西方与穆斯林的关系中是一个决定性的因素。这个问题是复杂的、痛苦的，它代表了我们所面对的所有困难和威胁的全部。但是，它是又处在核心的焦点。

1948年的联合国决议为以色列的建立创造了条件，提供了合法性，至今已有60年。国际社会希望看到一个公正和持久的解决方案，再也不应迟疑下去。

这样一个解决方案，将基于三个至今已经不能反驳的三个现实。

A. 一个现实是巴勒斯坦建国运动，我们现在知道，不管时间，还是力量，还是金钱，都不可能来摧毁它要建立一个国家的决心。这个国家应当是有尊严的、受到尊重的，同时被赋于所有主权都应当具有的内容。

B. 第二个现实是犹太人的建国运动。该运动在原属巴勒斯坦一部分的以色列得到了实现。人们知道，该运动不会被恐怖主义，被战争，或被国际压力所击溃。

C. 第三个现实是所有人，首先是大多数阿拉伯人、巴勒斯坦人、以色列人和全球犹太人的意志。他们要接受并支持任何一个有尊严的、公正的和符合道德的解决方案。该方案将提供一个真正的机会，使巴勒斯坦和以色列两个国家得以同时并存。

60 年之后的今天，名人小组可以试图就这个问题得出结论，并且进行客观的讨论。

名人小组可以向以色列人勾勒出这半个世纪以来失去机会的本质与理由，其代价，以及由此留下的伤痕及其后果。

名人小组同时也可以为巴勒斯坦人做同样的事情，而没有任何沾沾自喜的心理。在以色列民族和巴勒斯坦民族中，绝大多数的人希望生活在和平、安全和尊严中，他们都准备着分享这种逻辑。但这是不够的，克服目前的状况要求在以色列人这里，在巴勒斯坦人这里，以及在所有能够影响这个局面的国家这里，对于未来展现出无比的勇气和大胆的设想。这里的相关国家尤其包括美国和联合国安全理事会中的其他常任理事国。

根据这一观点，名人小组可以作出一项基本的贡献，它将就巴以问题提出“客观的”、“冷静的”思维。作为一项优先任务，它将分析以往多年中酿成了悲剧的那些因素，须知，这种悲剧为强硬派人物和裂痕制造者提供了一个平台。

今天，曾经在 1948 年扮演着重要角色的联合国可以向以色列人、巴勒斯坦、穆斯林、西方人和其他人勾勒这 60 年来的对抗、血腥、屈辱和相互的畏惧所带来的教训及其原因。

以这种方式来确立事实，将导致我们看到一个重新聚焦的、不动感情的、不偏不倚的前景，这有助于在巴以两个国家之间重建和平。这里所说的两个国家应是基于同等的合法性，平等地建立，具有同等的效力。

对于这两个国家，应当承认它们都需要尊严、尊重、正义，国际大家庭给予它们的权利和义务应当是相等的。

很关键的是，应该向巴勒斯坦人和以色列人展现这样一种前景，这种前景将表达对过去失败的各自责任，同时也表达目前国际社会的共识。这种共识应该说明，究竟是什么样的一些客观理由导致了失败，另一方面，未来每个人都能够接受的解决方案究竟包含着一些什么样的必然条件。

对于阿拉伯穆斯林世界及整个伊斯兰世界，以及巴勒斯坦人而言，应当理解到并且承认这样的事实，即我们名人小组现在知道并且愿意接受这样的责任，来保证每个人知道这 60 年的误解、诬蔑和对真相的掩盖和歪曲所带来的沉重的代价。

克服这样的障碍将能够从根本上改变现状，它可以成为重新获得尊严和重新获得可信度的第一个步骤。这些尊严和可信度将会恢复一个进程的意义和现实，而这个进程可能会最终导致和平。

同样，对于以往 60 年历史所做的平衡和理性的分析，可以极大地有助于缓解以色列人的担忧，同时，也让以色列人能够顺应其立国的价值。解决巴勒斯坦问题显然将消除伊斯兰与西方关系中的所有紧张性。然而，不解决这个问题，将会使消除这种紧张性的任何努力归于失败。

由联合国“白皮书”所启动的这一真相行动，将会充分展现恢复伊斯兰与外部世界正常关系所具有的意义与机会。各方将从中获益，只有极端分子和原教旨主义者将看到自己的合法性被削弱，甚至遭人唾弃。这些人将再也不能成为一个可轻易操控的行动的领头羊。原来事实一直没人讲述，国际社会在太长的时间内忽视了这个事实，因而让这些人正好钻了空子。

名人小组的建议将有助于化解这一局面的危险性，让所有相关的决策者都可以读到这份“白皮书”。该“白皮书”可以成为一个奠定巴勒斯坦人与以色列人之间和平新基石的真正的平台，使双方能够围绕一段历史走到一起来。这段历史是他们自己的历史，不是以沾沾自喜的心态写下的历史。这样做，将从根本上给世界大家庭带来前所未有的好处，让他们不管是好是坏，能够把巴以双方都当成完全平等的两个伙伴来对待。

其他相关文件

“文明联盟”和名人小组的下列文件，包括讲话、声明，以及背景研究均可从“文明联盟”网址 www.unaoc.org 获得。

1. 西班牙政府首相萨帕特罗（Jose Luis Rodriguez Zapatero）先生就倡议建立“文明联盟”于 2004 年 9 月向联合国大会发表的声明

2. 联合国（2005 年 9 月 14 日）关于“千年＋5”目标的峰会文件第 144 段，表示欢迎“文明联盟”倡议

3. 关于“文明联盟”的概念文件

4. 联合倡议者和联合国秘书长在于西班牙举行的首次名人小组会议上的讲话

5. 名人小组的会议与听证

6. 与“文明联盟”相关的大小会议

7. 各国政府和组织对“文明联盟”表示支持的宣言罗列

8. 与“文明联盟”相关的参考文件、国际宣言及项目

对于在准备本报告过程中所给予的建议和支持，应特别感谢：

联合国秘书长特别顾问 S. Iqbal Riza

秘书处

Shamil Idriss，代理主管

Susan Douglass，负责教育的资深研究官

Leila Ezzarqui，负责移民的资深研究官

Emmanuel Kattan，联络顾问

Geneive Abdo，联络

Carmel Kooros，外延官员

Josef Oberger，助理研究官

Franz Brugger，咨询顾问

Sally Kennedy，办公室经理

Amanda Langjahr，项目助理

联合国与文明对话

张贵洪*

内容提要 冷战结束后，国际关系发生深刻的变革。国际社会迫切需要通过加强不同文化之间的对话和理解来推广容忍、平等、多元等价值，以缓和紧张、消除冲突。联合国作为唯一具有普遍性的国际组织，同时也是世界文明多样性的典型代表，是不同文明汇聚的论坛，在推动不同文明间对话方面有着不可替代的作用。联合国大会是文明对话的发起者；联合国秘书长是文明对话的积极推动者；联合国文明联盟是文明对话的组织者；联合国教科文组织是促进文明对话的主要机构。文明对话可以成为联合国维护和平、实现发展、促进人权的重要抓手，即通过对话达成相互理解、通过理解推动彼此合作、通过合作实现和平发展。在联合国文明对话活动中，中国有独特的条件和优势，完全能大有可为。以儒家文化为主体的东方文明将在联合国文明对话中占据重要一席，中国必将为文明对话作出新的贡献。

作为最具普遍性、代表性和权威性的政府间国际组织，联合国不仅是实践多边主义的最佳场所，是集体应对各种威胁和挑战的有效平台，也是文明对话的倡导者、组织者、参与者和推动者。

---

* 张贵洪，复旦大学联合国研究中心执行主任、教授、博士生导师。

一、从文明对话到文明联盟：联合国的作用

冷战结束后，国际关系发生深刻的变革。东西方对抗结束了，世界政治会往什么方向发展？当时有人提出文明冲突论，认为文明冲突将取代国家间的冲突成为国际政治的新范式。20世纪90年代初，国际社会团结一致采取行动恢复科威特的主权和领土完整，联合国通过加强维和行动，在维护国际和平与安全中的作用有所上升。但西方国家提出"人权高于主权"和人道主义干预等主张，特别是北约绕过联合国安理会对科索沃采取军事行动，联合国的威信受到削弱，国际社会也出现新的分裂。同时，因种族、民族、宗教和文化等因素造成的冲突越来越多，而且往往是由国内冲突引发地区动荡。国际社会迫切需要通过加强不同文化之间的对话和理解来推广容忍、平等、多元等价值，以缓和紧张、消除冲突。联合国作为唯一具有普遍性的国际组织，同时也是世界文明多样性的典型代表，是不同文明汇聚的论坛，在推动不同文明间对话方面有着不可替代的作用。

1998年11月4日，第53届联大一致通过决议（A/RES/53/22），决定宣布2001年为"联合国不同文明之间对话年"，以增进各种文明间的了解和沟通，减少不同文明间的冲突。决议认为，"不同文明所取得的成果是人类共同的文化遗产，为全人类提供了进步的源泉"。决议承认文化多元化和人类创造活动的多样性，强调应当把对话作为实现理解、消除对和平的威胁、加强相互联系以及在不同文明间加强交流的一种手段。此后，不同文明之间的对话，包括不同信仰、不同宗教之间的平等对话，在全球广泛展开。

1999年第54届联大和2000年第55届联大都将题为"联合国不同文明之间对话年"的项目列入大会的临时议程（A/RES/54/113，A/RES/55/23）。2001年11月，第56届联大就促进不同文明之间的对话问题举行全体会议，以增进各种文明间的了解和沟通，减少不同文明间的冲突。会议在美国"9·11"恐怖袭击事件后举行，因此如何通过不同文明间对

话推动各国预防和打击国际恐怖主义的斗争就成为会议的重要议题之一。联合国秘书长安南就“联合国不同文明间对话年”发表报告，指出“文化和宗教多样化是力量的源泉，而不是分裂和对抗的起因”。2002年，联合国大会一致通过决议，宣布每年的5月21日为“世界文化多样性促进对话和发展日”。

2001年“9·11”恐怖袭击事件在一定程度上改变了世界发展的进程。美国等西方国家把矛头对准了少数伊斯兰国家和主要生活在伊斯兰国家的恐怖主义和极端主义组织与个人。2003年3月，美国在没有得到联合国安理会授权的情况下单方面对伊拉克采取军事行动。2004年3月，马德里发生西班牙历史上最严重的恐怖袭击，世界上许多其他地方也频繁发生恐怖袭击。霸权主义和单边主义不断在国际上挑起隔阂和冲突。西方世界与伊斯兰世界之间的紧张和冲突日趋严重，文明冲突论再度兴起。文明对话不仅更加必要，而且需要更深入、更持久、更强化。正是在这样的背景下，文明联盟作为文明对话组织化和制度化的体现应运而生。

联合国文明联盟作为世界最高层次的不同文明对话组织，由联合国秘书长发起创立，旨在促进不同文化和宗教的国家和人们之间的相互理解与合作关系，帮助反对那些引发分裂和极端主义的力量。联盟通过与政府、国际性和地区性组织、民间社会团体、基金会以及私营机构的通力合作，支持一系列旨在为不同文化和共同体之间搭建桥梁的项目和活动。

文明联盟的倡议最初由西班牙前首相萨帕特罗（José Luis Rodríguez Zapatero）在2004年第59届联大上提出，并与土耳其前总理埃尔多安（Recep Tayyip Erdogan）共同发起。2005年7月，时任联合国秘书长安南宣布正式成立文明联盟，并任命一个由20位国际知名人士组织的名人小组指导文明联盟的活动。2006年11月，该小组向安南提交了一个报告。报告指出，造成西方与伊斯兰世界隔阂的核心因素不是宗教信仰，而是冲突、恐怖主义以及过去几年里发生的各种激化矛盾的事件。报告为重建拥有不同文化和信仰的人民之间的互信提出了具体建议，如通过教育、媒体、移民和就业等手段推动文明间的交流和理解，强调国际社会必须同时致力于解决一系列悬而未决的政治问题。根据报告的建议，联盟设立了秘书处，并建立了一个信托基金，支持联盟的项目和活动。2007 年 4 月，刚刚接任联合国秘书长的潘基文任命葡萄牙前总统若热·桑帕约（Jorge Sampaio）为负责文明联盟工作的高级代表。随着名人小组工作的结束，名人小组成员被任命为文明联盟大使。

论坛是联合国文明联盟开展的一项核心活动，其宗旨是探讨如何构建跨国跨文化桥梁，促进不同国家、不同民族、不同文化之间的相互理解与交流，维护世界的和平与稳定。2008 年 1 月，联合国文明联盟首届论坛在西班牙的马德里举行，会议的主题是“不同宗教和文化开展对话，实现世界和平与稳定”。来自各国政府、基金会、国际组织、民间社会、媒体和工商界的人士齐聚一堂，共同探讨如何弥合不同国家和文化之间的分歧，并为推动跨文化交流建立伙伴关系。2009 年 4 月，第二届论坛在土耳其的伊斯坦布尔举行，就“了解差异”、“多元文化下的贸易”、“加强不同文化间的对话与理解中的重要因素”以及“加强妇女在和平文化中的作用”等议题展开讨论。2010 年 5 月，第三届论坛在巴西的里约热内卢举行，主要议题有“民主、善治和文化多样性”，“人权”，“新媒体”等。2011 年 12 月，第四届论坛在卡塔尔的多哈举行，主题是“文化对话，促进发展”，论坛就“促进多元文化社会融合的挑战”、“文化多样性与就业”以及“女性在现代社会中的角色”等议题展开讨论。另外，论坛还将焦点对准了“9·11”十周年后的穆斯林与西方关系。第五届论坛于 2013 年 3 月在奥地利的维也纳举行。

联合国文明联盟在全球和联合国系统内发挥了以下作用：第一，搭桥者与召集人：为那些致力于促进在各种共同体，特别是（但不局限于）穆斯林和西方社会之间的信任和理解的人们与组织建立联系；第二，催化剂和推进器：通过协作和互利的伙伴关系，为那些旨在减少国家和文化之间分裂的创新项目提供动力；第三，倡导者：提倡不同文化之间的尊重和理解，扩大克制与和解的影响，以帮助缓解国家和人民之间的文化与宗教紧张局面；第四，平台：为那些致力于不同文化之间搭建桥梁和各种倡议者提供支持。第五，资源：提供渠道以获得成功合作案例的信息和资料，反过来可为成员国、机构、组织或个人用来启动相似的过程或项目。

文明联盟的成立标志着文明对话在向组织化和常态化方向发展。从文明对话10年，特别是文明联盟的发展过程中，我们可以看到联合国在文明对话中起着至关重要的作用：

首先，联合国大会是文明对话的发起者。正是联合国大会及其通过的决议使文明对话成为国际社会的共识。联合国大会是国际社会广泛性和普遍性的象征。作为一个表达意见和立场的论坛、多边外交最活跃的舞台和国际合作的平台，联合国大会的一个重要功能是把少数成员国或非政府组织的倡议上升为全球议程，使之具有合法性和权威性。由于文明对话本身就是联合国的一个重要功能和使命，与联合国和平、发展、人权的事业密切相关，因此联合国大会积极倡导和发起了具有不同文化、宗教和信仰的成员国、地区和人们之间的对话。

其次，联合国秘书长是文明对话的积极推动者。联合国秘书长为联合国不同文明之间对话年任命私人代表、成立名人小组、任命文明联盟大使、设立信托基金、出席成员国和地区/国际组织举行的各种文明对话会议和活动，并向大会提交报告。作为一个全球组织的领导人，联合国秘书长在组织和推动全球性活动方面发挥了重要作用。如同其他许多全球性活动一样，文明对话一开始是由成员国的领导人提出的，可一旦成为联合国的议程，秘书长也就成为这一活动的牵头人，并在国际社会积极推动。

第三，联合国文明联盟是文明对话的组织者。基于文明联盟名人小组报告提出的建议，文明联盟的工作围绕以下三个目标：一是为那些与文明联盟分享目标的成员国、国际组织、民间社团以及私营机构发展一种伙伴网络，以增强它们与联合国系统的互动与合作。二是发展、支持并突出那些增进全球文化之间，特别是穆斯林与西方社会之间理解与和解的项目。这些项目与联盟的4个主要活动领域有关：青年、教育、媒体和移民。三是在跨文化紧张关系加剧时期，为作为缓解和理解的一种力量的团体之间建立联系和促进对话。

第四，联合国教科文组织是促进文明对话的主要机构。联合国教育、科学及文化组织积极规划和安排不同的文化、教育和社会方案，促进不同文明之间的对话。如2000年9月5日，联合国教科文组织和伊朗在联合国总部共同组办了一个国家元首级的圆桌会议，讨论不同文明之间对话问题。2001 年 11 月，联合国教科文组织第 31 届会议通过了《世界文化多样性宣言》，主张将文化多样性作为一种有生命力因而能不断发展的财富加以保护，认为不能把文化多样性视为一种一成不变的遗产，而应将其视为保障人类生存的一种进程。2009 年，联合国教科文组织发表了《着力文化多样性与文化间对话》报告。

二、文明对话是联合国的功能和使命

进入新世纪，国际社会继续发生重大的变革和调整：第一，国际关系发展变化的不确定性和复杂性更加突出。国际关系特别是大国之间的关系不断处于调整之中，新的国际格局一直没有成型。非国家行为体的作用在不断上升，跨国和跨地区的活动有加速的趋势，全球性问题越来越突出。这些变化大大增加了国际关系中的不确定性和复杂性。第二，世界和人类发展的依赖性和脆弱性越来越明显。技术的进步使人类对自然界的依赖程度有所下降，但国家之间、人们相互之间的依赖性却大大增强。技术的进步还使人、物和信息的流动加速，但人类自身的脆弱性反而更加突出。第三，国际体系的转型进入一个关键时期。经过 20 多年的调整，大国关系正从变革走向稳定，新兴大国的利益日益向海外扩张，其经济力量正向政治力量转化，新时期国际关系的主题逐渐明朗，从国际货币基金组织到联合国安理会，从货币体系到安理会席位，国际规则和秩序正面临重大的修改和变革。第四，国际社会的组织化和法制化趋势继续得到加强。通过组织化和法制化的方法与途径，规范国家的对外行为和国家间的利益关系越来越成为国际社会的共识并得到大多数国家的支持。对大国和发达国家来说，可以利用其资金、技术、制度和外交的优势，在国际组织和法律中占据主导和有利地位；对发展中国家而言，则可以利用国际组织和法律保证其基本的权力和利益，并通过集体的力量影响国际关系的发展。第五，新兴国家和力量的崛起正孕育着国际秩序的某种变革。亚、非、拉一些新兴国家已在所在地区发挥主导作用，成为地区力量中心和地区新秩序的倡导者和推动者。这些新兴国家的力量和利益还不断向周边和更远的地区扩展，并提出在国际社会拥有更多发言权、参与权和决定权的要求。

面对这些调整和变革，一方面联合国具有的普遍性、代表性和权威性可能在未来不会有大的变化，联合国在某种程度上仍然具有稀缺性和不可替代性。但另一方面，联合国内外受到很多挑战：内部如联合国大会的有效性、安理会的代表性以及联合国一些机构（如托管理事会）的作用，受到质疑；外部如二十国集团的兴起，以及北约继续存在，甚至在利比亚问题上发挥主导性的作用，使得联合国在某种程度、某些方面、某些时候有被边缘化的危险。因此，如何在新的全球治理结构中进行定位并发挥更重要的作用，是联合国面临的新课题。文明对话可以成为联合国维护和平、实现发展、促进人权的重要抓手。

通过对话达成相互理解。文明对话的首要功能是达成相互理解。历史经验表明，在人类文明交流的过程中，不仅需要克服自然的屏障和隔阂，还需要超越思想的障碍和束缚，更需要克服形形色色的偏见和误解。通过对话，相互了解对方的利益和需要、各自的观念和思想，才有可能进行沟通、交流、协商和谈判，求同存异，达成相互理解和信任。文明对话能够在三方面发挥重要的桥梁作用。首先，通过文明对话能够推动政府、国际组织、民间社会和非政府组织之间的合作，推动社区不同文化间的对话和交流。其次，通过文明对话能够推动各国政府间就正确对待文化差异、弥合分歧而采取共同的行动。第三，通过文明对话还有助于加强联合国体系作为一个整体在防止战争、推动和平方面的工作。

通过理解推动彼此合作。理解和信任是合作的关键。意识形态、社会制度、发展模式的差异不应成为合作的障碍，更不能成为相互对抗的理由。世界的多样性、文明和文化的差异不应是世界冲突的根源，而应是世界交流和合作的动力与起点。文化交流是达成相互理解的基本手段和途径，但文化之间的理解和信任却需要一个长期的过程，需要宽容、容忍、谦让和尊重的精神。有了相互之间的理解，才有可能就促进共同利益、消除各种分歧开展合作。在国际关系中，利益是合作的基础，但也是冲突的来源。有了深入理解基础上的信任，这种合作才有可能持久和有效。

通过合作实现和平与发展。和平与发展只有通过合作才能实现。正如前联合国秘书长安南在“联合国不同文明间对话年”发表的报告中所说，“联合国的一个主要使命是预防冲突。我们要完成这一使命就必须开展不同文明间的对话。通过实现理解和相互尊重，我们可以减少误解和不信任，奠定采用非暴力方式解决冲突的基础”。现任联合国秘书长潘基文也表示，不同文明联盟的努力是对执行联大 2006 年通过的反恐战略的有益补充，也是对联合国开展预防外交及推动可持续和平的有力支持。在世界经济全球化、文化多元化的当下，不同文明间的对话是化解各国家、民族、种族、宗教、文明间种种冲突的有效方式和最佳选择。联合国的另一使命是促进发展，对话对于这一使命也非常重要，通过交流经验和共同寻找解决办法，我们可以解决目前和今后面临的经济和社会问题。

三、在联合国文明对话中，中国大有可为

在联合国文明对话活动中，中国有独特的条件和优势，完全能大有作为：

第一，中国一贯支持联合国在国际事务和多边外交中的核心地位，也积极参与联合国主导的文明对话活动。2001 年 9 月，为响应联合国“不同文明对话年”，全国政协外事委员会在北京举办“21 世纪论坛——不同文明对话”研讨会，邀请国内外知名人士和专家学者，就不同文明对话问题进行多方面的交流与探讨。全国政协副主席宋健应安南秘书长邀请，成为“不同文明间对话名人小组”的 19 名成员之一。中国积极倡导在亚欧会议框架下开展文化与文明对话交流，并于 2003 年主办了亚欧会议进程中的第一届文化与文明会议。2007 年，亚欧会议不同信仰间对话会议又在南京举行。

第二，文明对话与中国未来的发展战略相契合。党的十七届六中全会通过的《中共中央关于深化文化体制改革 推动社会主义文化大发展大繁

荣若干重大问题的决定》提出：当前，增强国家软实力和中华文化国际影响力的要求更加紧迫，必须提高文化开放水平，推动中华文化走向世界。为此，要开展多渠道、多形式、多层次的对外文化交流，广泛参与世界文明对话，促进文化相互借鉴，增强中华文化在世界上的感召力和影响力。

第三，以儒家思想为重要代表的中华文化是参与世界文明对话的重要力量。源于儒家思想的和谐观作为中华民族独特的文化精神和生存智慧，其合理的思想内核为当代世界的和平、发展、合作提供了可供借鉴的精神资源，具有重要的时代价值。它不仅为追求人与人之间、不同社会阶层之间以及人与自然之间的相互和谐提供智慧，还为追求民族与民族、国与国之间的相互和谐提供智慧。

第四，尼山论坛是中国推广文明对话的重要努力。尼山世界文明论坛以开展世界不同文明对话为主题，以弘扬中华文化、促进中外文化交流、推动建设和谐世界为目的，开展以学术性与民间性、国际性与开放性相结合为特色的国际文化学术交流活动。首届尼山世界文明论坛于 2010 年 9 月在孔子出生地曲阜尼山举办，主题是“和而不同与和谐世界”。2011 年月 4 月，尼山论坛还走出中国和亚洲，在联合国教科文组织总部举办了以“儒家思想与全球化世界中的新人文主义”为主题的巴黎尼山论坛。

第五，联合国文明联盟正把文明对话的重心转向东方。联盟的初期活动集中在推动穆斯林和西方社会之间的对话与和解。目前，联盟致力于扩大在亚太地区的活动，推动各种文化（包括儒家文化）之间的理解与合作，并希望中国在其中发挥关键的作用。作为联合国倡导的一项活动，联盟在亚太地区开展活动主要有以下几点考虑：第一，组成亚太地区的大多数社会在文化、语言、宗教、政治上具有多样性，联盟可以提供一个相对低调、非干预性但又实用的政策工具，以帮助本地区的各个社会更好地发挥其多样性的优势。第二，国内的多样性很多时候又反映在地区层面，在亚太，儒教、穆斯林教、基督教、佛教、道教、印度教和世俗社会不得不就一系列问题上的差异进行协商。第三，宗教和文化能为亚太地区国家在发展高层次的地区合作和更有效的地区机构的持续努力方面提供重大的帮助。第四，东方文明目前的发言权还很有限，但是在文明联盟看来，东方文明可以在文化理解的全球对话方面有更重要的贡献。2012 年 11 月 29—30 日，联盟与中国联合国协会共同在上海主办亚洲和南太平洋地区磋商会议，主题是“通过对话和多样性促进和谐”（Harmony through dialogue and diversity）。会议就“文化传统与现代生活的结合”、“世俗主义和宗教的复兴”、“文化和文明对话作为国际关系的新兴范式”、“联合国体系与亚洲文化”、“中国传统文化的精髓如何为‘多元文化、一个人类’做贡献”、“如何通过对话缓解紧张和冲突”、“青年如何为跨文化对话与和谐作贡献”、“教育如何适应跨文化对话与和谐”等议题开展广泛研讨，来自中国、印度、澳大利亚、新西兰、马来西亚、泰国、菲律宾、印度尼西亚、日本、韩国、中国台湾等数十个国家和地区的代表、国际和地区组织的代表、私人机构和非政府组织领袖、媒体代表等 150 人左右应邀与会。

可以预见，以儒家文化为主体的东方文明将在联合国文明对话中占据重要一席，中国必将为文明对话作出新的贡献。

The UN Alliance of Civilizations in Asia and the South Pacific: Current Trends and Future Possibilities

Joseph A. Camilleri and Aran Martin*

The term civilization can be simply defined as 'a particular culture, society, and way of life characteristic of a community of people'.[①]Such a definition, however, falls short of the deeper meaning that endows 'civilization' with its distinctive political content. Civilization refers to a culture that has persisted through time (measured in centuries and even millennia), has held sway over a demographically and geographically large area, and has exerted political influence, that is to say, it has demonstrably shaped not only the understanding of one's place in the world, but also visions of the good life and principles of good governance. Civilization refers to those cultures that have spawned a rich and widely disseminated body of writing, which articulates through diverse literary forms, the intellectual foundations on which complex social and political institutions are built and legitimated. It is in part this latter notion of civilization that informs Huntington's controversial concept of the 'clash of civilizations', though it must be said his theoretical treatment of the meaning and evolution of

---

* Centre for Dialogue, La Trobe University, Australia.

① Oxford English Dictionary, 'Civilization', Third edition, November 2010; online version June 2012 (http//: www.oed.com, accessed 10 August 2012).

civilization leaves much to be desired. [①]The main thrust of his argument was that in the post-Cold War era, international conflict would be defined by cultural and civilizational fault lines, notably between Western and Islamic cultures.

In response to this thesis, a counter movement emerged amongst scholars and political leaders which sought to highlight the cooperative aspects of relations across civilizational boundaries. This intellectual current gave rise to the notion of the 'dialogue of civilizations'. It was given particular prominence in the writings and speeches of Iranian President Mohammad Khatami who served as the fifth President of the Islamic Republic of Iran from August 1997 to August 2005. In his capacity as Chairman of the Eighth Session of the Islamic Summit Conference held in Tehran on 9 December 1997, Khatami made an impassioned plea for a new relationship between Islam and the rest of the world:

> The relations between the Islamic world and others suffer from mistrust, misunderstanding and misconceived perceptions, which are partly rooted in history and partly due to hegemonic relationships . . . In this connection, through providing the necessary grounds for dialogue among civilizations and cultures-with the people of intellect taking a pivotal role-we should open the way towards a fundamental understanding which lies at the very foundation of genuine peace. . .

On 21 September 1998, he repeated his call in a major statement to the UN General Assembly which subsequently endorsed the concept and agreed

---

① Samuel P. Huntington popularised this notion in 'The Clash of Civilizations?', *Foreign Affairs*, 72 (3), Summer 1993, pp. 22—49.

to declare the year 2001 as the ‘Year of Dialogue Among Civilizations’.① As it turned out, Khatami's call proved to be prescient, for the year of ‘dialogue’ was also to be the year of the terrorist attacks on the United States. The subsequent US led ‘war on terror’, the military intervention in Afghanistan in December 2001 and the 2003 invasion of Iraq crystallized the rise of ‘islamophobia’ in much of the western world, and a ubiquitous threat of violence by extremist religious groups vehemently hostile to the west generally and the United states in particular.

This tragic descent into the maelstrom of fear, hatred and mistrust merely reinforced the need for dialogue and engagement across the religious, cultural and civilizational divide. It inspired the prime minister of Spain, José Luis Rodríguez Zapatero, and the prime minister of Turkey, Recep Tayyip Erdoğan, to co-sponsor a resolution at the UN General Assembly in 2005. Zapatero first suggested the idea for the alliance in a speech before the UN General Assembly in September 2004, about six months after the bombing attacks in Madrid that killed more than 190 people. Turkey had itself been the target of several terrorist attacks, in particular the November 2003 suicide bombings in Istanbul which killed more than 60 people. Conscious of the need to reduce the politics of fear and misunderstanding-particularly between Islam and the West-and institutionalize the emerging dialogical movement, the UN General Assembly endorsed the Spanish-Turkish initiative, and over the following few years set about developing a modest infrastructure to give effect to the concept.

The stated purpose of the newly established UNAOC was to ‘improve understanding and cooperative relations among nations and peoples across

---

① Statement by H. E. Mohammad Khatami, President of the Islamic Republic of Iran, before the 53rd Session of the United Nations General Assembly, New York, September 21, 1998, http://www.parstimes.com/history/khatami_speech_un.html, 6 Sep 2012.

cultures and religions' and to 'counter the forces that fuel polarization and extremism.'[1] To apply this ambitious objective, UN Secretary-General Kofi Annan established a High-level Group of experts, with a view to exploring the roots of polarization between societies and cultures. The Group's membership included Federico Mayor (Spain), former Director-General of UNESCO, Mohammad Khatami, Archbishop Desmond Tutu, Hubert Védrine (former French foreign Minister), Karen Armstrong (UK historian of religion), John Esposito (founding Director, of the Center for Muslim-Christian Understanding, and Ali Alatas (former Indonesian Foreign Minister) . Its report recommended a series of practical steps designed to strengthen constructive voices and to engage mass media to shape public debates in productive ways. It proposed educational approaches and methods to facilitate the mobilization of young people in promoting the values of mutual respect, cooperation, and the appreciation of diversity.

Working in partnership with governments, international and regional organizations, civil society groups, foundations, and the private sector, the Alliance initiated or supported a range of projects aimed at healing divisions between cultures, religions and civilizations. Its functions were described as:

Bridge building: connecting people and organizations devoted to promoting trust and understanding between diverse communities, particularly—but not exclusively—between Muslim and Western societies;

Facilitation: helping to give impetus to innovative projects aimed at reducing polarization between nations and cultures through joint initiatives and mutually beneficial partnerships;

---

① See UNAOC, 'About us', http: //www. unaoc. org/about/, accessed 6 Sep 2012.

Advocacy: building respect and understanding among cultures and amplifying voices calling for mutual respect and reconciliation which help calm cultural and religious tensions between states and peoples;

Promotion: giving greater visibility to initiatives devoted to building bridges between cultures;

Resourcing: providing access to information and materials drawn from successful cooperative initiatives—in the expectation that these will be used by member states, institutions, organizations, or individuals seeking to initiate similar processes or projects.

In certain respects the UNAOC was intended to perform on the world stage something of the functions normally assigned to national government departments or agencies entrusted with the task of managing cultural diversity within a national context. UNAOC's brief, however, was not so much to run or fund services and projects as to act as a 'global matchmaker', coordinating and extending the reach of local, national and regional initiatives aligned to its objectives.

Misgivings about 'the Alliance of Civilizations' concept

The UNAOC's frame of reference was not without its critics. Both its intellectual and institutional underpinnings were called into question. Some of the criticisms were not dissimilar to those leveled against the 'clash of civilizations' thesis. Edward Said critique is especially relevant in this context:

> . . . cultures and civilizations are so interrelated and interdependent as to beggar any unitary or simply delineated description of their individuality. . . his [Huntington's notion of 'clash of civilizations'] was one of the implied messages of Orientalism, that any attempt to force

> cultures and peoples into separate and distinct breeds or essences exposes not only the misrepresentations and falsifications that ensue, but also the way in which understanding is complicit with the power to produce such things as the 'Orient' or the 'West'. ①

Ali Balci would later extend this criticism to the Alliance of Civilizations, arguing that by adopting the language of difference (in this case 'alliance' as opposed to 'clash'), the UNAOC had unwittingly adopted the discursive framework of sharp civilizational divides which underpinned the clash of civilizations thesis. ②

Several factors had contributed to a discernible unease about the rationale and purpose of UNAOC. The impression, perhaps wrongly, was created in some quarters that the 'Alliance' initiative was first and foremost a response to the problem of terrorism. There is, of course, more to the dialogue of civilizations than the issue of terrorism. Important as terrorism may be, it is but one of the symptoms of the present crisis of insecurity-and the treatment of causes is at least as urgent as the treatment of symptoms. Moreover, some saw the 'Alliance' proposal as an opportunity for Western governments to promote their particular counter-terrorist strategies. The word 'Alliance', regardless of what was intended, was probably an unfortunate choice. Alliance is a word that we normally associate with military threats, certainly with enemies. Alliances are formed to counter a common enemy. In these perilous times, it may have been more

---

① Edward Said, Orientalism (London: Penguen, 1998), p. 349 cited in Ali Balci, 'The Alliance of Civilizations: The Poverty of the Clash/Alliance Dichotomy?', Insight Turkey, Vol. 11, No. 3, 2009, p. 98.

② Ali Balci, 'The Alliance of Civilizations: The Poverty of the Clash/Alliance Dichotomy?', Insight Turkey, Vol. 11, No. 3, 2009.

appropriate to speak the language of peace than the language of war. To this extent at least, it can be said that the original term a 'dialogue of civilizations' advocated by President Mohammad Khatami offered a more appropriate use of language. It was therefore pleasing to see that at least some of the most eloquent and active exponents of the dialogue of civilizations were among those invited to join the UN Secretary-General High-Level Group. It should also be said that the Alliance initiative, though insufficiently directed to the comprehensiveness of the global crisis of insecurity, did envisage in its terms of reference a number of extremely constructive areas of inquiry and advocacy.

The criticisms as formulated by Balci and others related especially to the initial phase of the UNAOC's life, when it seemed almost exclusively preoccupied with the agnostic discourse and practice surrounding relations between Islam an the West. This preoccupation was reflected in the protracted conflicts unleashed by military intervention in Iraq and Afghanistan, continuing terrorist attacks and threats aimed at the United States and its aliies Western countries, but also at other countries, in particular Indonesia, India and Pakistan which offered fertile soil for groups identified with radical Islam and for profound resentment of the actions and pronouncements of Western states.

UNAOC's Expanding Horizon

By 2012, advocates of the dialogue/alliance of civilizations concept had significantly broadened the intended scope of the UNAOC. One important milestone in this regard was the Symposium convened in Auckland by New Zealand Prime Minister Helen Clarke in May 2007 to discuss the relevance of the Alliance of Civilizations for the Asia Pacific region. The symposium expressed the need to translate general prescriptions into local and regional settings, including through translating the global concepts and language of the Alliance of Civilizations into the different cultures of the region.

Over the last five years a good deal of effort has gone into extending the UNAOC's scope beyond the Muslim/West divide. Particular attention has been directed to the re-emergence of China and India as major centers of economic, political and cultural influence. In this sense, the development of the UNAOC agenda, reflected in the decision to assist the convening a second regional consultation in Shanghai in November 2012, has gone a long way towards blunting the criticism that the UNAOC is an essentially reactive project captured by the clash of civilization' discursive frame set by Huntington and others.

This change in the UNAOC's scope was reflected in its 2011 Annual Report which highlighted the diverse interests and aspirations of its greatly enlarged constituency:

The increasing diversity of its members brings additional competing demands and expectations about the Alliance. Ensuring a unified vision and coherent and consistent actions is bound to be a permanent challenge. ①

Yet, the organization seemed still intent on making the 'terrorist' threat the principal focus of its endeavours:

> Bloodshed linked to terrorist attacks and a rise in intercultural tensions and intolerance seem to have increased in many parts of the world, including in democratic societies. Confronting this trend towards extremism and intolerance is the raison d'être of the Alliance

---

① UNAOC, *Alliance of Civilizations: fourth annual report of the United Nations High Representative for the Alliance of Civilizations*, A/66/305, 3 August 2011, p. 6.

and should therefore remain its main priority. ①

This adherence to the organization's original ethos was at odds with the UNAOC's own efforts to broaden its membership and geographic reach. This suggests that much more work is needed if UNAOC is to capture the imagination and potential of an Asia-Pacific region of extraordinary civilizational and cultural complexity. It is vital therefore that the UNAOC adjust to the cultural and political realities of its expanding membership and address head on the challenges but also the unprecedented possibilities offered by a region that is rapidly emerging as center of geopolitical and geoeconomic (and perhaps geo-cultural) gravity in the 21st century.

Towards an Asia-South Pacific Strategy for the UNAOC

The UNAOC Asia-South Pacific regional consultation in November 2012 provides a unique opportunity to chart a regional implementation strategy that accords with a vision of societal harmony and intercultural dialogue. Such a strategy can be developed only through the sustained input of the diverse cultures of the region, and the insights not just of governments, but also of business groups and academic and civil society organizations. This discussion paper advances a few tentative suggestions that such a culturally and functionally diverse coalition of might consider. Specifically, it focuses on the contribution that carefully crafted media and educational policies and initiatives can make to the promotion of harmonious relations within and between societies.

---

① UNAOC, *Alliance of Civilizations: fourth annual report of the United Nations High Representative for the Alliance of Civilizations*, A/66/305, 3 August 2011, p. 6.

Media and public opinion

We begin our discussion of media engagement by posing the question: how successful has the UNAOC been in achieving its stated objectives in this domain? Given that a primary goal of the UNAOC is to engage the media in the task of promoting inter-civilizational dialogue and cooperation, a relatively simple test of success is to measure the usage of the terms 'clash' 'alliance' or 'dialogue' of civilizations in the media in the period prior to and since the UNAOC's establishment.

The number of references in the media to 'dialogue' or 'alliance' of civilizations as opposed to 'clash' of civilizations offers a crude but nonetheless useful measure of effectiveness. Figure 1 below tracks the usage of terms as mapped by news reporting databases between 1995 and 2011. While the utility of the data presented in Figure 1 is constrained by a range of factors-search terms extend only to English language news reporting or reporting translated by English language monitoring services-several trends are clearly discernible. Figure 1 shows that, following President Khatami's landmark speech in the UN in 1998, the frequency of media references to a 'clash of civilizations' diminished, while references to a 'dialogue of civilizations' increased, resulting in rough parity in the year 2000. The evidence suggests that promotion of the concept of a dialogue of civilizations was quite successful in countering the clash of civilizations narrative across English language media during this period.

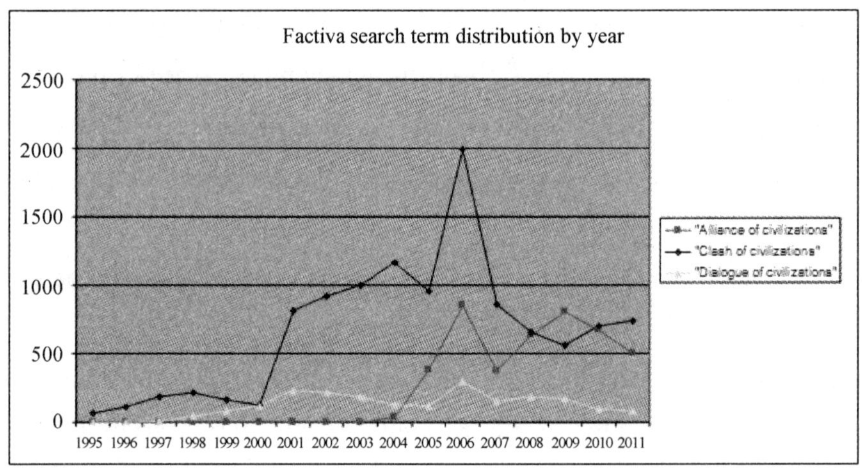

Figure 1

Source Data: Factiva. com: Search Summary, Free Text 'alliance of civilizations'; Free Text 'clash of civilizations'; Free Text 'dialogue of civilizations'; Source, All Sources; Date, 01/01/1995 to 31/12/2011; Company, All Companies; Subject, All Subjects; Industry, All Industries; Region, All Regions,; Language, English, accessed 21 Sep 2012.

From 2001 to 2004, following the terrorist attacks in New York on 11 September 2001, the subsequent US led invasions of Afghanistan and Iraq, and the global 'war on terror' the term 'clash of civilizations' dominated the media, far outstripping steadily declining references to dialogue. However, with the launch of the UNAOC in 2005, we see a gradual reversal of this trend. In 2005 references to a 'clash of civilizations' dipped moderately with a corresponding increase in references to the 'alliance of civilizations' . In 2007 and 2008 media usage of the notion of 'clash' far outweighed that of 'alliance' or 'dialogue', but the number of references to an alliance of civilizations had nevertheless become a notable presence in the statistics. In 2009 reporting alluding to an alliance of civilizations for the first time substantially outweighed references to a clash, with 2010 recording a rough parity between the terms, and 2011 showing a slight lead for notions of 'clash'.

Overall, these trends suggest that in the period under review the UNAOC had made considerable progress in projecting in the media the concept of an alliance of civilizations. Its success is in notable contrast to the relatively stable but low presence of the concept of civilizational dialogue. The UNAOC had, it seemed, established its credentials in the media through three main mechanisms. First, it benefited from the fact that UNAOC was a high level body within the United Nations system; secondly, it was able to host regular high level forums and regional consultations to promote the idea in diverse settings; and, thirdly, it acted as a focal point and facilitator of media interest and access via the maintenance of databases of global experts, discussion papers and networks of like-minded institutions actively engaged in promoting the concept of an alliance of civilizations locally, nationally, regionally and globally.①

There is every reason to think that these mechanisms will be similarly effective in the Asia-South Pacific context. On the other hand, it is the case, as the UNAOC itself has observed, that more effective and better targeted communication strategies will need to be developed in many areas of operation.②In this context, several mechanisms merit particular attention. The UNAOC's rapid response media mechanism, which attempts to provide free media content addressing divisive issues and promoting a diversity of voices, is a device which can be readily expanded for use by both national and local media in the region. General media literacy and specialized training for citizen journalists and youth populations is actively suppor-

---

① See UNAOC, 'About us', http://www.unaoc.org/about/, accessed 6 Sep 2012.

② UNAOC, *Alliance of Civilizations: fourth annual report of the United Nations High Representative for the Alliance of Civilizations*, A/66/305, 3 August 2011, p. 6.

ted by many regional development organizations. Perhaps the most powerful mechanism the UNAOC can adapt to needs of the Asia-South Pacific region is its innovative approach to bringing together television station owners as part of its Mediterranean regional strategy. The ownership structure of television and other media networks-particularly as regards state ownership and control-significantly differs from one network to another. High level engagement between media company owners (and here there is significant scope to expand the initiative's reach beyond television) can be brokered by the UNAOC in ways that enable joint action strategies to be developed. The key here is to entrench the diversity of voices that can be heard and ensure that people of different cultures and faiths can interact directly and positively with each other. ①

This strategy could also be greatly assisted by the development of an appropriate diversity auditing system-again facilitated by UNAOC and available for utilization by a network of regional media organizations. The system would need to measure how well cultural and religious voices and issues are reported on and how often they are included in news and current affairs coverage across multiple media platforms. There are, of course, limits to how far media reporting and analysis can constructively influence public opinion. A number of studies have found that in regard to foreign policy issues, negative news reporting has a very powerful effect on public opinion and perceptions of both issues and actors. By contrast, an equivalent volume of positive news about the same actors and issues often has less impact. Gilboa observes:

---

① UNAOC, *Alliance of Civilizations: fourth annual report of the United Nations High Representative for the Alliance of Civilizations*, A/66/305, 3 August 2011, pp. 14—15.

> Several studies have found clear correlations between media coverage and perceptions of foreign nations. . . Negative coverage resulted in negative opinions, although positive coverage did not produce positive opinions. ①

If these findings are just as applicable to the way cultures, faiths and civilizations view each other, then the UNAOC's ability to influence coverage of the mass media may not necessarily facilitate the formation of dialogical frames of reference when it comes to public attitudes and perceptions. Recognition of this limitation reinforces the proposition that the mass media, important as they are for the dissemination and evaluation of information, cannot of themselves deliver the desired outcomes. This helps to explain the UNAOC's complementary emphasis on education. While an exploration of UNAOC initiatives in this arena is beyond the scope of this paper, there is little doubt that educational strategies and programs can go a long way towards nurturing greater awareness and appreciation of other cultures and civilizations.

Education

The UNAOC is uniquely placed to address one of the most pressing challenges confronting intercultural relations in Asia and the South Pacific. Of particular importance in this context is the national school and university curricula handle the teaching and learning of history. As Tomoka Hamada puts it:

> For many of us, knowledge of our national history comes from what

① Eytan Gilboa, 'Searching for a Theory of Public Diplomacy', *The Annals of the American Academy of Political and Social Science*, Vol. 616, 2008, p. 64.

> we are taught as children in school. In most societies, the authorization of school textbooks is supervised by a governmental body. Over the years, almost every society has had to reinterpret and readjust the dominant narratives, images, and symbols that its citizens remember and children learn. In a rapidly globalizing world, this process of creating and revising collective memories extends beyond national borders, often leading to regional interstate contention."①

There is no denying that the teaching of history in many Asian and South Pacific countries has been a source of considerable interstate and intercultural tension. To give but one example, authorized accounts in Japanese school textbooks of key events in the Second World War II, in particular Japan's invasion and occupation of China, have provoked widespread resentment in China. ②Similarly, interpretations of the Korean War (1950—1953) have differed significantly in textbooks used by students in the United States, Japan, China and the two Korean, thereby exacerbating ongoing political and security fears and suspicions and making the Korean conflict one of the most intractable in the world. ③

Scholars have proposed a range of techniques to be developed for the teaching of history with the express purpose of alleviating interstate tensions. One relatively straightforward option is for national educational in-

---

① Tomoko Hamada, 'Constructing a National Memory: A Comparative Analysis of Middle-School History Textbooks from Japan and the PRC', American Asian Review, Vol. XXI, No. 4, Winter, 2003, p. 110.

② Hamada, 'Constructing a National Memory', p. 111.

③ Lin Lin, Yali Zhao, Masato Ogawa, John Hoge, Bok Young Kim, 'Whose History? An Analysis of the Korean War in History Textbooks from the United States, South Korea, Japan, and China', *Social Studies*, Vol. 100, No. 5, Sep 2009, pp. 222—232.

stitutions to encourage the critical comparison of international history textbooks. [①]The UNAOC could do much to facilitate such a process. To illustrate, if may be possible to devise a UNAOC sponsored project which assists the educational ministries of two or more countries to come together with relevant teacher organizations to develop jointly teaching and learning materials to be made available in different languages for use by teachers and students in their respective countries. Ideally, such a program could in the first instance be devised by countries that have been engaged in relatively low level conflict (e. g. Japan-south Korea) before proceeding to more challenging situations (e. g. India-Pakistan, China-Japan)

To this task the UNAOC can bring to such projects a unique approach. with the potential to greatly increase the movement's ability to address such controversial interstate tensions relative to other institutions. By directing attention on cultures, religions and civilizations rather than states, the UNAOC can sidestep many of the sensitivities associated with interstate conflicts and integrate into any initiative the rich legacies of inter civilizational engagement and dialogue across Asia stretching over thousands of years. For example, Japan-China relations are more likely to stabilize if they take account of the cultural synergies evident in the develop ment of Japanese and Chinese literature[②] as well as philosophical and reli-

---

① Lin Lin, et al, 'Whose History?', p. 222.

② Milena Sotirova-Kohli, David H. Rosen, Steven M. Smith, Patti Henderson, Sachiko Taki-Reece, 'Empirical study of Kanji as archetypal images: understanding the collective unconscious as part of the Japanese language', Journal of Analytical Psychology, Vol. 56, No. 1, Feb 2011, p. 110.

gious traditions.[①] In this regard, the teaching project dealing with the controversial history of the former Yugoslavia undertaken within the UNAOC Regional Strategy for South-East Europe offers a useful model which could be adapted to take account of the different cultural and political circumstances prevailing in different parts of Asia and the South Pacific.[②]

The development of mutually acceptable teaching and learning resources need not be limited to cultivating a better understanding of history. A similar approach could be pursued in relation to other areas of teaching, including literature and the arts, religion, philosophy, contemporary international affairs and certain aspects of civics education, in particular the cultivation of global citizenship. With the exponential growth of information and communication technologies, the UNAOC 'Education about Religions and Beliefs Online Learning Community', holds particular promise. Carefully structured and appropriately monitored online based interaction and educational tools can greatly enhance the capacity of widely dispersed actors to promote intercultural awareness and engagement. Online learning

---

① Min Lum Mossman, 'Religious and Philosophical Syncretization in Classical Chinese and Japanese Gardens', *The International Journal of Humanities*, Vol. 7, No. 5, 2009, pp. 157—173.

② UNAOC, *Alliance of Civilizations: fourth annual report of the United Nations High Representative for the Alliance of Civilizations*, A/66/305, 3 August 2011, p. 11; North-South Centre-European Centre for Global Interdependence and Solidarity, Exploratory workshop on co-operation opportunities: "Teaching Intercultural Dialogue and Religious Diversity in the Euro-Mediterranean", 16—17 May 2011, The Ismaili Centre, Lisbon, Portugal, http://www.coe.int/t/dg4/nscentre/GE/WorkshopICD_ParticipantList.asp, accessed 26 Sep. 2012; European Association of History Educators, 'Belgrade, Serbia: UN Alliance of Civilizations discusses future Action Plan for South East Europe', http://www.euroclio.eu/new/index.php/former-yugoslavia — 2011 — 2013-history-that-connects/3021-belgrade-serbia-un-alliance-of-civilisations-discusses-future-action-plan-for-south-east-europe, accessed 26 Sep 2012.

cannot replace the richness of face-to-face encounters, but it can support the translation of materials and encourage the local production of content that can enrich the study of different cultural, religious and civilizational contexts. [①]In this regard UNAOC sponsored promotion of academic and public conferences and forums, essay and art based competitions and the establishment of a network for likeminded research institutions can play an important part in the formulation and implementation of a regional strategy. [②]

Beyond these specific proposals, it would be appropriate for each country represented at the 2012 UNAOC Consultation to be invited to consider the development of an Educational Plan that would set broad guidelines for the promotion at fostering intercultural knowledge and understanding across its educational institutions. Key initiatives to be considered over a five-year period might include:

◆ Strategically selected forms of national and international networking and collaboration that effectively mobilize intercultural knowledge and understanding;

◆ Culturally informed teacher education and professional development programs for both teachers and educational administrators;

◆ Intercultural training programs and incentive schemes for business managers, religious and community leaders, media and other professional groups, police and security forces, healthcare workers and other service

① UNAOC, *Alliance of Civilizations: fourth annual report of the United Nations High Representative for the Alliance of Civilizations*, A/66/305, 3 August 2011, pp. 11—12.

② UNAOC, *Alliance of Civilizations: fourth annual report of the United Nations High Representative for the Alliance of Civilizations*, A/66/305, 3 August 2011, pp. 11—12.

providers;

◆ Higher education initiatives, including staff and student exchange programs, targeted scholarships, preparation and distribution of high quality print and web-based resources, including production and effective use of online resources.

The Education Plan would set out relevant programs to be pursued over the next five years in some detail, including actual content and method of delivery, institutional responsibility for the oversight of each program, the stakeholders to be involved, target audiences, cost implications, and a range of other practical matters.

Regionally, consideration should be given to the creation of a dedicated Regional Intercultural Research and Training Centre able to nurture existing and new, local and international partnerships and initiatives involving all levels of government, educational institutions, the business sector as well as community and religious organizations. Such a Centre would identify research and training priorities around themes that give due prominence to societal harmony and the management of cultural diversity (including diversity of languages, religions and ethnicities), and a more systematic attempt to develop international best practice in all relevant areas of intercultural study, research, training and educational practice. Consultations should begin almost immediately to consider the proposal. During the consultation process, which may last for 9 to 12 months, particular attention will need to be given to the objectives, methods, institutional arrangements and partnerships that would sustain the Centre, at least for the first five years. It would be helpful if an in principle decision could be taken to work toward the inauguration of such a Centre either in the second half of 2014 or the first half of 2015.

The Centre for Dialogue would be willing to assist with the research needed for the formulation of Education Plans and also with preparation of a feasibility study for the establishment of the Regional Centre. The La Trobe Centre for Dialogue would bring to the task the very substantial expertise and national and international partnerships it has developed in recent years around a range of programs and projects which combine intercultural research, education and training, policy development and community engagement.

Conclusion

Over the last two decades, the alliance of civilizations movement has successfully grown into a potent moral force acting globally to improve harmonious relations within and between countries. Originally conceived primarily in response to international terrorism and the ensuing 'war on terror', the UN Alliance of Civilizations has since nurtured programs and institutional frameworks that still encompass but go well beyond the complex and crucial relationship between Islam and the West.

With an expanding geographic membership and shifting geopolitical environment shaped by the extraordinary re-emergence of Asia as the economic and political center of global gravity, the UNAOC is now able to respond to these new challenges and opportunities. Though still in its infancy, it has matured sufficiently to be able to act as a catalyst for the creation of institutional and ideational frames of reference that resonate with the rich and varied ethical and religious traditions represented in Asia and the South Pacific.

The ideas and proposals contained in this discussion paper are advanced in a spirit of dialogue. They are meant to generate mutually respectful reflection and discussion on normative approaches and pragmatic initiatives that harness the wisdom of Asia's rich civilizations and mobilize the coalition of actors capable of giving effect to the UNAOC vision.

促进文明对话　倡导包容互鉴

潘　光*

由联合国文明联盟和中国联合国协会共同主办的联合国文明联盟上海会议暨亚洲南太平洋地区协商会议于2012年11月底举行。联合国文明联盟的主要使命是促进拥有不同文化与宗教的国家和人民之间的相互理解和合作关系，帮助对抗分裂和极端主义的力量，尤其关注西方和穆斯林社会之间关系的改善。联合国文明联盟支持有助于跨文化对话与合作的地区战略，塑造一个共同战略，以应付共同的挑战。

本次上海会议的主题是“通过对话及多样性促进和谐”。会议就文化传统与现代社会生活的结合、文化和文明对话作为国际关系的新兴范式、中国传统文化的精髓如何为“多元文化、一个人类”做贡献等问题展开了讨论。

上海会议提出了哪些建议和设想？中国今后将发挥何种作用？基于此，上海《文汇报》记者采访了联合国文明联盟大使、知名中国学者潘光，请他对联合国文明联盟的使命以及上海会议的成果进行介绍。

记者：联合国文明联盟是个什么样的组织？它是在什么样的背景下成立的？

潘光：联合国文明联盟项目启动于2005年，得到时任联合国秘书长安南的大力支持。从2005年下半年起，安南秘书长先后任命了20位名流

---

* 潘光，上海国际问题研究中心理事会副主席、联合国文明联盟大使、上海社会科学院研究员。

和学者组成文明联盟名人小组，由联合国教科文组织前总干事、西班牙高级外交官马约尔和土耳其国务部长艾丁担任小组双主席。除两位主席外，名人小组成员还有：伊朗前总统哈塔米、塞内加尔前总理尼阿斯、法国前外长韦德里纳、南非大主教图图、印尼前外长阿拉塔斯、英国宗教史学家阿姆斯特朗、俄罗斯伊斯兰问题专家纳乌金、卡塔尔国埃米尔（国王）夫人纳塞尔、埃及亚力山大图书馆馆长塞拉盖丁、突尼斯前教育部长卡非、摩洛哥国王陛下顾问阿祖莱、美国乔治顿大学穆斯林与基督教理解中心主任伊斯波西托、美国犹太教资深拉比施奈尔、伊比利亚美洲组织秘书长伊格莱西亚斯、巴西曼德斯大学校长曼德斯、巴基斯坦高级外交官萨迪克、印度斯坦时报副总裁芭提亚以及身为上海社会科学院研究员的本人。

从 2005 年底至 2006 年底，名人小组举行了五次研讨会，主要围绕文明交往中的政治、经济、宗教、社会等因素进行深入研究，并对如何在传媒、移民、青年、教育方面构建健康良好的文明对话机制与环境深入展开讨论，经过反复推敲、修改，几易其稿，形成了给联合国秘书长的最终报告，宣告名人小组的工作顺利完成。2007 年，接任联合国秘书长的潘基文决定在联合国总部建立联合国文明联盟办公室，任命葡萄牙前总统、葡萄牙首都里斯本前市长桑帕约为联合国文明联盟高级代表，同时任命前文明联盟名人小组所有成员为“联合国文明联盟大使”。自 2008 年以来，联合国文明联盟每年召开一次全球文明联盟大会，下一届大会将于 2013 年在奥地利首都维也纳举行。

记者：联合国文明联盟的目标和宗旨是什么？

潘光：联合国文明联盟早在启动之初就提出了如下目标：不同国家、文化、宗教相互依存，发展与安全相互依托，环境与经济相互促进；文明联盟旨在加强政治合力，促进制度和社会层面上的协商，克服偏见、误解，消除两极分化；推动全球合作，体现世界大多数人的意志，共同抵制国际社会中的各种极端主义。文明联盟还特别指出：近年来发生的事件已经加剧了伊斯兰世界和西方世界之间的相互猜忌、疑惧和误解，这种状况已经被全球范围的极端主义者所利用。文明联盟希望能够抵制这种趋势，建立不同文明、文化之间相互尊重的典范。

联合国文明联盟名人小组和其后的联合国文明联盟办公室的工作始终围绕着三个重点：对国际和平与安全所面临的新威胁，特别是对那些挑起极端主义的政治、社会和宗教势力作出评估；在机构和社会层面采取集体行动，共同关注那些形成威胁的趋势；为各国政府、国际组织和国际社会提出切实可行的方案，促进社会和谐。为了做好这三项工作，联合国文明联盟采取的工作策略是：加强不同民族、不同文化和不同文明间相互理解、相互尊重；抵制极端主义集团的影响，打击极端主义者的排外思想，应对极端主义给世界和平与稳定带来的威胁；在全球范围内培养人们的安全意识，使人们认识到安全是不可分割的，是人类的根本需要，国际合作是安全、稳定和发展的先决条件。文明联盟向各国政府、国际组织和国际社会提交了诸多文件，其中对现状进行分析，并提出具体的行动计划和切实可行的措施，如充分利用包括互联网在内的大众媒体促进文明对话、扶植和组织具有建设意义的公众论坛、改善多元社会的相互理解和增进多元鉴赏能力、帮助青年人建立包容合作的价值观、努力实践全球和谐与合作等等。

记者：联合国文明联盟自成立以来举办了哪些重要活动？有何成效？

潘光：7年来，联合国文明联盟发起、组织、参与了一系列重要活动，对促进世界范围各种文明之间的对话和交流发挥了重要作用，主要体现在以下三个方面：一、对不利于文明对话的重大事件和热点问题表明态度。2005年，丹麦媒体刊登侮辱伊斯兰教先知穆罕默德漫画的事件，导致了一系列暴力事件。此后几年，又发生了荷兰极端分子炮制反伊斯兰教电影、美国牧师和美军士兵焚烧古兰经、伊拉克教派冲突导致阿斯卡里清真寺被毁等一系列恶性事件。对于这些事件，文明联盟均发表严正声明，并组织专家学者建立应急反应智库，在第一时间对事件进行点评、发表看法、提出建议。二、介绍和推广文明对话的经验。这些年来，联合国文明联盟积极组织各类活动，向国际社会介绍和推广文明对话的成功经验。例如，荷兰海牙市通过在社区建立跨宗教、跨文化委员会等各种形式的组织来促进文明对话，使外来移民逐步融入社会，在海牙形成了各宗教、民族群体和睦相处的良性发展局面；伊斯兰教科文组织在促进伊斯兰文明与其他文明的交流沟通和对话方面发挥了重要作用；欧洲安全合作组织在反对种族歧视，促进文明对话方面也做了大量工作，包括在反对新纳粹主义、反犹主义、反伊斯兰思潮、反移民暴行等方面所做的努力。文明联盟及时总结他们的成功经验，并加以介绍和推广。三、组织和参与促进文明对话的重大活动。联合国文明联盟与阿塞拜疆政府联合主办世界跨文化对话论坛；联盟与宝马公司联合设立"文明联盟—宝马奖"，专门奖励在全球文明对话中作出杰出贡献的人；联盟支持卡塔尔基金会创立了"全球教育创新奖"，奖励在教育工作中促进文明交流的杰出人士。2012 年春季，联盟组织青年学者前往中东地区，与各界人士进行交流，宣传不同文明对话、包容的精神。

记者：联合国文明联盟十分关注亚太和中国，可否介绍一下这方面的情况？

潘光：联合国文明联盟一直关注亚太地区，并积极支持中国构建和谐社会的努力。2010 年上海世博会期间，联合国文明联盟在世博会联合国馆举办全球文明对话论坛，吸引大批前来参观世博会的民众参与跨越文化、政治障碍的对话和交流。2011 年 5 月和 2012 年 5 月，联合国文明联盟先后派代表参加了在江苏苏州举行的太湖文化论坛和在山东曲阜举行的尼山世界文明论坛，与中国的文化界人士和文明研究学者进行直接的交流与合作。

为继续拓展这两次重要活动的成果，联合国文明联盟与中国联合国协会合作举办的"联合国文明联盟亚洲南太平洋地区会议"12 月底在上海隆重召开，这是文明联盟首次在中国举办地区性会议。联合国文明联盟高级代表桑帕约，以及来自中国和亚太地区的上百位学者参加了会议。这次会议进一步显示了文明联盟对亚太、中国的重视，有力地推动了亚太、中国的文明对话与和谐发展。

记者：联合国文明联盟与中国发展合作的前景如何？

潘光：在联合国文明联盟上海会议上，与会者就文明联盟与亚太、中国的合作提出了许多建议和设想，其中涉及中国方面的包括：在上海建立联合国文明联盟亚洲南太平洋地区协调机构、在北京大学建立联合国文明联盟学术研究机构、在中国举办联合国文明联盟电影节、由联合国文明联盟与尼山世界文明论坛合作举办儒家文明与其他文明的对话、由联合国文明联盟与太湖文化论坛合作举办文化研讨活动等等。这些建议和设想引起了广泛的兴趣，但还需要可行性论证和具体设计。

中国共产党第十八次全国代表大会指出：“要和平不要战争，要发展不要贫穷，要合作不要对抗，推动建设持久和平、共同繁荣的和谐世界，是各国人民的共同愿望。”

要实现这一目标，就要在国际关系中弘扬平等互信、包容互鉴、合作共赢的精神。平等互信，就是要遵循联合国宪章宗旨和原则，坚持国家不分大小、强弱、贫富一律平等，推动国际关系民主化，尊重主权，共享安全，维护世界和平稳定；包容互鉴，就是要尊重世界文明多样性、发展道路多样化，相互借鉴，取长补短，推动人类文明进步；合作共赢，就是要倡导人类命运共同体意识，在追求本国利益时兼顾他国合理关切，在谋求本国发展中促进各国共同发展，建立更加平等均衡的新型全球发展伙伴关系，同舟共济，增进人类共同利益。所有这些正是中国和亚太各国人民追求的愿景，也是联合国文明联盟奋斗的目标。在这一共识的基础上，联合国文明联盟与中国的合作及在亚太地区的工作均有着十分广阔的发展前景。

（载《文汇报》2012 年 12 月 23 日）

第二篇

地区变革

议题1

亚洲和南太社会面临的多样性挑战

Jean-Christophe Bas主持了第一个专题，由六位专家就“地区变革：经济发展对社会、政治、文化和价值的影响”进行讨论，着重探讨亚洲地区经济崛起对该地区的文化价值以及社会的影响。

议题“地区变革”发言席

这个专题的探讨主要包括三个话题：第一个问题是亚洲和南太社会如何应对宗教、种族和文化多样性带来的挑战？

Chandra Muzaffar来自东南亚地区的马来西亚，他主要谈到在多种族的国家社会里，国家应怎样应对这些种族之间的冲突。马来西亚是一个典型的多种族、多宗教国家，如何去处理多种族、多宗教的和谐共存对国家的发展尤为重要？马来西亚在这方面做得比较好，在过去55年里，人们至少很少看到在国家层面的社区性暴力行为，但也出现过一次导致200人丧生的暴力事件。

另外，还需要看到社会群体间的态度，马来西亚大多数人对其他的种族、社团以及文化都具有包容性和接纳性，尤其是国家本土的族群。华侨在马来西亚是少数群体，比华侨人数更少的还有印度群体，他们为国家作出很多贡献。中国主张和睦相处，通过不同种族和文化的群体贡献，能够创造不同文化和谐共存的局面和环境。马来西亚政府对于不同群体的支持也是巨大的，他们希望创建公平的平台，因此国家在过去55年中非常关注社会财富的公平分配，并且取得长足的进展。在不同领域的政策实践中，包括教育公平政策，都有不俗的表现。同时可以看到，价值、平等、平衡政府制定政策的重点原则，以避免出台极端性的政策。但也应该看到，贫富差距是当前面临的挑战，需要宗教在社会中发挥更重要的作用。在多种族、多宗教的文化中，马来西亚会持续努力，通过不同文化的交流与互动使整个社会更具包容性。

南京大学赖永海教授认为，亚洲南太平洋地区社会多种宗教、文化并存的现象已经是不争的事实，如何去应对宗教文化多样性带来的挑战显得尤其重要。在讨论如何应对之前，首先应该解决如何看待这种差异的问题，包括这种现象是正常还是不正常的？合理的还是不合理的？他认为应该是前者，原因在于一种宗教文化之所以会产生，能够长期存在并且持续发展，必然有着非常深刻的历史原因、文化背景和社会基础。也就是说，多宗教文化并存现象的产生都有其社会历史必然性，所以不应该回避它，或者排斥某种宗教文化。相反，我们应该正视它，认真对待它。认真对待主要包括三个方面的内容：一是认真研究各种文化差异产生的原因；二是通过沟通对话增进理解，求同存异，共同发展；三是因势利导，使各种宗教文化各尽其能，最大限度地发挥其社会功能、历史作用，使其推动整个经济的发展，而要做到这一切必须要有海纳百川、有容乃大的胸怀。在这一点上，中国古代文化中有很多很成功的案例可供借鉴。

中国自古以来存在着多种宗教、多种文化并存的现象，儒释道并存就是最突出的例子。不管是三教自身的发展历程，还是各个时代如何对待这些宗教，它们都有一个特点，即如果能够采取有容乃大的包容态度，它们就能够得到发展，反之就会消亡。以佛教为例，它不但在中国生存下来，而且发展出儒、道两个非常重要的宗教和文化潮流，主要原因是其采取了兼容、包容的态度。中国佛教的特质在禅，而禅的特质则在于儒释道。这里存在一个问题，被儒学化的佛教反而比非常纯粹的佛教或其他宗派更好，这就涉及到怎么来看宗教发展规律的问题。

中国古代有一句名言："水至清则无鱼。"黑格尔在论述宗教文化发展规律的时候也有一个论述，他说宗教文化的历史发展就像一条长河，长河不是沿途拉近河流，而是因为容纳了很多直流才变成滚滚洪流，这点确实体现了有容乃大的特点。各个时代对宗教的关系也是这样的，因各种宗教有不同的观点，如果能够使各种宗教的功能尽其所能地为社会、文化发展服务，就能够发挥很大的作用，同时能够推动整个社会的发展。因此，应对宗教文化多样性带来的挑战，最重要就是要有海纳百川、有容乃大的胸怀。

议题2

通过地区机制贯彻“以对话和多样性促进和谐”的原则

澳大利亚的Joseph A. Camilleri教授首先谈到知识精英在亚太地区的作用，在联合国文明联盟还未成立之前，知识精英就看到亚洲有非常大的对话潜力，包括甘地、今天参加论坛的知识分子，以及杜维明教授都是这方面的代表。

尽管如此，文化间的对话在亚洲发展进程以及机构的设置方面却进展缓慢，这种现象应该有所改变。一些机构如东盟应该成为促进变化的催化剂，原因非常简单，东盟仍然认为自己是经济上的联合体、外交的联合体，我们主要是从经济的角度来理解它的。但是亚洲有着丰富的文明和历史，可在东盟目前的进程中，文明却被低估了。自“9·11”事件之后，国际社会提出一些重要的倡议，包括在新西兰的倡导下实现一系列区域间的对话。5年前，在新西兰的倡导下召开了奥克兰会议，同时其领导人也主持了文化对话。2008年，联合国文明联盟成立并得到很多支持，但是在对话方面却没有迈出非常坚实的步伐。目前在东南亚教育基金会的支持下，我们将进一步支持教育、文化、旅游方面的项目。

当前我们主要面临两个问题：第一个问题是文明对话如何进一步促进教育、媒体、法律、宗教以及其他方面在东亚和南太平洋地区的交融；第二个问题是文化间的对话如何进一步加强亚洲国家的区域认同，尤其是促进东亚文化共同体建设。

Joseph A. Camilleri 教授就此提出五条建议：第一，加强区域磋商，每两年就地区文化对话进行一次非正式磋商。第二，建立一个指导委员会，该委员会负责建立跨区域间的磋商。第三，加强联合国文明联盟伙伴关系建设，使更多的区域组织成为联合国文明联盟的合作伙伴，使联合国文明联盟议程成为这些组织工作的一个重要部分。亚太地区国家在进一步加强经济和安全方面合作之外，还需进一步开展文化、文明方面的合作。第四，在本次磋商中，针对几个共同的区域项目，包括教育和媒体方面的项目形成一个探讨文件。例如，我们可否开发一个开放教程课本的区域机制，能否在教师培训和政府官员培训方面开发区域机制，以及如何更好地共享资源和材料，建立区域多元化的激励机制，给予那些表现突出的、有有效做法的、在教育方面有突出贡献者以表彰。第五，建立一个资金充足的区域跨文化培训中心，其主要任务是培养发展中国家区域和不同城市之间的合作伙伴关系，更好地监督各国家和区域的做法，如果做得好的话就给予奖赏。力争在 2015 年成立这样的区域合作中心，以便充分地利用亚洲丰富的文化历史，同时为亚洲地区的发展发挥积极的务实作用，而这样的区域对话机制的建立应该得到区域各国的大力支持。

北京大学的杜维明教授在演讲中指出，中国有一个很大的特点是文化是持续的、非常悠久的。尽管当今世界的变化非常快，西方文明受到诸多挑战，但中华文明仍然是生机勃勃的。目前中国政府不仅重视 GDP 的发展，也重视以科学的方式来发展，包括科学发展、政治发展、经济发展、社会发展以及生态发展 5 种发展并行。

中国非常重视人类的共同繁荣，思维也不应只是局限于政府和政治领导者身上，而是应该重视文化所起的作用。毫无疑问，中国文明是一个不断学习的文明。以儒家传统为例，它从道家学到很多东西，因此儒家文化非常繁荣；它也从印度佛教学到很多东西，从而实现中国 11—16 世纪的繁荣。赖永海教授谈到儒释道教三教并存，其实还有基督教、伊斯兰教也是需要考虑的。中国也是非常成功的生机勃勃的文明体，只有通过交流和尊重对方，才能够实现对话，即“己所不欲，勿施于人”。正是因为处于和谐之中，我们才知道要“和而不同”，相同只会带来枯竭。对话指的是不仅要找到机会分享信息，表达自己的意见，也要理解对方，通过对话倾听不同的声音，进一步加深对自己的理解。

因此，非常重要的一点是，我们需要互惠互学，这些都是儒家思想的重要贡献。但是从目前的中国来说，情况已经大大不同，即有了根本性的改变。中国大力推广市场经济，同时成为市场化的社会，而且市场化已经渗透到社会的各个领域，不单是政治领域，还包括文化领域、宗教领域。中国非常强调和谐、共存，强调城市和农村、穷人和富人能够和谐共存。

因此，中国社会现在大量追逐物质主义、商业主义，而所有现象的基本原因都在于：自鸦片战争以来，中国社会进行全面的变革，特别是从 19 世纪到 1945 年之间都进行着巨大的社会变革，这已经成为标志性的事件。目前我们所面临的重大挑战是，中国对精神领域、文化领域的发展关注较少，尤其是对宗教文化了解得太少，需要进行深入研究。

对我们来讲，文明联盟带来了很多机遇，我们需要更好地借助和利用这一平台和机遇，进一步对文化教育体制进行机制性的重造，以帮助人们获得文化资产，而不仅仅是经济资产。我们需要更多的文化和精神价值，而不仅仅是物质财富。年轻人都有未来观，我们可以从非洲的谚语中学到一个经验，地球是由祖先留给后人的，这就是非洲人所说的“从他者之间找到自我的身份”。我们也可以从大众学到很多东西来建设软实力。从中国来讲，主要人口是汉族，所以对少数民族的关注度不够，这是今后需要注意和关注的领域，联合国文明联盟最终会给我们带来非常重要的自我意识的复苏和唤醒。从政治角度来说，中国不是开放的国度，从大众价值的传播来讲也不够开放，所以中国的开放需要包容，需要更多地关注和培养公共知识分子，尤其是具有文化和社会意识的知识分子。北京大学在这方面做了很多知识性的工作。本次活动中没有来自日本的代表，可见我们缺乏对于政治之外的赞赏和赏识。中国的文明是悠久的文明，中国正按照现在的标准重塑国家形象，但是我们不希望保持狭隘的民族主义。

议题3

亚洲和南太平洋社会如何更好地为不同文化和文明之间共存和接触的全球对话做贡献

来自中国的王戈是《和文化随想》一书的作者。他在发言中谈到，1960 年之后各种文化进入美国，且这种多样性的文化因美国包容的心理而落地、生根、发芽。用“和而不同”去解释这个问题，就是很简单的哲学的认识论和方法论，具体是什么样的方法论呢？这些方法就是不同而和，和而不同。人类需要共同的价值标准，这样才会产生共同的理念。共同的价值趋向应该是东西方文化融合的最高阶段，只有有比较、有鉴别才可以出政策。从我个人的认识来讲，西方的文化源于宗教文化，宗教文化源于哲学，源于人类的需要，西方古代讲的神话（包括孩子的童话），都是目前文化存在的源泉。“和”文化也需要从哲学的角度诠释。例如北京四合院，很多人都知道四合院就是邻里四家，相当于邻里之间的关系，如果其中一个邻里买的菜又新鲜又便宜，另外三家也会去买，他们之间是分享快乐的关系，这就是和的元素，这在人类中到处可见。

从个人的角度来看，和谐是最重要的因素、元素，其余文化元素萌芽于人类历史，但体系构建于现代文明。人类发现帮助别人比帮助自己快乐，才会助人为乐。人类要善于学习，从而能够控制周围的环境，学到真的东西。另外，人类还离不开社会属性和互助关系，要关注亲属、朋友、同事，只有对文化有深刻的理解，才会对文化有所思考。目前全球已经一体化，互联网使人类产生“地球村”的概念。所以人都应该有自己的思想空间，人类是互助的关系，也都是平等的个体。

随后，来自印度的 Mata Amritanandamayi Devi 发表演讲，以下是全文：

首先，我向联合国文明联盟、中国政府和在座的各位贵宾致以恭敬的问候。这个伟大的国家拥有 7000 年悠久的历史、丰富的文化和自成体系的思想价值观。直到今天，伟人孔子和老子的思想还在影响着中国人民的日常生活。1000 多年以来，中国人民一直在敬拜观音菩萨，她大慈大悲、普救人间疾苦，是佛陀精神女性形象的表现。

全球化对世界各地不同文化，特别是亚洲文化，产生很大的影响，这其中既有积极的也有消极的影响。所以，我想先就“全球化”这个话题说几句。

我生长在印度的一个小村庄里。60 年前，我家里就有中国的瓷器和大罐子。村里的渔民大约有 40％都在使用中国造的渔网。在某种意义上，这表明很久以前全球化就已经存在了。然而，在那个时候，全球化并没有影响到其他国家的文化与价值观。借助 IT 和科技的贡献，尤其是在发展中国家，商贸得以蓬勃发展、失业率降低、医疗健康得到改善，这是全球化给世界带来的正面影响。

然而，来自其他国家的科技、时尚、娱乐、艺术和食物充斥世界各国的市场，许多古老的传统文化受到严重的冲击。因特网被滥用，一些电视节目已经影响到孩子们的生活，特别是对于那些从未接触过这些内容的人来说。价值观的丧失已经严重影响到社会，还给很多家庭带来干扰。离婚率和心理疾病都在大幅度增长。

技术是人类自己创造出来的工具，我们应该控制技术，而不是变成工具的奴隶。随着技术的发展，我们的心智应该更加成熟。否则，这就像是送给孩子们枪支玩，结局就是我们给社会造成的损害大于给社会带来的益处。只有文化和现代化平衡发展，才能实现共存，无法获得平衡将最终导致社会分裂、大家各自为政。我们一边声称“我们是合一的”，另一边却不尊敬彼此的传统习俗和文化，这样是无法实现共存的。“我们是合一的”是伟大的真理。尽管我们在很多方面，如肤色、文化、语言、生活方式、意识形态等方面都存在不同，然而从本质上讲我们是一样的，只是在外在的表现形式上不同而已。我们要接受事实、尊重多样性。

要在当今世界上实现共存，有两点很重要：权利与尊重。每个国家都有权维护自己的文化，也有义务尊重别人的文化。如果问："二者哪个更重要，权利还是尊重？"我说："最重要的是在尊重的前提下维护权利。"只主张自己的权利，却不尊敬别人只会滋生自负和自私；反之，如果能在尊重的前提下主张权利，我们就会增强彼此之间的关爱、尊重和信任。

一、故事：关于校服的投诉

我们的非政府组织管理着一个拥有 5 所分校的大学。一个学生曾对我说他们不想穿校服。我问他们："教育的目的难道只是为了让学生拿到学位，找到一份好工作，赚很多钱吗？不是的，教育的真正目标是获得知识和树立正确的价值观，学会以慈悲心对待彼此。"

我给学生们讲了一些其他学校发生的例子。在一所大学中，有很多学生都是靠借钱来支付学费的，所以零用钱很有限。看到别的孩子穿着昂贵和时髦的衣服，他们也想要。在自卑心理的作祟下，他们开始靠贩卖毒品来挣钱，有些甚至把毒品卖给自己的同班同学。就这样，许多学生染上了毒瘾。有些人还盗窃，甚至自杀。一个很穷的学生在监狱里给我写了一封令人震惊的邮件，说他偷了一个女人的金项链，然后意外地把她给杀死了。后来我问学生们："现在，告诉我你希望再创造这样一个机会，让其他学生也犯这样的错误吗？还是你就是想要穿那件制服？"在意识到尊重别人的重要性之后，学生说他们愿意穿制服。

在意识到在多样性中共存的必要性是减轻别人痛苦的唯一办法后，我们还需要认识到所有不同后面的统一。尽管我们可以从 1000 桶水里看到 1000 个太阳，但是太阳只有一个。如果我们能看到所有人的意识都是一致的，就能首先考虑到别人的需要。我们应该有辨别能力，区分什么是重要的、什么是过分的。例如，我们需要一个手表看时间，10 美元和 5 万美元的手表都会告诉我们时间，但是如果我们买了 10 美元的手表，用剩下的钱去帮助穷人，这将是值得称赞的服务于社会的行为。

我们今天的重点不应是相互依赖或非相互依赖，而是相互依存，这是因为人类、动物、植物和整个宇宙都是相互依存的。在当今世界，人们缺少敬畏和尊重的品质，导致社会不够成熟。教育、知识、科学和技术可能把社会推进到难以想象的先进程度。然而，若人类的头脑和情感不成熟，没有辨别能力，那将会是真正的灾难。

世界各地的所有人民和所有国家都需要健康、财富和知识。但是，如果我们无法平衡这三个方面，就会导致自然和人的心理能量的不平衡。那些拥有财富的人可以购买越来越多的奢侈品，而穷人会永远贫穷下去。贫富差距最终将导致社会冲突的产生。这就是我们要小心，不要让欲望变成贪婪的原因。此外，我们需要开发三种不同类型的财富、健康和知识：（1）内在和外在的财富；（2）身体与心理的健康；（3）我们对内心世界和外部世界的认知。实现上述的平衡会带来社会的和谐和满足。

我们应尊重地球、大自然和所有的同胞众生，意识到我们需要认同种族、宗教、肤色和信仰之间的差异。我们应深刻理解并接受彼此之间的差异，在尊敬的基础上对待彼此，这样我们才能够敞开心灵进行真正的沟通。

二、故事：古吉拉特邦事件

我想与大家分享一个有关共存的故事。2001 年，一次地震摧毁了印度的古吉拉特邦。灾难导致 2 万人死亡，大部分生还者都丧失了他们的家园。我们的慈善组织立即向位于偏远地区普查（Bhuj）的三个村落提供援助。我们到达时，当地人害怕我们会尝试影响他们的文化、宗教和生活方式。于是，我们耐心地向他们解释我们带来了砖头和人力，只是希望能够帮助他们按照自己的方式尽快重建家园。我们最后为灾民重建了 1200 所房屋，还有庙宇、清真寺、教堂以及其他礼拜堂。

三年之后，2004 年发生南亚海啸时，我们的慈善组织总部也被阿拉伯海淹没了。数百名来自普查的村民均放下文化与宗教之间的不同，跑来帮助我们救灾。这些村民在回答记者的问题时说："当我们面对痛苦和损失时，阿玛的慈善组织并没有尝试改变我们的文化、宗教和生活方式。他们慈悲地给予我们要求的东西，我们已经永远欠下了他们的恩情。"我们的慈善团体尊重和承认他们传统的事实，启发了他们全心全意地以相同的态度回馈社会的行为。自此，无论何时，每当印度出现自然灾难时，这些普查的村民都会与我们的员工并肩工作。

我们在喀拉拉邦和其他邦也有过类似的经验。我们慈善团体的义工曾去过这些部落，与他们一起生活及获得他们的信任。我们也了解了他们面临的问题，帮助他们寻找解决方法。他们都对我们在帮助他们的同时，也尊重他们的生活方式这一做法而感动。因此，他们也希望回馈社会并开始为贫苦大众种植蔬菜。这不是正好证明了我们每一个人都能通过以身作则来激励他人，从而为全球共存对话作出贡献吗？

只为糖尿病患者提供药丸是不够的，他们也需要学习如何注意饮食和做运动，以控制其血糖水平。同样地，虽然政府在努力消除贫穷，但只是集中于满足食物、金钱和庇护这些物质需要是不够的，就如身体需要食物来成长，灵魂也需要在爱的滋润下得到成长和表达一样。以我的经验来说，今时今日世界上 90%的问题都来自爱、慈悲和宽恕之心的贫乏。今天，我们有知识但没有觉醒，我们有资讯却没有分辨能力。我们知道自己有头颅，但只有当我们头痛时才察觉到这个事实。这里有一个例子可供我解释现在的情况。

三、故事：一个男人在喝过药水后摇动他自己

一个男人在喝过一汤匙的药水后，留意到药瓶上的标签写着："用前请先摇匀。"他发现自己并没有依从医嘱，思考了一会儿竟开始摇动自己。就像故事里的这个男人，我们往往会在已经太迟的时候才尝试纠正我们的

缺点。我们理应从我们的话语、思考和行动中提高觉察力，这能帮助我们及时发现过错。

在城市中，我们经常通过举办论坛的形式来分享各自不同的文化和宗教，加深彼此之间的了解和尊重，我们在这方面做得已经比较成功了，所以我们也应该在村落发展类似的论坛。

另一项建议就是，每一个家庭中的一名年轻人在完成其教育后，也应该最少花 6 个月的时间来给最贫困的社区提供服务。他们应与当地人同住，尝试了解当地的生活方式及挣扎，以帮助这些穷人寻找问题的解决方法。政府应为他们提供食物及住宿。通过这些经验，我们的年轻人将自然地培养出慈悲心。同时，贫穷及痛苦将得到缓解，而国家也能获得更全面的发展。

依我的经验来说，众生都理解的唯一共通语言就是爱。过去 40 年来，我曾经与操不同语言，属于不同种族，拥有不同肤色、阶层和宗教的人沟通，觉得有了爱就没有障碍。我坚信爱能团结所有的心灵，并产生强大的改变力量。这个世界上有很多种力量——学术、军事、金融、政治以及传媒，但其实宇宙中最强的力量乃是爱的力量，爱的力量能把个人和国家变得如天堂般美好。但也有很多生命以爱和男女关系的名义被牺牲掉。同时，又有多少战役和争斗是打着爱的名义而发动起来的。同时，曾经也有很多圣人用爱的力量改变了世界。他们创造的改变为我们的生命带来光明以及启发。

一位钢琴家在弹琴时，那美妙的音乐能抚慰心灵；但如果是一个疯子在弹琴，他弹出的音乐将令我们感到焦躁。音乐家知道如何创造优美的音乐，一个疯子则会创造出令人难以忍受的噪音。音乐就是把不同的音符放在一起，如果那些音符不能妥善地结合，它们将难以融合并只会造成噪音。而噪音并没有中心点，只是一堆分散的音符。只有当有了中心点，音乐才会诞生。爱就是把所有东西连结在一起的关键元素，从而创造出令人身心陶醉的音乐。

母亲会唱一些单音来哄她的婴儿入睡。“啦啦啦……啦啦啦……”这些由母亲编造的音节往往没有实在的意思，但当母亲把她的婴儿抱在怀里时，唱着唱着，婴儿就会堕入深深的、祥和的睡眠。事实上，婴儿只要躺在母亲的附近就已经足够了，就会停止哭泣并进入梦乡。母亲对婴儿的爱已经包含在她的心跳里，而她的心跳就如曼查（圣洁的音符或词组）般有力量。即使一个母亲不懂音乐，她唱的那些单音对婴儿来说也是能够想象到的最有抚慰力量的音乐，这是因为母亲的爱已经注满在这些单音里了。

但是现在，人类的生命已变成一种噪音，因为我们正在远离我们的中心点——爱。噪音创造派别，但爱组成家庭。今日，家庭已绝种了。无论我们往哪里看，只能找到派别，不能忍受的噪音也由四面八方涌至。如果我们问一个吉它手或一个歌手他的音乐从何而来，他可能会说："从心而来。"但如果我们做手术把他的心打开，我们会在里面找到任何音乐吗？如果他说音乐是由他的指尖和喉咙而来，我们也能在这些地方找到音乐吗？那音乐其实是从哪里来的？它其实来自于一个超越身体和心智的地方，那就是内心意识存在的地方。

新一代应该努力去了解爱是由这种意识产生的。目前的教育制度并不重视培育这种意识。我们应该教导孩子们去觉察爱、无私服务和谦卑的重要性。社会为我们个人的成就作出了奉献，我们应该回馈社会。如果我们能视他人如己，爱的泉源就会从内心涌现，且从这个泉源中还会涌现出幸福，就像一股永不间断的溪流，令我们的生命充满恩典。如果没有中心点，我们就不能画一个完美的圆形。同样地，没有爱这个中心点，我们的生命也永远不会完整。一棵树的根令它稳扎大地。同样地，拥有强大力量的爱之根深深扎根于内心，以确保我们的生命之树能在各种处境中站稳、不会摇晃，也不会被连根拔起。

我们的世界就像一个巨大的花园，每朵花都有不同的颜色和独特的芬芳。祝愿这团结和美好能常出现在我们的生命中，也祝福我们能够消除人心之间的隔阂。就如同一只手疼痛时，另一只手会自然地提供抚慰，但愿人与人之间也会互相提供安慰和支持。就让我们创造一个充满祥和、爱和共存的新世界吧。但愿我们也待人如己并发现所有人心中都有那神圣的爱。

最后，我希望再次向这次尊敬的联合国咨询项目的所有主办者表达我的感激，多谢大会给予我这个与你们分享心灵以及思考的机会。

第三篇

地区对话

议题1

文化传统与现代生活的结合

主持：Choi Youngjin（韩国）

报告起草：Arnaud Leveau（韩国）

发言：李承贵（中国）、Amina Rasul（菲律宾）、李若晖（中国）

议题“文化传统与现代社会生活的结合”发言席

Choi Youngjin：我是来自韩国的 Choi Youngjin 教授，是议题 1 的主持人，我感到非常的荣幸。首先有请三位发言者各自围绕议题发言，然后开放时间给观众提问，在座各位可以尽情地向各位发言者提问。我们先请南京大学的李承贵教授做主题发言。

李承贵：我是南京大学哲学系的李承贵，主要研究中国哲学，特别是中国哲学中的儒学。会议组邀请我做发言，我想了之后回复说不知道讲什么，因为这是东南亚、世界秩序层面的话题，国学好像很难介入进去。两天之后，我思考了一下我的发言题目——文化传统与现代生活的结合，如果从这个角度来说，我想还是有些话可说的，甚至有很多话可以说。在座的朋友、领导都知道，在当前中国经济高速发展，包括科技文明迅速发展的前提下，国学及传统的学术好像越来越受到欢迎，这在我们国内叫“国学热”。国学对人们当前的人类所做的事情有帮助，但就中国来讲，国学热本身又存在一些问题，至少我本人是这样看的。

今天我要谈的话题是“文化传统与现代生活”，这个题目是非常大的。文化传统是一个非常大的概念，也是一个非常含糊的概念。现代生活也是非常大的概念，没有人告诉我们什么是文化传统？什么是现代生活？当然你也可以告诉我们什么是文化传统？什么是现代生活？但是即便你告诉我们了，也不意味着所有的人都赞同你的想法。我讲这个话的意思是，文化传统与现代生活两个命题都是不确定的，可是我们却要在这样不确定的定义之下讨论它们的结合。这就如同我是个媒人，我对男孩、女孩都不了解，却要把他们撮合在一块，这是很难办的事情。

首先简单谈一下文化传统，人们对文化传统有不同的理解，著名的李慎之先生认为文化传统是一种意识形态，就是专制。而我这里讲的文化传统不是意识形态。

其次，所谓现代生活，大家都生活在现代生活之中，可是现代生活又是什么呢？是物质生活？是精神生活？是制度生活？是公共生活？所以这个概念也是比较模糊的。我来自南京，我的一个感受是上海的现代氛围非常强，而南京的现代生活是比较弱的，所以说现代的程度也不一样。

在这样简单的定义之后，现在来说一下文化传统与现代生活的结合问题。这里讲的文化传统就是传统文化，首先不要把这个概念混淆了，因为文化传统的概念比较乱，把它还原到传统文化，即传统文化与现代社会生活的关系或者结合。

从个人观点来看，在当代中国社会的传统文化或者“国学热”背景之下，文化传统与现代生活的结合有 4 种形式。第一种是同意式的结合，文化传统、传统文化是很大的概念，比如哲学、艺术、宗教都是传统文化，都是文化传统，这些跟现代的生活是直接同意的，人们在休闲或工作之余会参观、欣赏，它跟我们的生活是直接同意的，这是文化传统与现代生活结合的第一种形式，也是最简单的一种形式。第二种是融入式。众所周知，在中国传统文化中，道家有道家的命题概念，儒家有儒家的命题概念，但是这些概念都需要融入人们的生活，比如儒家“仁”的概念不仅跟主体结合起来，而且要融进去，仁、义、礼、智、信的价值要融入我们的生活，而这种融入有个特点，即“强制性”。为什么人们经常说仁爱、诚信，有些人却做不到呢？它是好东西，具备强制性，就需要融入进去。第三种形式是改造式。传统文化的很多价值、概念、命题要经过一番改造，当然这个改造可以说是综合理论文化方面的改造，这样才能跟人们的生活结合起来。倒如仁爱的“仁”，研究传统文化的都会说“仁者仁也”。仁是横向的，涉及空间的爱、空间的关怀。比如我在这里讲仁爱，我要喝水，我住在长江的上游，但是我应该关怀下游的人，所以不应该污染长江的水，这就是横向的仁爱、横向的生态、横向的关怀。可是有些学者认为不够，因为我们还有子孙后代，于是他们对儒家的仁爱进行了改造，认为“仁”应该有纵向、有时间的，即把传统文化经过改造跟现代生活结合起来。

第四种形式是批判式的。批判并非批判传统，而是批判现实、批判当下，借助中国文化传统中比较好的理念、价值对当下人们生活中不良的行为、不道德的行为或者恶劣的行为进行批判，通过这样的批判来重新建构理想的模式，这也是一种结合。

例如在座的朋友都写过文章，“天人合一”好不好？答案是肯定的，其中包含生态智慧。但是，在论述中国古代的“天人合一”的智慧时，人们往往会指向现实生活中对自然资源的破坏行为，实际上这个行为就是在借助古代的“天人合一”这一有价值的观念或理念来批判否定当下的现实，这也是一种结合。所以，文化传统与现代生活的结合包括 4 种形式。

但是，所有这些结合也有存在多问题，下面简单地说一下问题。首先是主体问题，任何一种文化传统与我们现代生活相结合都需要一个主体。换句话说，没有主体，文化传统跟现代生活就无法结合。这个主体虽然是“人”，但是人很复杂，有心理因素、价值观念、知识结构、文化背景，在讨论文化传统与现代生活的结合时，主体往往扮演着重要的角色。

所以，文化传统与现代生活相结合的第一个关注的对象就是主体，所谓的传统与现代生活相结合就是在座的每一个人的结合，这是第一个问题。

第二个问题是环境的问题。在中国大陆这个问题非常重要，刚才我们谈论国学热，小孩谈国学，老人谈国学，下岗工人谈国学，国学满天飞，我也会去国学班给高官、公务员讲课。当我讲中国文化传统中神秘的东西、有趣的东西，甚至是一些消极的东西时，他们非常喜欢、追捧。但如果我告诉他们做人要讲诚信、讲仁爱，他们也会认同我的观点，可在现实生活中他们讲诚信、仁爱，生意就可能会失败。优秀的文化传统为什么会遇到这样的瓶颈呢？这就是环境的问题。

第三个问题是评估的问题。现在大家总是讲传统与现代生活结合，可结合之后却从来不关心结合得怎么样？结合的效果怎么样？如同一个男孩、女孩结合生了男孩、女孩还是龙凤胎，没有人去关心。所以，中国的豆腐渣工程很多。

我个人认为在当前中国国学热的背景下，文化传统与现代生活结合的形式是多种多样的，但是问题也是很多的，我希望大家齐心协力使文化传统与现代生活结合起来，而且是一种积极的结合。

我的发言到此结束，谢谢各位！

Choi Youngjin：感谢李教授精彩的发言，接下来我们有请菲律宾的 Amina Rasul 教授发言。

Amina Rasul：我非常同意前一位演讲者关于宏观层面的分析，今天我想从小的范围谈谈整合的问题，希望我的演讲能够给大家一些启发，使大家进一步了解联合国文明联盟在哪些方面可以提出一些倡议，也使我们更好地扎根在亚洲和亚太地区。

我想谈 4 个话题：第一个话题是关于共同的工作。第二来谈一谈穆斯林的宗教领袖和伊斯兰学派之间的关系。第三来谈一谈传统文化在现代生活当中的作用。西方认为女性拥有对自己身体的掌控权，但是伊斯兰教认为女性有责任去承担更多的家庭责任，因此传统和文化之间存在非常大的冲突，女性的角色也是冲突点。第四我们还要谈一谈学习，因为我们同在东南亚，有很多经验可以分享。

2007 年 10 月 11 日，100 多位穆斯林学者写了一封公开信交给教皇。罗马天主教皇准备了一篇演讲，随后在约旦工了的带领下写了一篇文章，这篇文章的标题是“你和我之间共同的世界”。这个标题来自于《圣经》，文章说尊重这些教义的人来到这个世界中，这个世界是你和我共同的世界。在这个世界当中，我们都是神的孩子，我们所有人都要信主，这就是我们的教义。我们强调必须要热爱上帝，其实我们爱的是同一个上帝，那就是我们的信仰所至。根据教义，我们应该爱我们的邻居，爱同样的人类，这说明有不同的宗教教义、不同的伊斯兰教的人们应该有不同的对话。但是在菲律宾，很多人对对话也不太认同，认为对话可能会削弱对于自己信仰的坚持。我碰到过一些穆斯林的宗教领袖，他们在自己的社区里工作，用共同的语言撰写文件，并得到村里人非常多的支持。问题在于我们的邻居并不是信仰同一个宗教的，所以说应该是井水不犯河水的。

因此，我们应该阅读更多的教义，去了解真正的教义宗旨是要求我们之间进行不断的多元对话，而且不同信仰之间的人也应该展开对话。

接下来就要问宗教的作用是什么？在菲律宾做研究的时候我们发现，菲律宾市民之间的信任度要比政治家之间的信任度高。我们也在不断地推动菲律宾不同种族之间的对话，以期进一步扩张我们的多样性，从而促进不同宗教之间的对话。

谈到宗教之间的作用，很多时候我们会问伊斯兰学派发挥了什么作用？其实 UNAOC 正在教育、青年人、媒体和移民 4 个方面发挥作用。伊斯兰学派注重教育和青年的培养。目前没有听到任何项目谈到伊斯兰学派对宗教发挥了什么作用，但是我们可以成为宣传的中心，成为一种在村镇、社区中宣传的力量，可以为教育和青年人设计一些项目，从而发挥更大的作用。

联合国文明联盟高级会议是由新西兰总理主持的，主要讨论 4 个话题：教育、青年人、媒体和移民。之后我参加了一些后续会议，给了我很大的启发。我们看到了很多冲突，同时也明白了只有通过多元主义才能互相了解对方。所以对于 AOC 来说，仍然希望深深地扎根于地区，所以采取了一些务实的方法。现在 AOC 已经充分意识到亚洲的重要作用，也已经成为创建公平领域的重要力量。同时我们也看到新世界的力量来源已经有所改变，看到中国、印度、东南亚国家的经济崛起带来了所谓的“亚洲的世纪”。

公民社会、政府、社会公众、各类组织应团结一致，而东南亚国家的利益相关方也应共同努力应对以上所提到的问题。我们相信联合国文明联盟为我们提供了这样的机会，使大家能够向伊斯兰国家以及中东、非洲地区，包括巴基斯坦和伊拉克地区的民众学习经验。同时，我们还看到少数民族地区，比如东南亚民族地区治理冲突带来的问题，以及处理相关冲突时产生的合约。我们现在已经使政府和伊斯兰相关组织之间逐渐达成一致，希望能在这个过程之中获得理解和支持。

我本人非常高兴能够在此次南亚地区国家不同专家的演讲中学习他们的宝贵经验，谢谢！

Choi Youngjin：非常感谢，接下来我们有请来自复旦大学的李若晖教授发言。

李若晖：我接到这个议题之后进行了一些思考，我想还是应该结合自己的日常研究来讲，以免过于宽泛。我在 2012 年的《儒教文化研究（国际版）》第十七辑上发表过一篇论文《中华的德性政治制度史》。我的议题主要是从这样一篇文章深发出来的想法，中国古代的政治制度主要是一种德性政治，它的主导思想是儒家思想，而且这种思想得益于制度化，并成为中国古代制度的基本框架。这种德性的核心是儒学的“亲亲仁爱”。众所周知，儒学的“亲亲仁爱”是以家族亲亲之爱为基础的。因此，德性的承载者首先是中国传统的大家族，但是仅仅家族承载的道德是不足以成为国家制度的。作为一个国家的制度，它必须有道德之外的强制力量来保障制度的建构和执行。这样一种力量在中国古代就表现为君权，也就是中国从秦汉到清朝的皇帝制度，因而中国古代的德性制度就是家族承载、君权制度。

在中国，古代的汉唐盛世都是家族和君权达到合作默契的良好状态的体现，因此国家内部生活兴盛，国力也非常强盛。反之如果家族和君权发生矛盾甚至产生剧烈冲突，比如在秦代、唐末五代，家族受到很大的打击，甚至尽于消灭，这样就会导致整个国家政治动荡，尤其是社会道德水准低下。

由上我们就考虑，中国古代的家族承载道德的“亲亲仁爱”传统为什么没有能够延续到今天？一个重要的原因就是古代君权对家族的压制。从中国历史进程来看，唐末五代是一个大变局，但是唐代对家族所起的作用导致唐末五代家族失去了支撑，一方面政治极其黑暗，另外一方面道德也极其污浊。宋以后重建的家族已经不是国家政治力量层面的家族，我们可以称之为线下家族，它只是地方性的家族，这种家族充其量做抢亲之类的事情，已不对君权构成威胁。这样一来，它也就斩断了家族间亲亲之爱扩展为仁爱的途径，使家族只有私德而无公德。

在今天，我们怎样复活我们的文化传统，并使之与社会相结合呢？这成为重要的议题，就像刚才南京大学的李承贵教授提到的，事实上我们今天的国学热只是一层皮而已，它并没有真正地把文化传统复活于我们的现代生活之中。这样的复活必须复活于我们的德性政治传统，尤其是有道德的承载，只有这样文化传统才能真正复活于现代生活中。

因此，复活文化传统的前提之一就是能够以我们的古代德性政治史的研究为基础。对于历史来说，我们不但看到了具体历史事件所带来的后果，甚至看清楚了它数百年、上千年的影响。如果连德性政治的历史都不能够清晰地了解，又如何能以德性政治的原则复活于现代社会生活之中呢？又如何能处理纷繁复杂的现代事务呢？

我有一个很好的构想，但只是作为宏伟计划的小小一步。在现今大陆，民主维权只有一个，就是小区的业主委员会。现今城市的住宅小区，包括农村里的土地，颇类似于大家族。如果我们以此为基础结成利益共同体，就有可能在今天以模拟家族的方式来重构这一德性，并在此基础上推进社区互助以及社区自治。而业主委员会、村民小组乃至农村的选举又可以在德性当中贯穿西方的自由和民主的理念。也就是说，我们可以建构这样一个导致团体，同时复活古代的亲亲仁爱和承接西方的自由民主。以往我们过于注重精英的推动，今天我们应该相信民众有自己的主见，相信将来带动中国前进的一定也是类似的人物。

我们还可以在此基础上，比如说可以设立社区法庭，让民众以陪审员的形式参与到案件的审理中，并且进行案例的推广。这样可以使中国的民主发展获得后发优势，也就是打破西方议会中为了达到利益平衡而形成偶然因素的结果，使每一个人都真实地参加到小至身边、大到国家的实质管理中去，民众也可得到民主和宪政的训练。

我的发言就到这里，谢谢大家！

Choi Youngjin：非常感谢李教授的发言。到现在为止我们三位教授的发言已经结束，他们在东亚的文化传统如何跟现代生活结合，特别是如何缩短现代人之间的距离方面提出了很好的建议，在此感谢他们三位。

关于三位的发言，以及我们小组的议题——传统文化与现代生活的结合，如果听众有什么问题，欢迎大家进行提问，请大家畅所欲言。

问：我来自韩国，专业是儒家哲学，我本人对第一小组的议题非常感兴趣，也曾经就这个问题做过多次探索。上周，我们很高兴请到清华大学的陈来教授到韩国做了演讲，我作为韩国的代表发言，陈来教授则作为中国的代表发言。

在那次会议上，我的发言与东亚的文化传统有关，也正好切合本次的主题。我们提到文化传统，一般都会想到中国的儒释道三家，我本人就是做儒家文化的，所以那次的发言主要就从儒家的角度来陈述观点。

关于传统文化与现代生活的结合，我个人也觉得是非常困难的，其中有一点就是，我们现代社会是在科学技术高速发展的基础上成长起来的，而科学的基础是科学真理，一方面科学技术的发展带来真理的发展，真理的发展会与传统文化产生很大的距离，所以这也是一个很大的难点。科学技术的高速发展会带来物质崇尚主义，导致科学技术越来越具有优越感，这就会拉开与传统文化的距离。而且在科学技术高速发展的过程中，我们容易失去文化的传统，就像在跟别人做斗争的过程中，我们都还没有认清楚自己是何种人，又如何能够战胜别人呢？在认清自我存在的问题上，刚才的三位教授都发表了观点，正如复旦大学的李若晖教授提到的仁义礼智信、亲亲仁爱那样。

另外，我自己还想再提一点，我们在提宗教的时候可能会过度强调信仰的层面，我个人觉得应该把宗教信仰层面跟现代生活的层面相结合。

Choi Youngjin：想问一下李若晖教授，您刚才讲到了"东亚的德性伦理跟东亚的儒学传统实现结合"，能否进一步解释一下？

李若晖：这里牵涉到另外一个问题，我 2011 年在山东参加世界儒学大会的时候，孔子研究院对我做了一个采访，与刚才 Choi Youngjin 提的问题有相似点。其实对于这样的题目，中国古人已经思考过，中华文化或者说作为核心的儒学是否仅仅只有中国人能够传承？事实上这个回答是否定的。明朝灭亡的时候，我们知道朱舜水东渡日本，并在日本传播诸子学，其中还有一段非常有名的话，说到春秋时朱舜水所在的浙江一带是被当作蛮夷对待的，到了唐朝则是中心地带之一。朱舜水就劝日本人，只要努力也可以成为中华文化新的中心。事实上我们从今天来看，中国大陆在经过百年的政治运动之后，保存的传统文化的的确确要比日本尤其是临近的台湾地区稍逊一筹。

所以，我们还可以再想想，这样一种文化是否只能够由东亚人传承呢？事实上这里还有一个问题，儒学是否具有世界意义？儒学是否是中华文明贡献给世界的杰出成就之一？也就是说，成果是否可以为全世界所共享？它是否仅仅只能为中国人所拥有，答案显然也是否定的。当然我想传承的过程中肯定会有种种变异，这个是难免的，如美国的波斯顿儒家就是非常好的例证，谢谢！

Choi Youngjin：非常感谢李教授精彩的回答，下面我们把机会再转向听众席，各位有什么疑问，请大家尽情发言。

问：刚才李教授讲得非常好，讲到了儒学，我认为说的就是儒学的普遍价值或者普适意义，那么从逻辑上也可以延伸到外国的文化价值，即佛教的文化价值、基督教的价值、西方的价值也是有普遍性的。所以，我们不能一般地来否定普遍价值，就像我们讲文化的多样性，今天会议的主题就是多样性促进和谐，讲多样性就是有比较、有鉴别，有鉴别才会有进步。我想说一点，我们在讲到传统文化时，为什么大家一定要只盯着儒家文化，其实到近代历史中梁启超也把墨家文化进行了发挥。2011年，北京大学举办过一个“墨子思想的普世性与当代性”研讨会。所以说，中国的传统文化也是多样性的，不要老盯着一个儒家文化，到底是儒家的仁爱好，还是墨子的兼爱好，这也是需要具体来看的。

李若晖：我补充一点，用今天最简单的话说就是历史的选择，即历史选择是非常重要的。事实上，我们之所以讲中国古代以儒学为中心，是因为儒家思想在两千年文明进程中的确起到了这样的作用，正如刚才您提到的墨学在秦汉已经断绝，没有儒学影响大，这一点也是存在的。墨学是否有专制，这还是需要商量的。事实上就我个人的看法来说，墨学主张在国家之外另有集团，所以不能够兼容于大一统的格局之中。相反，根据李学勤先生对汉典的研究，他们在研究中则认为墨家的人物、思想、工程技术仍然保留在秦国之中。

Choi Youngjin：非常感谢各位刚才的发言，以及听众的精彩提问，关于我们本次的议题“传统文化与现代生活的结合”，我觉得不仅要实现传统与现代的结合，更应该在传统文化与现代社会生活之间创造第三种文明，以超越这种结合，这是否可以说是时代赋予每位学者的使命呢？因为对于将来人类走向何方以及未来的世界如何？这是我们谁都没有体验过的，也很难对未来社会做一个很好的判断。所以，将来我们究竟会碰到什么样的问题也是无法预测的，因而需要进行综合性的探讨。谢谢大家！

议题2

世俗主义和宗教的复兴

主持：Fethi Mansouri（澳大利亚）

报告起草：Hafiz Al Asad（印度尼西亚）

发言：卢风（中国）、Paul Morris（新西兰）、张志刚（中国）

议题“世俗主义和宗教的复兴”发言席

Fethi Mansouri：我最左边的是来自新西兰的 Paul Morris 先生；右边的是卢风教授，他来自于北京的清华大学哲学系；而我左边的是张志刚教授，他来自于北京大学哲学系。现在请每位嘉宾发言，然后请各位听众来一起讨论，以便最终得出一些实际的结论。

Paul Morris：我们要很快理解“宗教”这个问题。我想花几分钟时间先讲一下这个词的定义，“世俗主义”从历史上来讲主要是相对宗教来说的，“世俗”本身其实并不是“宗教”的对立面。另一个要定义的词就是“世俗化”。“世俗主义”本身所提倡的思想到1970年才开始在西方的影响下被广泛接受：20世纪70年代石油危机以来，公众里面存在越来越多对宗教的复兴；70年代的挑战，也就是说“世俗主义”把事情更为物质化地去解释。从此，在公共社会里，“宗教”得到了新的理解，“9·11”事件以后，基督教也得到很大的复兴机会。在阿拉伯、埃及，宗教也有了复兴的趋势。亚太地区的这些国家都有众多不同的宗教，有自己宗教的特性，有自己宗教和政治以及世俗之间的关系，特别是穆斯林以及欧洲、北美的一些少数民族移民，他们都有自己的文化、自己的传统。所以，我们这个地区既有基督教以及佛教，也有穆斯林。如：泰国以佛教为主，菲律宾有信基督教的少数民族，新西兰有天主教、基督教等，此外还有共产主义以及无神主义等等对世俗社会的影响。

我在这里想讲一个主要的主题，即：我们这里的情况和北美、欧洲相比有很大的区别，其宗教的情况会给我们带来完全不同的问题，需要我们有不同的理解。在这一地区，大多数都是宗教的“宗教文化”在互相交融、互相接触，既有正面的影响，也有负面的影响，当然也会带来冲突。我们这个地区正在进行4个内战，正在出现很多复杂的问题，因此我们需要认识到我们这个地区宗教的特殊情况，并且处理好宗教以及不同文化的问题。

Fethi Mansouri：非常感谢Paul Morris，后面会给大家提供更多讨论的内容。稍后我们可以探讨一下宗教的多样化是不是可以被用来作为一个希望的来源，使不同文化能够互相理解，从而更好地相处。我希望大家下面能够采用这样理论上的想法，并把这些想法变成实际的建议，最后得出一个结论。下面由卢风教授给大家讲一下他的想法。

卢风：我是学哲学的，对于宗教没有太多的学问、学识，我想讲的基本上就是自己对于我们中国情况的理解。所以，我要先讲一下“唯物主义”和“科学至上”形成的哲学上的原因。应该说“世俗主义”、“唯物主义”、“科学至上”形成有很多原因，而且在中国有很大的影响。“唯物主义”觉得：世界上所有的东西都是物理性的东西，如电子、原子等等；或者是物质或者是反物质，或者人类大脑的功能也是一个以“物理”为基础的东西，所以人类并没有什么需要特别崇拜的东西。从现代的情况来看，现实主义已经完全消失了。那么“科学”呢？应该说我们的知识可以有内部的逻辑或者数学的结构，可以让人类越来越有自己的独立性，或者越来越自由。在大自然里，我们通过科学的进展获得更大的能力，只有科学才能让我们有知识，即“科学”是我们人类知识活动里最重要的一件事情，所有其他的东西包括“哲学”、“宗教”以及“艺术”都不是那么重要，甚至可以说它们讲的一些内容都是毫无意义的。

有人就会有这样一个想法，即从“科学至上”的角度来讲，大家会更注重“准确性”，更有利于我们思路、表达的准确性和决断性。他们还喜欢使用数据，通过数学结构来进行计算，来展示他们的内容，而且只有这样的数据才能够把事情解释清楚。GDP 国民生产总值当然是一个非常重要的数量概念，可以让我们很好地测量某一个国家的总体社会以及全球的能力。所以，我们希望大家各自尽力，能够为我们的 GDP 作出贡献，中国就是处于这样一个状态中。应该说，“自由主义”也是西方政治哲学的一部分，20 世纪 80 年代“社会主义”消亡后，“自由主义”成为全球政治哲学的一个主流，为我们的社会设定了一个很好的框架，有相应的政治结构及政府。这样一来，所有宗教的想法对于政治结构的影响就会越来越少，我觉得这是一件好事。从经济的角度来讲，政治经济学以及政治科学是非常重要的，对于我们的改革尤其是政治的改革会有很大的影响。我们觉得这个东西本身就是科学，科学会给我们带来知识，不管你来自哪个人种、哪个阶级或哪个宗教。从现代性来讲，科学只会研究自然以及社会中各种各样的东西，这样一来就没有一个价值观的要求。应该说，科学里面会包括物理学，当然也有它自己的价值观在里面。同理，经济也有很强的价值观。因而，对所有的人类来说，价值的体现其实本身就是唯物主义。对于人类来讲，每一个人都会自然而然地认为“我要变得更为富有”才是一件好事。所以，经济学的主流就会说：政治、组织机构都会鼓励大生产、大消费以及大浪费，这样就会支持个人接受一个相对绝对的唯物主义、物质主义，这样一来人类的生活就是希望能够获得越来越多的物质条件。

大家可能会认为宗教在很多国家的作用越来越大，在中国可能也会如此。但是，我们的资本主义、民主以及唯物主义的框架对宗教产生了很大的影响。中国有很多宗教团队已经具有商业性或半商业性，这样一来各种各样的宗教就不得不接受一个统一的宗教，即“钱”或“拜物教”的教义。我们要避免出现这样的现象，否则就必须把“银行”变成所有人“拜物教”的教堂了。不管怎样，这种价值论的唯物论在根本上就是错误的，对于我们的建设有非常严重的影响，而且会影响到人类的生活以及社会，甚至人类文明的进步。

Fethi Mansouri：接下来有请张志刚教授，他会给我们做一些介绍，然后我们会有互动环节。

张志刚：我讲的题目是一个做了5年的项目，为什么要研究这个项目呢？改革开放以来，基督教，特别是新教在中国大陆发展得很快。但是自明末清初以来，基督教与中国文化、中国社会一直存在着激烈的冲突。基督教对于现代中国社会到底会产生什么影响？这就成了国内外宗教界、学界和政界都非常关注的一个问题。首先，我来解释一下我的概念，基督教中国化是什么含义？简单地说这是个学术立场，它力求超越以前教会学者的立场，力求更客观、更理性地探讨基督教怎样才能真正融入中国文化、中华民族，特别是现代中国社会。我主要做了三方面的论证：第一，历史的角度、历史的分析。这一部分主要提出：基督教中国化的主要历史难题是什么？通过一种比较——中韩基督教史的比较——来使我们更清楚地认识问题：基督教与中国文化的冲突到底在什么地方。通过一些历史分析，我想更清楚地指出这个问题，即中韩两国有着相似的文化和历史背景，可为什么同一种外来宗教在这两个民族和国家会产生截然相反的社会作用和历史评价？这也是我们的分析。我想指出问题的症结或者主要原因在什么地方。第二，论证是关于现状的分析。我主要想指出基督教中国化现存的难题是什么？可以这样说，改革开放30多年来，基督教在中国大陆发展得非常快，特别是新教。有一个数字是中国科学院世界宗教研究所的调查结果，显示新教现在有教徒 2305 万。但是这个数字现在还是有争论的。西方学者特别是美国学者估计说："至少有 5000 万。"有的甚至更夸张，说中国基督徒超过了 1 亿。基督教到底会对当代中国社会的发展产生什么样的影响？进一步说，它到底会产生正面和积极的影响，还是主要会产生负面和消极的影响？我梳理了近五六年来中国学术界发生的一场学术争论，是围绕中国宗教生态问题展开的。为什么基督教在中国大陆会迅速发展？其中一个非常主要的原因，很多学者认为是"因为中国传统的宗教，特别是民间宗教被压抑了"。这场学术争论引起了广泛的关注，我想它产生了一种后果——使大家产生了一种现实的忧虑感：基督教是否会像历史上一样再次成为西方的工具来危害中国当代社会的和谐和国家的安全？这种观念无论在学界还是政界，都是有人认同的。第三，主要做学术的探讨。我们怎么才能够化解前面提到的历史和现实的难题？因为我自己的研究主要是国际学术界这一百多年来的中国宗教理论和方法，这里我主要提到宗教、对话研究的最新动态对我们有什么样的学术启发。我把当前国际学术界最新的动态概括为"宗教实践论"，这是我自己的一种概括。主要是想强调：社会实践应该是检验宗教信仰的主要标准，特别是在我们这样一个全球化、世俗化的时代。这个观点也是改革开放给予我们的宝贵历史经验。

我的结论简单地说就是：各种宗教信仰都应该承担社会责任，中国基督教也应该为当代中国社会的发展进步作出积极重要的贡献，只有这样基督教才能真正融入中国文化、中华民族和中国社会。

我希望这个简短的发言对讨论的主题"世俗主义与宗教的复兴"能有帮助，谢谢大家！

Fethi Mansouri：好的，下面我们进入讨论环节。讲到"宗教缺失"，我们的社会应该对这样的问题有一定的容忍度，大家不一定要去尊崇唯一的一种宗教或者一种传统的信仰。我想简单讲一下今天要讨论的两个话题：一是多样性。我们知道宗教本身是具有多样性的，不光是在加拿大、新西兰还有澳大利亚等等，在亚洲地区也有很多的宗教。宗教的多样性是我们必须要遵守的。二是大家应该能够在宗教共容方面有一定的认识。宗教本身要有一定的群众基础，而且在宗教参与的过程中也不乏整个社会关系其他方面的发展，这也是世俗化和世俗主义相互交织的问题。刚才也有其他讲者讲到了这个问题。

Paul Morris：国家的版图和宗教活动的版图是不一样的。宗教是由共同信仰某一个宗教的人组成的，所以这个版图跟一个国家边境的版图是不一样的。而且，你会发现在不同的国家都会有信仰统一宗教的人，所以我们要认识到“宗教”对于改变整个世界，改变我们的“地区观念”是有一定意义的。但是宗教也要遵守一定的规则，这样才会使国家在支持宗教发展的同时，秉承着一个支持的态度。但是我想“宗教”本身就是一个必要的指针，就像我的几位同事刚才所说的那样，宗教本身如果不能得到一个良性的发展，就很有可能会受到半教徒和实用主义的侵蚀。宗教应该是对整个社会的发展、道德的发展以及公众的发展等起到作用。

Fethi Mansouri：我想问一下中国的发言者有没有其他问题？先问一下张志刚教授。

张志刚：这是一个非常好的议题，是把两个西方宗教学理论的概念，即“世俗”和“神圣”对应起来讨论。我过去二三十年基本上都在研究西方的宗教理论，就中国来说，无论是传统还是现在，我觉得我们都可以对这一概念进行重新理解。

第一点，我想强调的是从中国的文化传统来看，其实“世俗”和“神圣”这两个领域是很难一分为二的。比如：西方著名的宗教学理论家都说：“这个世界可以一分为二，一部分是世俗的，一部分是神圣的。”我觉得从中国的传统文化来说，这两部分是难解难分的。有一种非常有意思的现象，这种现象导致了我说的第二点——怎么使我们来重新理解宗教概念。目前我正和国际上一些研究中国的学者做一些研究，就是我们能不能通过总结中国宗教的传统或现状来对“宗教概念”加以重新定义。这种定义会突破以前的其中一点，简单地去提“世俗主义”或“宗教的复兴”。除了中国以外，我再举一个例子来结束我的回答。比如我们常说的伊斯兰世界，我觉得那是一个同样的领域，我们很难说在伊斯兰世界什么叫“世俗主义”、什么叫“宗教复兴”。现在我们的讨论包括我们所用的概念在很大程度上还是受西方理论的影响，这一点是大家共同需要探讨的。

Fethi Mansouri：非常感谢张教授，各位还有没有提问？

问：我想请问第二位嘉宾，他讲我们的“唯物主义”是来自于，讲到这里就没了，来自于什么呢？不妨总结一下。

卢风：我觉得从生物学的角度来讲，地球没法支持 70 亿人口来充分地发挥物质主义不同的生活方式。这也不是说所有的人都完完全全相信唯物主义、物质主义，但是基督教徒会以不同的方式来接受这样一个物质主义或来自物质主义不同程度的影响。应该说，如果希望宗教对我们的将来有正面影响的话，那么所有的宗教都应该吸收一些经济上的通常的观点。这个可能就是我想讲的，谢谢您的提问。

问：我们都知道有宗教复兴这样一种情况，应该说过去 30 年里一直都有复兴的趋势。我们也讲到了怎么来处理“多样化”。我想讲两点：任何思维体系、思维系统，或宗教或非宗教的，原则上都应该面对公众把他们的想法和观点讲出来。当然，至于到底怎么做、你到底有多大的空间，特别是从宗教的角度来讲，我们就会面对这样一个挑战，即：他们希望大众注意到他们的什么东西？如果他们只是希望能够用他们神学的东西来保护自己所谓的地区、自己的区域或自己的利益，那就没什么意义了；但是如果他们能跟我们更多地来分享精神上的价值和意义，那么就有很多宗教会涉及到“正义”的概念，也就是一个人怎么跟其他人相处、怎么来培养或保护我们的环境等等。这样的话，宗教就可以更好地作出贡献，更加被人接受。还有，如果我们没有一个宗教的话，那会怎么样？或者说没有一个宗教去信仰的话又会怎么样？我们既然主张多样性和沟通，那就需要对公众及政治进行一个改制，让大家可以进行一系列讨论，不管你是什么样的宗教、什么样的哲学理念，都可以集中到一个焦点上，即如何帮助我们处理人类社会现在面对的一些重大问题，以及怎么样来建设性地处理这些问题？正确的做法应该是，完全能够接受一个多极的声音，而不是完全地想保护自己的个人利益而去接受更多的声音，然后来保护公众的利益。要达到这个目的，在这个过程中我们会遇到很多挑战，当然也会有很多机遇，特别是对于亚太地区、南太平洋地区来说。请问 Paul Morris 怎么看这个问题?

Paul Morris：我希望我们联合国系统的文化组织特别是 UNAOC 能够从国家到地区、从地区到全球都获得一个声音。但如果要对政治系统进行重组的话，则是一件非常困难的事情，会有各种各样的挑战出现。如到底用什么东西来替代当前的政治结构？这是一个还没有很明确的东西。我个人的想法其实跟你是差不多的，但是你提出的确实是一个重大的挑战。

Fethi Mansouri：各位还有什么问题或想法?

问：我来自巴基斯坦，一直在媒体工作，觉得今天谈的这个问题跟我也有关。我觉得不管是什么样的沟通、对话，是政治的、学术的、宗教的或是文化间的，都需要把“女性”作为一个对等的参与者囊括其中，特别是在亚洲，女性一般来说是很多冲突的受害者，包括宗教冲突。女性虽然会受到很大的影响，可她们同时也有很大能力以及影响力来改变大家的思路。所以，我觉得不管联合国、UNAOC 会有怎样的做法，比较重要的一点就是要把女性包括进去。

Fethi Mansouri：这是一个非常具体的思路，是有关多样化问题的，我觉得我们需要记住一件事情——多样化不仅是纵向的，也是横向的，所以性别的多样化也是非常重要的。我想利用大家讨论的东西再问一个问题：你们觉得宗教的多样性如何和对话、理解等等综合起来？怎么来做？怎么做下去？只有这样，我们才能够比较成功、比较有效率地来面对我们的挑战，解决挑战，特别是在我们来自不同国家这个大背景下。我们是不是可以从张教授这边开始。

张志刚：我想我们的讨论要先明确一些基本的概念。按照我的理解，我们现在之所以注重“多样性”，主要不是指在经济、市场或实物层面怎么样，因为这是一个全球化的时代，经济和科技层面的一致性已经越来越高了。我们说的“多样性”，按照我的理解主要是文化传统的多样性。这个问题之所以值得关注，就是因为随着全球化时代的到来，随着大家讨论的“世俗主义”、“世俗化的倾向”的到来，多样性对各个国家、各个民族的生存产生了非常重要的影响。人们在文化传统上是绝不会全球化的，或者用中国的语言来说“是绝不会西化的”。这样一来，比较和对话就显得非常重要。我想这种比较和对话应该也是聚焦不同的价值观，包括哲学、宗教、传统方面的，我们应该通过互相沟通、进行了解来做好“多样性”的工作。这样一来，我们就可以携手进入未来了。

卢风：我觉得我们现在都有一个基本的共识，即我们正处于一个“多元宗教”、“多元价值观”的世界，而且必须共聚地球村。我们经常会走到一起，或者来到一个谈判桌上谈判，或者来到一个奥林匹克运动场上运动，或者来到一个博览会上交流。这就让鼓励不同宗教之间的对话变得无比重要，以免因宗教的不同而走向冲突。我想这一点大家都是有共识的。刚才张教授讲的厘清一些基本概念当然是非常重要的，但是我觉得“对话”一个非常重要的概念就是对话者要在理念上放弃独断的普世主义或独断的“真理论”。比方说：“只有我这种宗教体系是一个真理体系，不同于我这个宗教体系的统统都是谬误。我跟你对话采取一种居高临下的态度，因为你们注定是不能得到救赎的人，而我们是能够得到救赎的人，所以我们跟你对话。”我觉得这样不行。对话的基本条件是既能够认识到自己的体系可能是有缺陷的，又认识到其他宗教体系可能是有长处的，我们要有互相学习的态度，而不是努力地反驳对方的观点。我们只有有这样一种理智上的谦逊，才可以进一步培养一种至关重要的“对话美德”。这时，你才会真心地、虚心地倾听来自不同宗教的声音，甚至虚心地去反省自己所坚信的这种宗教的某种错误。我觉得这是至关重要的。谢谢！

Paul Morris：我个人认为首先是教育，教育非常重要。我们在新西兰做了一个项目，就是把那边 2010 年的一个项目变成一个教育项目——让人们能够学习、了解，这样人们就有能力去阅读。人们不仅要有文字的阅读能力，同时还要有理解不同文化的能力。希望新西兰通过这个项目能够获得更好的效果，当然目前还未显示出达到明显的效果，可能是因为学习的知识和对其他文化的了解都是比较缺乏的。而且，所有的教学体系里面都存在这样的问题，所以我觉得最重要的事情首先就是要参与到各种项目里面来进行文化传统上的教育。通过这样的学习，我们可以改变态度，学好以后可以了解其他人的想法、其他种族的行为方式、其他的价值观等等，从而更好地理解别人。这需要我们真正地投入其中，能够有一个系统化的项目对宗教以及文化进行更好的普及教育。只有做到这一点，其他的发展、其他的项目才能真正做下去。所以，我们在过去几年里一直在做这个工作，就是希望做到这一点。当然，我们在实际工作中也会遇到各种各样的问题，所以需要一个平台，这个平台可以让我们的孩子、我们孩子的孩子互相理解，连接到一起，这样我们就可以面对未来，可以把这些东西都放到我们的教育体系里，培养一种互相合作的精神，开发出一个可持续的经济状态。但起点应该是，我们的影响力以及智慧能够创建出一个教育系统来。

Fethi Mansouri：总结一下各位已经讲到的内容，Paul Morris 提到了“多样性”的各个要点以及对话面对的挑战等等，可能我们不仅需要推广自己的价值和想法，还需要理解对方，这个可通过教育来做到。大家好像都同意推广不同的价值，那么如果由联合国或联合国文明联盟来推广一个项目，您觉得什么项目合适呢？

Paul Morris：我们有各种各样的模块、各种各样的文化教育以及宗教教育需要修改。我也参与了新西兰的项目，当时我们要开发一个澳大利亚的合作系统，其实我们在印度尼西亚、新西兰、新加坡的教学材料就可以提供借鉴了，并且正在试用过程中。它主要就是强调对宗教发展的生态环境的思考。除此之外，我们在新加坡还有其他项目，是有关宗教多样性的。就像今天中国宗教发展所面对的问题，应该就是和政府之间关系的问题。也就是说，宗教的决策、宗教的发展，以及宗教对社会发展的影响都没有完全确定，因而它就会是一个最主要的问题。就像在马来西亚，如果你不是穆斯林的话，就会遇到问题；在其他国家，如果你不是这个宗教的信仰者，也会遇到问题。我想，最主要的是人们对宗教权利应该有什么样的限度，即有没有自由去行使宗教活动的能力，同时用何种宗教的方式来教育你的孩子。如中国没有一个正式的宗教，政府仍然有权力选择扶持的态度或是限制的态度，所以人们在宗教的发展过程中是不是可以顺利地去发展自己的宗教，或者能不能有这样的权利，这是个问题。

像一些少数主义宗教的信仰者都要把自己行使宗教活动的文件和申请

交给政府批准才能进行，这在各个国家的情况是不一样的，我想这目前在中国是一个问题。

卢风：我提一个建议，希望这是一个比较恰当的建议。就我个人以及个人的研究来讲，我是深深为“普世”的物质主义的流行以及物质主义的生活方式对整个地球所造成的巨大压力感到担忧的。我认为，当基督教经过宗教改革把“赚钱”也当作响应上帝召唤时，基督教已经向“物质主义”让步了。这时，基督徒与他是物质主义已经是并行不悖的了。希望联合国能推进这样一个项目，即促进基督教的生态化。我知道一些基督教思想家已经开始用“生态学”的方法改造基督教了，如美国的托马斯·百瑞和英国的莫尔·特曼。

张志刚：在过去的 20 年中，有很多研究是关于我们各个宗教之间相互作用的。根据我的经验，我们应该从一开始就做很多的工作。回到您刚才的问题，我们要谈中国宗教的发展，我觉得首先应当看你是不是了解中国的文化？是不是了解中国的传统？了解多少？了不了解中国的过去？如果不了解它的过去，又何谈它的现在和将来。这是一点。每个人都有自己的背景，而这个背景已经和他的文化密切相连。一开始我们应当做些什么呢？我们应当有一个思考的顺序，首先要让人们有机会去谈论他们传统中美好的一面，而不只是关注其他文化、其他宗教文化及传统中好的东西，而要关注自己的。另外一个问题就是，我们是否了解我们的邻国、了解我们的邻居。我们有很多国际友人，但我对他们了解得太少。像很多日本的学者，他们有自己的文化，但是我并不了解他们。韩国也有自己的文化，我们一衣带水，但是我并不了解他们的文化。我知道澳大利亚，那是一个非常美的国家，但是我并不是很了解它，所以我们首先应当谈论自己文化和传统中非常美的一部分，然后再去进行分析。也就是说，你如何将自己的文化和传统与他人分享？如何把自己的观点分享给其他人？这是非常重要的，因为我们是不同的、需要沟通的。我们并不是互相争论，而是首先要看我们能不能坐在一起相互了解，同时选择一些关键性的话题。比如用宗教的方式进行划分，我们可以去了解宗教之间的不同、大家的争论以及相互的影响。我们可以从一开始就这样做。我也去过很多国家，美国、欧洲都去过，我们了解他们已经很多了，但是了解自己的邻国却非常少，所以我觉得应该花点时间去了解我们的邻国。

Fethi Mansouri：这是我们进行对话的一个非常有意义的前提。您的谈话中提到了两个问题：首先，我们应该分享，这是非常有意义的；然后，我们在对话中才能有更多的共识，以帮助我们进一步思考。所以首先应该更加紧密地联系，并去了解彼此，而且应当把这样一个观点放在我们的教育观点中，这样才能让人们有更多的机会相互了解，以促进我们之间的包容，所以我相信这是一个非常重要的观点。

刚才我们之间有很多对话，大家还有什么想说的？或者，还有没有什么具体的问题想问我们的发言者？

问：我来自韩国。今天我们的话题是有关“世俗主义和宗教的发展”的，那这两者之间有些什么样的联系呢？之前我们谈到过“教育”的话题，那宗教在这一领域会不会对我们整个社会的进步有一些影响？

问：刚才张教授提到了一个非常重要的观点：世俗主义和宗教主义是需要交织在一起去理解的。这提出一个很重要的建议，即若要让我们在现代社会中更好地了解这个问题，不仅需要了解宗教，还需要了解宗教和宗教信仰者之间是相互交织的。再谈到我们现在的一些观点，我们可以看到很多观点是相互交织的，并且有很多当代的研究都提到了这一点，也就是说宗教信仰者和非宗教信仰者未必不能够在其他方面合作，而且我们应该有一些共同信仰，比如在人道主义以及对文化和文明的尊崇等等方面。而且我们可以在很多方面，如环境危机方面进行合作。所以我想，无论是有宗教信仰还是没有宗教信仰的人，在很多地方都是有共同立场的。

问：我还是想介绍下我们印度尼西亚的情况。我们是一个宗教国家，宗教也是我们社会生活以及政府工作中一个很重要的部分。我想问的就是还有没有其他的选择？也就是说，除了宗教和非宗教之外，还有没有其他的选择？我们会把宗教和非宗教信仰（或是世俗主义）去做一个区分，但是很多时候这个区分可能过于简单，而且有宗教信仰的人有自己的角色，他们在现代主义发展中起到的作用也是一个值得讨论的话题。很多时候都存在宗教和非宗教信仰者之间的冲突，还有自由主义的冲突，我想这对社会发展是没有益处的。

Fethi Mansouri：我想这应该是一个观点，而不是个问题。现在大家每个人提供一下自己的结论。

Paul Morris：宗教和世俗是两个不同的话题，宗教的复兴和世俗主义本身也不是完全矛盾的。谈到宗教和文化的发展，那就意味着有信仰宗教者也有非信仰宗教者。

刚才我们提到了有没有其他的选择？这是很重要的。这并不是说我们只能有宗教信仰或不能有宗教信仰，如果没有其他选择来解决“宗教信仰”本身的问题，也就不能去适应一些具体情况。这个话题离我们所说的“金融危机”是比较远的，但却有很多理论可以去解释危机，我们还要共同努力去寻找答案。

再谈到“宗教”，“宗教”在一些国家是主流，因为在一些社会的发展中它是根深蒂固的。在这样的国家和地区，因为年轻人有足够的热情、足够的能量，是未来发展的可能，所以我们应当组织一些具体的活动，让有宗教信仰的人去做一些具体的事情，去解决问题。除了宗教信仰和非宗教信仰之外，还有很多问题是可以去沟通及共同解决的。我们整个地区有16个地区性的会议，其中有一件事情是要做的，当然目前还没有完全做到，那就是不同宗教信仰者之间的观点应达到统一。各个国家都有自己的问题，中国有中国的问题，新西兰有新西兰的问题，但是可以把现在思考的这些问题都放到我们的教育中去，甚至具体到课程中去。这样，很多观点都能在整个社会的发展过程中得到应用。

卢风：我的结论是，不要让宗教仅仅成为众人的精神安慰和心灵安慰，而是使其能够真正帮助人们超越物质主义，去发现一种超越了物质财富增长的神圣或精神上的人生意义。我觉得这才是最重要的。所以所有的宗教都应该有这样一种自觉，只有能真正超越物质主义的宗教才是正确引导人们追求人生意义的宗教，而所有向物质主义投降了的宗教都不是好的宗教，都不是能维护地球安全的宗教。这是我特别想得出的一个结论。

张志刚：我们回到一个词汇——“世俗主义”。刚才讲到“世俗化”，“世俗化”是什么意思？什么东西被“世俗化”了？以欧洲为例，由于基督教的世俗化，现代社会的文化离基督教的传统越来越远。大多数德国教授好像都不理解中国的学者以及北京大学为什么要研究宗教。基督教在欧洲的影响已经基本上没有了，这是一种非常典型的情况，特别是在学术界。在我们的宗教研究圈子里，大家会讲现代社会已经离宗教传统越来越远。这是不是个问题？这个意味着什么？宗教究竟是什么？我觉得自己已经花了很多时间来研究“什么是宗教”，这个是非常难的，应该说这只是一个词汇。这个词汇本身是西方以前的学者创造出来的，开化以后面对不同的文化传统，不管是佛教还是道教等等，“宗教”都是一个非常复杂的东西。所以说，这就是一个多元化的东西。我们的宗教、我们的传统是有不同意义的，且在不同社会里意味着不同的东西。

Fethi Mansouri：我简单总结一下各位的发言。首先，我们要更好地定义宗教这个词汇，这个词汇究竟意味着什么？前面也提到过，宗教究竟是什么意思？多元化是什么意思？沟通意味着什么？对话意味着什么？我们为什么要这么说、这么问呢？因为宗教不仅仅是神学，不仅仅是思维制度的重合，而是我们对自己的一个认同，所以大家都有很强烈的对于我们传统、宗教的感觉。可以说，这不仅是一个教学上或宗教上、神学上的问题。今天各位的讨论都非常有意义，非常感谢各位专家的演讲，也感谢各位的听讲。

议题3

文化和文明对话作为国际关系的新兴范式

主持：Helena Barroco（联合国文明联盟）

报告起草：Aran Martin（澳大利亚）

发言：俞新天（中国）、Chandra Muzaffar（马来西亚）、张宇权（中国）

议题“文化和文明对话作为国际关系的新兴范式”发言席

Helena Barroco：我们今天要谈的文化和文明对话已经逐渐成为国际关系的新兴范式。同时，我想提醒大家两点：首先是范式的定义和概念。

范式这个概念来自于科学的范畴，是由托马斯·库恩提出的，且是在一本关于科学变革的书中提到的。也就是说，我们所在这个世界不同的发展阶段都是一种范式的改变。从科学中的概念到社会科学中的概念，对于它们之间的区别有时候大家并不是特别了解。在这个范式概念之后还有一些最基本的假设，它们解释了现在发生的一些变化。当然，这个跟我自己的学术背景息息相关，所以我对这些话题非常感兴趣，但是我认为这并不是我们今天会议的主要目的。

今天的会议主要谈国际关系，而且这个话题也是今天大家所关注的，而且正在影响着我们生活的方方面面。今天外交政策和外交方式发生了彻底的变革，有了很多变化。今天的国际关系正面对着三大全新的挑战。比如，跨国界的国家间关系发生了变化，还有一些新的议程引发了新的问题。下面我希望在介绍了今天要讨论的话题之后，把话筒交给今天论坛的参与者，请与会的各位台上嘉宾做十分钟的演讲，讲完之后我们再把时间交给在场的观众进行讨论。

俞新天：我来自上海国际问题研究院，一直以来研究的就是文化的作用以及对国际关系的影响。这方面的研究已经有 20 多年历史了，我出版和发表了很多这个领域的书和论文。我觉得，今天联合国和其他一些组织应该思考是不是需要更好地在文化价值方面达成共识？

我想讲 3 点：首先，联合国在过去几十年宣传的一直是文化的多样性，而且这方面的工作做得非常成功。今天，文化的多样性已经是大家的共识，几乎各国的政府和国际组织都就此达成共识，但是依然存在一些问题，因此我们需要更好地在文化的价值方面达成共识，这样才能够更好地指导我们共同合作。

我认为，今天所有的国家都必须应对新的挑战，以解决文化上的一些误解，从而更好地达成共识，推动国际合作，且这涉及到所有相关的领域，如环保、消除贫困及其他相关的议题。那么，下一步联合国应该怎么做呢？我个人的建议是，现在是时候让联合国采取行动分享人类共同的价值，即文化的多样性。因为我们需要更多的国际合作，同时需要更多的就文化价值观达成的共识。所以，联合国应该倡导一种全新的观点和理念，从而更好地保护文化的多样性，支持文化的多样性，以维护人类的统一与和谐。

现在的问题是，怎样评估西方的价值，就像新加坡和马来西亚二三十年前做的那样来评估亚洲和东方文化。我个人的意见是，西方文化其实对全世界作出了很大的贡献，而今天很多的国家仍然推崇一种单一的文化政策，我们今天所处的是一个多元化的世界，各国之间，特别是从西方文化学到了很多，也有很多收获，所以我个人觉得这种价值是很重要的。

我一直在问这样一个问题，为什么只有西方文化才有共同的价值，难道其他的文化都是落后的吗？其他的文化没有对人类作出贡献吗？我觉得这就是问题所在，而且对我们来讲是一个非常严肃的问题。有人甚至把这种西方认同的共同价值观强加在别人头上。我觉得西方这种价值和文化体系是一种模式，但不应强制其他国家遵守这种价值，否则就不符合文化多样性的精神和原则。我觉得我们必须改变思维方式，应该去宣传和分享各自的文化。对于亚洲文化来讲，这可以说是第一次由非西方的文化来强调它的价值所在和特征。

亚洲的文化有自己的特点，也有自己的弱点。它并没有要求全世界都必须遵守这种文化和价值，所以它既有优点又有缺点，我们要做的就是修正它的一些弱点。

我并不否认西方的一些价值观，因为它们已经为这个世界作出很大的贡献。但是我想说这个世界上所有的文化都有一种潜力或能力，能够为世界共有的价值作出贡献。很多新兴的经济体不断出现，它们用自己的文化去应对外部发生的一些挑战。我认为，我们现在有一个非常好的机会来提出共有价值这样一个概念。西方的价值已经作出了第一步贡献，所以我们需要学习西方的这些价值观，也需要促进我们自己文化跟西方文化的融合，同时进行一些现代化的工作。之后，所有的文化都应该经历一个传播自己文化价值的过程，这样各个文化均可以为这个世界文化的发展作出贡献，然后形成一种共有的价值，进而共享价值。我们需要这样共有共享的价值来指引未来前进的方向。

Helena Barroco：我想说几点想法，一方面你说各个国家应该达成一种共识，与此同时你说是不是只有西方的价值是一个普世的价值，这实际上有矛盾的地方，稍后您可以在讨论中予以回应。我们有请下一位嘉宾Chandra Muzaffar先生，他也是非常有名的专家。

Chandra Muzaffar：我也从事了很多学术研究，而且在大学里做教授，在印度大学及国外大学都有一些职务。国际关系长久以来都是由力量支配的，这是当前国际关系的基础。因此，这是一个强者统治的世界，哪个对哪个错取决于自己力量的大小。这是从整个古希腊开始的国际秩序，这样一种国际准则存在一些问题。所以，我们目前在很多对话中都会谈到一个新的方式，即不仅依据力量的强弱及自己的利益来支配整个国际关系。这起源于哈佛大学政治科学的研究者，他当时首先提出了软实力，即不需要通过战争就可以提升自己的软实力来增强国家的地位，提升文化或贸易，这些都属于软实力。你也可以通过教育来提升教育实力，从而提高软实力。

但是软实力从本质上讲也是一种力量的体系，也是建立在这样一个概念之上的。在不同的国家之间，必须体现自己力量的强大，以此来显示统治地位。虽然说软实力是温柔的方式，但国际关系还是以力量作为基础的。因此，我们以前说硬实力是战争，软实力则稍微温柔一点。我有时候在想，是不是有另外一种方式可以处理国际关系呢？多想一些人性好的地方，这些东西也可以帮助我们处理好国际关系。

与此同时，也需要促进教育的发展，促进健康保险事业的发展。这些都是需要考量的。所以，我希望大家能够一起来考虑一下这样三个场景：一个是历史的场景，两个是现代的场景。这些场景给我们提出一个暗示，即我们可以用不同的方式来处理国际关系。第一个也是非常具体的一个，是关于资源证据方面的案例。我们来看一下中国的明朝，在前半期的明朝统治中，中国应该是最强大的国家，可以讲比任何一个国家都强得多。中国这样强大，以至于把触角伸到世界其他地方去了。当时有郑和下西洋的壮举，他到了太平洋，到了美洲，可能还到了非洲，航行范围涉及到整个世界的大部分地区。我也参观过他的一些纪念博物馆。可以说，他的一些航行加强了中国和其他亚洲邻居的关系。同时，他也用了很多力量让其他国家顺服明朝，但是明王朝并不要求占领其他国家的领土。中国历史上有很多这样的事情，他们都希望加强中国边境的防卫，但是并不去占领其他国家的领土。我为什么要举这样一个例子呢？15 世纪初期，也就是明朝时期，欧洲的几个国家变得强大起来，开始考虑要占领其他国家的领土。他们向全世界扩张，并通过对外扩张来到我们的国家，比如葡萄牙就到过我们的国家。如果对当时郑和的舰队和欧洲的舰队进行比较的话，你会发现葡萄牙对待其他国家的方式是比较暴力的，即通过硬实力征服其他的国家。所以，我们看到中国在远洋方面和其他国家的做法是不太一样的，明朝当时是强调建立友好关系及了解其他文化，并希望和其他文化建立一种友好关系。所以，这是文化间的交流，他们希望看到更多的文化。根据现有的记录，我们可以了解到他们当时是以这样一种方式了解其他文化的，但不是征服其他的文化。

可以说，当时的郑和并没有想过要用硬实力去征服别人，这是我举的历史的例子。其他的演讲者也提到，有时候我们看世界时会把国际关系看作是西方统治的世界，事实上并非如此，因为有很多其他的例子可以说明这一点。历史上，中国在全球政治中扮演重要角色，一直到 18 世纪都是这样的。18 世纪以前，中国一直是世界上 GDP 最大的国家，扮演着最重要的角色，但是中国从来没有想过要用硬实力、用武力去征服别人。

现在跟大家讲讲现代的例子，大家来看一看古巴和委内瑞拉的一些举措。两者都不是主流媒体关注的国家，但这两个国家却非常有意思。古巴和委内瑞拉一直有 lba 的理念，在西班牙语中叫 dor，所以这是个非常漂亮、好听的单词。lba 希望以不同的方式去建立国家间关系，采纳完全不同的原则，即考虑到其他国家的需求和利益，不单单考虑本国的利益，也就是在互惠基础上采取共赢关系。lba 的举措于 2002 年推出后，后来有 8 个国家加入了 lba，之后一些加勒比海地区的国家也加入了。所以，在现代社会，国与国之间的关系可以基于另外一种全新的原则。lba 并没有作为一个实体去进口和出口石油，委内瑞拉有很多石油，于是把石油给古巴，古巴则把很多他们的强项——教师、医生输出到委内瑞拉，还派了几百名医生到亚洲、非洲。所以，古巴出口的就是高价值的技术。大家可以看一看古巴的很多学校项目，成本非常低，但却有很多非常优秀的医生，这些医生被派往委内瑞拉，委内瑞拉作为交换又把石油输出给古巴。所以，这种关系是建立在共赢基础上的。

所以，我们需要用全新的原则去考虑其他国家的利益所在。1998 年，伊朗前总统根据亨廷顿写的《文明的冲突》提出全新的国际关系模式，同时思考基于道德和伦理基础上的国际关系。他把国际关系看作一种人与人之间的关系，必须持一种同情、爱和公正的原则。这些原则是非常必要的，只有遵循这些原则人类才能生存下来。他也是借用了人类最高的原则来处理国际关系。假如我们不能遵从这些至高无上的伦理和理念，就不能成功地处理国际关系。同时他还做了其他一些努力，希望与邻国建立友好关系，包括沙特阿拉伯、科威特，甚至拉丁美洲。当时美国的总统是乔治・布什，由于他的理念有些狭隘，伊朗前总统虽然希望跟美国建交，但是一直没有成功。所以，他当时把三个国家看作是魔鬼，其中就包括美国。2001 年，他在就职演说中提到这三个国家，希望能够跟这些国家建立良好的关系，包括怎样处理好核能及核武器等问题。但是大家应该都记得，美国是在 1958 年开始启动伊朗的核项目，当时伊朗还是美国的盟国，美国向伊朗提供了核科学、核技术。正是由于这个计划，现在伊朗对美国和其他一些国家来说成为一个非常棘手的问题，事实却是美国最初向伊朗输出这个项目的。

这些例子可以说明，我们不应该仅仅局限于硬实力，而应该思考其他一些可能性，通过其他的方式来思考国际关系。我们在谈到文化和文明时，应该考虑到文化才是未来解决国际关系问题的关键。假如我们一直把眼光停留在硬实力和武力上，就不能以和谐的方式建立国际关系。我觉得同情心、爱、解决问题的意愿等等都是当今国际关系所需要的，旧的方式必须抛弃。

Helena Barroco：非常感谢您对于当今社会需求、当今世界国际关系需求提出的愿景。你说的一些观点很有道理，我们应该不仅停留在本国利益上，而应该去追寻全新的方式和范例，应该更多地关注公正、爱和同情心。

张宇权：我主要研究中美关系，且主要是从文化和文明的角度进行研究。我们都知道，按照美国亨廷顿教授的理论，世界不是在文明对话而是在文明冲突，不是处于文明和谐而是处于文化冲突过程中。所以，要实现文明对话和谐是一件非常困难的事情。我今天讲的是世界七八种文明中的两种主要文明的比较，即中国的文明和西方美国的文明的比较。为什么中西方之间会有这样一个不同的观点呢？我主要讲这[illegible]点。

我们先来看第一个，中美之间的政治文化有很大的区别，阿尔蒙德的观点就是这样的。我认为，这是一种狭义的政治文化。政治文化是一种在一定思想文化环境和经济社会制度下产生的、相对稳定的价值取向。这是我给它的一个定义。今天中国的主流政治文化是什么？有三种：(1) 官方马克思主义；(2) 传统儒家思想；(3) 西方的民主文化。三种文化都可以说是主流。美国的文化是什么？它的基本要素是个人主义、自由主义、实用主义、民族主义。我认为中西文化之间是可以比较的，那为什么可以进行比较呢？政治文化总是影响着一国政治系统的总价值，在一定时期内是一种稳定的、有特殊趋向的文化，不会很快变更。可以说，中国的政治文化长期以来有根本的传统在里面。第二个就是它对一个国家的外交政策是有指导意义的，我们现在各种政治行为背后实际上都存在政治文化因素的影响。第三个就是政治文化分析是政治中非常重要的内容。中美政治文化分析可以帮助我们理解政治行为、政治制度背后的原因到底是什么。

我将分两个层次进行对比：一个是国内的；一个是国际的。国内层次的对比就是怎样看待本国的国内政治价值观，同国外的对比就是如何看待世界的比较。我们国家的政治文化和美国的政治文化主要在三点上存在不同：第一个是人权观念，第二个是宗教信仰，第三个是民族心态。这三点和美国形成截然相对的观念。从人权来讲，美国人认为人权的根源在于深层次文化的个人主义，强调天赋人权，人权是高于主权的，这是其非常核心的观点。

我们国家的人权观念来源于深层次的集体主义，强调的是集体人权而不是个人人权。中国的人权在本质上属于国家主权，如果没有国家主权，人就无所依靠。为什么中国人强调集体，而西方人强调个人呢？这就要从一个民族的生存去研究了。那什么叫一个民族的生存呢？我觉得这种存在是合理的。为什么唐朝妇女可以一嫁二嫁三嫁，可以嫁很多。儿子可以娶父亲的小老婆，没有什么三从四德。宋朝以后妇女就必须三从四德，如果一个没有结婚妇女的手被男子摸了，这只手就要砍掉，而且丈夫死了也不能改嫁。为什么有这么大的变化？这是因为：唐朝的时候我国人口非常少，需要妇女利用生育能力繁育人口；宋朝时中国人口太多了，必须控制人口生存，让大家有一块田耕种。这就是一个民族特定地理环境条件下生存的需要，即民族的生存文化。

第二个是宗教信仰。今天在美国有一种人会被看不起，就是没有信仰的人。美国人对有没有信仰看得非常重，你没有信仰，就是不值得结交的朋友。在中国就不一样，一方面儒家思想占主导，强调集体高于个人的理念；另一方面马克思主义中国共产党必须是无神论者，无神论和有神论是截然不同的。

第三个是民族心态，美国的心态和中国的心态也是有冲撞的。美国例外论来源于其丰富的土地资源，认为自己就是世界上最优秀的人民，美国人民都是上帝挑选出来的，是最优秀的。这是美国例外论。中国虽然说近代以来有很多耻辱，但是中国人在民族心态上依然有大国心态，21 世纪是中国的世纪就反映了中国人这样的民族心态。这是国内层面的区别。从国际层面来说，在国内的政策认知、态度、价值取向、情感取向方面，两者间也截然不同。这体现在两个方面：一个是对世界多极化、单极化的理解不同；另一个是对国际制度和国际组织的理解不同。多极化还是单极化？中美两国在政治上是有不同观念的，中国主张 21 世纪不应该成为单一欧美世纪或单一亚洲世纪，21 世纪应该能够成为各个国家和地区的文明传统兼容并蓄和共同繁荣的时代。美国人不一样，小布什时期的国务卿赖斯在演讲时就说，多极世界是一种竞争理论，带来了竞争价值，我们以前尝试过多极世界，但是导致了第一次世界大战。她要求世界服从美国的领导，而且美国有义务、有责任带领世界。可见，中美两国在多极化和单极化的认知上完全不一样。

对国际制度的认知也完全不一样，差异在哪里？美国维护世界制度，尤其是由美国领导的反映其价值观的制度，而且希望把中国融入到这个制度中去。伊拉克战争就是这样的，她认为联合国不起作用，就抛开联合国，自己组织民主国家去维护世界秩序。这是她的主要观念。

中国实际上也存在两个方面的思想：第一个方面就是认为很多制度是美国人设计的，所以我不要加入美国制度，要修改美国制度，甚至不愿意参与这个制度。中国在联合国早期时基本上投弃权票就反映了这一点。第二个就是中国已意识到这个问题，所以要加入到各种制度中去，但却没有改变过，包括东亚共同体的建设，也就是还不愿意去主导创立一个制度的建设。

我们可以看出，既然存在这么多宗教的、思想观点的不同，怎么能够把中美两国调和起来？这非常困难。尽管如此，我们还是要做这个对话，以促进文明的融合。我相信，我们国家最终和美国及世界各国会走向文化的融合。这是我的观点，谢谢大家！

Helena Barroco：下面我们来进行一些讨论，因为这是一个对话，我们希望听到其他人的意见，你们还可以问自己的同事或其他人问题。

俞新天：在过去的 30 年当中，中国在很多领域开始不断接受一些新的想法，包括其他国家的一些新的想法。这是一个不同于以往之处。我也非常感谢 Chandra Muzaffar 教授，感谢他的介绍，非常有趣，他还谈了非常有趣的例子来支持自己的论点。我的问题是，现在整个现实世界还是由世界力量支配的，我们应如何来应对这样的事情？你刚才也说了一些对文化和文明的新的认识。但是如何来做一个定义呢？文化和文明在国际关系中的定位到底是怎样的？这实际上属于一种理论上的问题。当然了，它也是有实际意义的。

问：我来自全球对话网络，您刚才提到了多元化统一这样一个概念，能不能具体解释一下这个概念，以及到底怎样才能够实现这点？怎样把这种观念在中国以及整个亚洲区域传播开来？

问：我非常高兴听到您刚才提到西方体系和亚洲体系，还谈到西方很多价值观认为自己是普世价值这样的观念。事实上，不同地区的不同文化都能够对普世价值作出贡献。我非常感兴趣的是，在您看来，亚洲的价值怎样才能够对普世价值作出贡献？因为我们看到，世界的很多地区，包括中东地区都作出了贡献，而我们的文明、我们的历史和传统也可以对全球对话作出贡献。我认为这就是我们组织的意义所在，即能够提供好的平台让大家进行对话，并在全球范围内达成某种程度的共识，而且能够把一些问题放在台面上。所以，我非常愿意听您讲讲怎么来看待让亚洲的文化对全球普世文化作出贡献这个问题。

俞新天：谢谢您的问题。第一个问题是，这种多样化的一致是什么概念？怎样传播它？与此同时，我也希望向主持人问一个问题，你认为西方的普世价值和文化多元性之间是不是有矛盾？这个问题其实跟我们之前提到的问题非常相近，我们在文化价值方面需要共识，可怎么才能达成共识呢？刚才张教授也提到了，在历史上，力量主宰和支配世界，所以强国会认为自己的价值体系是处于支配地位的，其他国家必须遵守。但是现在情况改变了，今天有很多独立的国家团结起来和平共处，生活在同一个地球上，所以我们应该彼此尊敬、彼此学习。而这样的一种共识必须让所有的文化、所有的国家去吸收和认可。所以联合国发起了多元文明对话，这个非常有意义，因为这意味着没有所谓的先进文化和落后文化之分，所有的文化都是平等的，我们应该彼此共存、彼此学习。所以，分享彼此的文化就意味着我们应该彼此吸收各个文化体系中最好的价值，而不单单是西方的文化。当然，西方文化也贡献了一些独特的价值体系。但其他文化也有很多非常独特的、有意义的、好的东西，并作出了贡献。今天我们需要的就是所有文化共同对世界作出贡献，这样我们才能够真正达成共识。

同时，我们应该宣扬的是人权。怎么去理解人权呢？不同的文化、不同的国家对此有不同的理解，但不同的理解并不一定就是彼此矛盾的，有时候反而是互补的。比如，亚洲国家认为我们也应该重视人权，重视在经济领域的人权。而联合国也接受了这一观点，我想这其实就丰富了西方人权的理念。因为在西方的价值体系中，人权仅仅指的是政治人权，就是在政治领域的人权。但是在亚洲国家，我们认为人们也有经济权，要有工作，以降低贫富不均之间的矛盾。这些都是人权，所以我们也可以学习彼此对于人权的认识，以丰富人权的概念。

这就是我所讲的在文化多样性中蕴含的统一和团结。我们支持的是文化的多样性。所有的国家和文化都强调，我们的文化是重要的、我们的文化是独特的。那怎样来最终达成共识呢？这就是我所说的统一、团结的重要性，尤其是在全球化的背景下。这就是我的回答。

第二个问题是，亚洲的价值体系怎样对全球做贡献？我想最重要的一点就是包容。刚才张教授也提到了，我们有很悠久的关于宽容的历史。在中国，我们没有一个主导的宗教，对于大多数中国人或者汉族人来讲，都没有一个占主导的多数的宗教信仰。但实际上，大多数人都能够宽容地对待其他宗教。有的人去寺庙，有的人去清真寺，有的人去教堂。他们认为所有这些宗教的理念都是可以被人所宽容和接受的。又比如全世界的犹太人，他们一直保留了独有的文化传统。中国的文化一直非常宽容，明朝的皇帝就邀请一些有宗教信仰的外国人去政府担任一些官职，同时还可以保留他们的文化传统、行为。所以，亚洲的很多宗教并不是与其他外部的宗教有很强烈的对立和冲突的。我想如果全世界都能有这样的包容精神，文化的冲突就会减少，我们就能够拥有一个非常和谐的地区和世界环境。

刚才我们提到了美国人着重的是个人主义，个人主义很重要，因为它鼓励人们独立，但是如果过分强调的话，你就会发现人们之间的竞争太严肃、太激烈了，整个社会将变得非常残忍。这也将成为问题。所以在亚洲的价值体系中，所有人都会说我们会重视社会、重视家庭、重视教育，因为重视社会和家庭能够给我们个人带来很多支持和帮助。我觉得这种观念对世界文化也会有所贡献。有很多人可能认为非洲很落后，但我不这么认为，尤其是在文化上，他们有很多非常好的理念。谢谢！

张宇权：我回答一下俞教授提出的问题。刚才俞教授讲得非常好，我非常同意，但是我可以做一些不同的阐述。我刚才讲中国文化和美国文化，并不是说我不赞成美国的自由平等理论，恰恰相反，大多数中国人特别是知识分子已经在接受这样一种观念。我们的政府也强调民主自由平等，强调人的权利。我们以前谈人权可能是危险的事情，但是现在可公开去谈论。所以，我们都在接受这一方面的观点。我同时也在思考一个问题，也是刚才俞教授讲的，即过度自由、过度个人主义也会造成一些问题。比如，希腊发生的金融危机实际上跟过度民粹主义是有关系的。所以，我感觉如果中国文化和西方文化结合在一起，可能会更好一些。你不能过度讲个人，所有的人都讲个人，这个社会就没有前途了，因为大家都想要福利，而不想为整个集体做一点贡献。我们既要强调个人自由，又要强调整个集体的发展。这才是一个正确思想。

Helena Barroco：非常感谢。如果大家对张教授有问题的话可以提问。

问：我想对张先生提一个问题，您说到极端的自由主义是有害的，对组织或社区是有害的，我同意你这个观点。但我的观点是，自由主义的精神并不是只关心自己，而是关心社区中的每个人，每个人都是重要的，每个人作为一个人都必须受到尊重，我们要尊重他们的生活、他们的意见。如果你不能尊重他们的生活或者他们的观点，就不能说我们是在关心整个社区的福利。中国就有个说法，“一屋不扫，何以扫天下”，这是我的观点。

张宇权：我俩的观点其实没有什么特别的冲突，人权当然是要的，毫无疑问，就是尊重每一个人的生命权、生存权、发展权，这当然是需要的，没有什么冲突。但是在制度上会出现问题，所有竞选的候选人会向选民承诺很多，一旦承诺得少的话往往选不上。你承诺得过多，如果国家没有这样的财力支持你，没有足够的财力发放养老金、失业金，就只能贷款，而贷款多就会导致国家破产，所以仅仅靠这样的选举可能是有问题的。我们希望所有的领导人都是清廉者，但是这也存在问题，所以这是每个人应该重新思考的问题。

我的意思就是说，你不能把人民所有的希望都寄托在一个清官的身上，这个制度肯定是有问题的，但是也不能说所有的民主就是靠一人一票的选举，如果这样，最终的结果也会有问题。

问：我想问的是，之前讲到强权问题，这有一些什么实际意义呢？比如说对目前的世界有怎样的启发意义？从实用角度怎么去考虑？

问：我非常感兴趣的是，经济实力实际上是软实力的一部分，那这样的一种软实力是不是也需要有一个对话？还有，这样一个软实力对国际关系会产生怎样的影响？

Chandra Muzaffar：首先说实用方面，我们看到现在有很多变化，比如未来的发展不只有一种道路，我们可以找到一种合适的方法带我们走向未来。我们应找到一个好的中心，能够带动未来的发展。我们来看一下西班牙、希腊，再看一下美国的占领华尔街运动，这些可能只是一些短暂的事件，并没有深远的影响。而其他国家也有大众的运动，既有积极面的，也有负面的。但是，我们可以看到很多事情从不同的角度发生，所以我们目前并不能很好地预测未来。

关于您刚才提的经济问题，我觉得经济活动或者那些给未来带来希望的活动，和那些并不能为未来带来希望的活动应该区别开来。我们提到了很多双边多边的协议，但并不是所有的协议都能够给我们的未来带来希望。假如你现在签署了一项贸易协议，但损害了拉丁美洲的利益，拉丁美洲肯定不同意。又比如 lba 这样的协议，是给所有国家带来利益的，大家就会拥护。所以我说公平贸易是非常重要的概念，要对不同的经济活动进行分类，分成能给我们带来希望的活动和并不能给我们带来希望的活动。这不单单适用于贸易，同时也适用于金融。有的金融能够带来大规模的跨越，对各个洲的发展都是好的；与此同时，还有一些全球的金融体系对于我们的未来则不是有好处的。我们应该区别开来。

Helena Barroco：我们这一部分的讨论暂时告一段落，这部分我们谈论的是文化和文明对话作为国际关系的新兴范式，从某种程度上讲，我们既谈到与话题相关的，也谈了话题之外的东西。我们提到了一些伦理、运动及人们的意识，也谈到了硬实力、软实力，以及具体国家之间的关系。我意识到我们经常提到的一些概念其实跟地理位置和西方价值是息息相关的。我看了一下上海这个城市，感觉这个城市既有西方的一些影子，同时又有东方的特征。所以我们在思考很多问题的时候不应该一直持有偏见，应该以公正的态度来讨论问题。谢谢各位的贡献。

议题4

联合国体系与亚洲文化

主持：Gugun Gumilar（印度尼西亚）

报告起草：Jordi Torrent（联合国文明联盟）

发言：吉拥军（中国）、Zaw Win（联合国）、魏盛（中国）

议题“联合国体系与亚洲文化”发言席

Jordi Torrent：今天讨论的议题是在联合国体系内对亚太文化的认识。我们按照顺序来，第一位发言人是吉拥军，第二位是 Zaw Win，第三位是魏盛。有请第一位发言人吉先生。

吉拥军：我来自北京，代表的组织是中国人民对外友好协会。中国人民对外友好协会有着 57 年的历史，长期以来以推动国际交流与合作、维护世界和平、促进共同发展为宗旨，并在 2010 年 7 月获得了联合国磋商资格，在会议上发出了我们的声音，另外也搭建了绚丽多彩的文化平台，创办了丰富多彩的对外交流活动，同时在对内积极引进国际先进理念、对外弘扬文化传统方面产生了一些比较好的影响。比如 2011 年，中国人民对外友好协会与美国亚洲协会搭建了中美之间的文化交流新平台，通过主题讨论、文艺演出、电影放映等多种形式进行了深入的交流。我们是在中国大剧院举办这个活动的，我们找了一位反差比较大的演员葛优，请他在这个论坛上分别向大家展示了非常有特色的中国文化和美国文化，受到了大家的欢迎。由此，大家加深了了解，扩大了共识，对于促进不同文化交流和理解，沟通不同文化人民心灵之间的情感，甚至扩大在亚洲地区的合作起到了很大的促进作用。中国人民对外友好协会还开展了一系列亚洲方面的交流，南亚地区集中了我们非常重要的友好国家，我们曾经联合北京大学、北京外国语大学等多个高校举办了中国南亚文化论坛，从地域文明的视角来看当代世界和南亚。一些来自中国、印度、美国、英国、加拿大、新加坡、香港等国家和地区的学者和人士参与了讨论，促进了南亚地区的相互了解。

这次联合国文明联盟首次在亚洲举办活动，我觉得这个活动将在联合国的体系内扩大中国在亚太地区推动文明和影响，促进多元文化和谐共处，推动全球文明。我所代表的中国人民对外友好协会的大门是向各位朋友敞开的，希望我们今后能通过丰富多彩的艺术形式和表现手段，通过联合国系统走向世界，我们相信世界各国虽然存在很多根本性的不同，但是文化这个桥梁可以打破这个隔阂，这也是我们承担的非常重要的使命，谢谢大家！

Jordi Torrent：感谢吉拥军教授的演讲，有请下一位发言人。

Zaw Win：我是来自联合国的 Zaw Win，在联合国工作了 27 年，想和大家分享几点我作为一个亚洲人以及联合国官员的看法。我是联合国的工作人员，工作的主要内容就是在亚洲和南亚地区促进联合国文明联盟的工作，我本人就是亚洲人。联合国文明联盟会议第一次在亚洲召开，我觉得倍受鼓舞。亚洲占了全球2/3的人口，有很多穆斯林国家，还有非常强劲的经济增长。联合国文明联盟于2005年成立，在很多地方，如土耳其、法国、德国、巴西和新西兰都召开过会议，但是从来没有在亚洲召开过会议，现在对在座的诸位和亚洲来说都是一个历史性的时刻。联合国文明联盟来到亚洲是非常令人鼓舞的，我们要考虑如何更多地了解联合国文明联盟在亚洲所起的作用。联合国的系统比较了解亚洲的文化，因为现在是亚洲人第二次担任联合国秘书长，而世界银行的总裁也是亚洲人，所以联合国系统对亚洲文化还是比较了解的，所以接下来的问题就是亚洲如何更好地了解联合国文明联盟，以及进一步采取行动。

在UNAOC未来发展的方向上，我有一个期望。我多年来非常关注水的问题，没有水我们就无法生存，任何人、任何机构都离不开水。通过全体的努力，我们两年前在日本的北海道召开G8会议时，水资源问题第一次在会议上被提出来。饮用水是人类基本的生存权利，UNAOC可以在以后的工作中与东盟、东南亚联盟等组织，以及中国、韩国、俄罗斯、日本等国家进行合作，同时在以后的议事议程上提出水资源的问题。

2012年有一个文莱的代表团担任东盟的领导，东盟的下一届峰会要到2013年11月召开，这样我们就有一年的时间来做准备，从而提高一些学术方面的支持。我觉得，在联合国文明联盟和亚洲区域的合作方面开展一些工作是非常重要的。

Jordi Torrent：非常感谢Zaw Win，我们已经有一条非常具体的建议了，希望能够有5—6条建议提出来，我们可以把一系列建议提到全体会议上进行进一步的讨论。

吉拥军：我本身很同意Zaw Win先生说的在人类基本的生活权利里，水资源是一个很大的题目。我曾经有幸代表我们的团队去过乌干达，乌干达全国都面临水资源的问题。我非常同意他的观点，我们可以在联合国文明联盟的议程中增加水资源的议题。我们还可以邀请官方、民间或半官方半民间的代表，以及中国和世界一些有着丰富做水处理、水污染处理或生产水设备经验的企业等参与其中，他们也许能给我们一些建设性意见。

Jordi Torrent：非常感谢，你提到了水资源，很有意思，现在有两个国家的政治局面是比较复杂的，就是阿塞拜疆和亚美尼亚，他们要分享一些水资源，这样就需要双方在水资源方面共同合作。接下来我们有请魏盛教授做演讲。

魏盛：我们在谈文化的时候要先了解文化的特质，东方文化和西方文化的特质是非常不同的。西方文化采取柏拉图的二分法，将世界分成两部分。其中一个是现象界，现象界变化之后理念界也会发生变化，这个二分法对世界产生了很深刻的影响，带来了一些冲突。比如在一个多元化的社会里会有一些冲突，表现在联合国里面就有多元文化的方面，且内部会有一些冲突。

我们将生物、医学、哲学、宗教的知识结合在一起，同时将认知分成几个方面：第一个方面是观测和实验，第二个是知觉（这两部分是科学研究的主要因素），第三个是直观，第四个是一系列的宗教体验。所有这些组织起来就是一个本体，且这个物体假设是不可知的，这就是西方的认知。但是在东方文化里，我们认为超越性的道是可以认知的，现在有方法可以去实现这个认知。什么是道？老子告诉我们道的存在性、作为和现状。道的不可知性也进一步得到道家的另一个创始人庄子的解说，他说“道不可言，言而非也”。易经里也讲到了道，“神无方而易无体”，所以道与一切存在是合一的。

那怎么来实现“道”呢？怎么来证“道”呢？这需要用抽验辩证法来进行，它和二分法完全不同，主要通过冥想、定慧、精神以及生理几个方面来进行。比如我们要想办法和这个屋子里的环境达成平衡，这就涉及到被别人认识和自己去认识别人两个方面。

还有一个就是证道的方式，即通过存在的可能性来实现，《坛经》里说是通过“无相”和“自相”。老子也说有和无之间是可以互相促生的，即有无相生，所以这个宇宙中的有和无可以互相生成、互相统一，这也是道的特性。证道一个很重要的方面就是在社会上证道。在亚洲文化中，我们一直强调人性、物性与社会的统一，所以首先要有一个社会框架，并在这个社会框架内来实现统一、立法。而现代这种实践要统一，就要关注主观之间的内在可能性的实践，并通过外界条件引导来建立主观现实可行的普世价值。

道是亚洲文化一个独特的方面，我们相信联合国在这个道的方面有更多的认识，这样才能推动全球关于多元文化的对话，这正是我们现在在做的事情。张尚德先生是道门学院的一位教授，创立了中国哲学国际协会，那是35年前成立的一个国际机构。他也是在冥想方面有着50年经验的大师，我们想通过道的唯识论的研究来推动我们的理念。还有一位黄教授会在第八组的讨论中向大家介绍道的知识，谢谢。

Jordi Torrent：谢谢，我想问一下，如果要给明天的全体大会提出一些建议的话，你有什么样的建议呢？

魏盛：在亚洲，人们觉得人和自然是互相统一、互相影响的，所以我的建议就是在一些地区的发展中应该考虑这种机制的影响。

Jordi Torrent：也就是说，在联合国体系的规划下应该考虑到人、自然、社会统一的观点。我们下面进行自由讨论。

Zaw Win：我建议联合国文明联盟在亚洲设立一个常驻点，现在是从纽约进行管理，如果我们在亚洲有一个常驻点，就可以和当地的一些参与者进行近距离的沟通，这是非常有益的。

问：我也有一条建议。Zaw Win先生刚才提的建议我非常同意，我们知道亚洲许多国家的文化、历史也很丰富，我们通过联合国文明联盟能够很好地了解西方的文化，但是他们很难全面了解亚洲的文化，所以我觉得在亚洲设一个点是很好的建议，这样可以在联合国体系里增加亚洲的内容，进而介绍一下亚洲的文化、历史。这还可作为他们培训内容的一部分，将会是非常有益的。

Jordi Torrent：好的，还有没有其他建议？

魏盛：我也建议我们可以推出一些项目，一些关于人性方面的项目来推动社会伦理的发展。

Jordi Torrent：你是说在教学大纲里面做一些改进？

魏盛：我觉得在教学大纲里面倡导一些将是非常有用的。

问：这是UNAOC第一次在亚洲举办这样的活动，这是一个历史性的、里程碑式的活动。我觉得这是一个非常好的开始，如果能把亚洲的活动和联合国的平台结合到一起，如 2013 年 7 月会在马来西亚举办亚洲地区第七届翻译家论坛，亚洲的翻译家会在传播上有很多建议，若 UNAOC 能够参加，一方面可扩大 UNAOC 的影响力，另一方面也可以对推动亚洲文化作出贡献。第二，我觉得这样的大会很有用，希望 UNAOC 能与中国的一些大学和跨国性企业结合起来选一些题目，如青年人创新、就业、教育等，同时开设一些小型的论坛，让媒体参与，这样一定能够推动联合国体系和亚洲文化的结合。

我有两个问题要向联合国官员请教：第一，这次开会东盟有 8 个国家参加，但亚洲的代表国家却有很多缺席了，比如斯里兰卡等国没有参加，西亚、中亚的国家一个也没有，你们有什么办法让更多的亚洲国家参加吗？第二，刚才说到了东盟，东盟是非常成熟的联盟，但是南亚和西亚非常松散，联合国特别是 UNAOC 有什么具体的设想没有？

Jordi Torrent：从我们工作的领域来说，后天我们会去重庆，试图建立一个东亚大学的网络联盟来提高信息网络教育的质量；同时会去泰国，因为我们在全球进行计算机知识脱盲计划，由清华大学进行一些主导工作，其他大学如果感兴趣的话也可以和我们联系，我们可以和清华大学协商进一步扩大这个网络。这个网络是 2011 年建立起来的，每年有一个年度会议，2012 年在西班牙召开，2013 年在埃及，2014 年会在中国。我们正在建立一个信息时代计算机知识脱盲的网络。在政治方面，我非常同意前面嘉宾所讲的观点，包括会议参与者的建议，我们这样的联盟应该和东盟形成更加紧密的联系，然后在不同的大洲之间进行文化间的对话。

从文明联盟的角度来看，我们觉得跨文化、跨宗教的对话是一个非常重要的因素，也是影响我们人类社会发展的因素，同时是实现和平发展的路径。大家前面也提到了，我们只有水却没有形成一个共识，这样我们的发展就会碰到一些矛盾。为了实现发展需要一个和平的未来，所以鼓励跨越不同的文化和宗教的边界来进行了解，因此我觉得可持续发展的理念就包含了跨文化对话这样一个内涵。

问：我是北京大学的，想讲几句，联合国文明联盟把会议开到亚洲虽然是第一次，但毕竟是一个很好的开始。我上午也讲到了，希望不同的文明之间互相学习、互相交流、彼此相容，能够共同为解决人类面临的基本问题提出一些学术看法、学术意见。我们得到了联合国前后两任秘书长的支持，Zaw Win 先生也提供了很多帮助，我们成为很好的朋友。UNAOC 的暑期项目能让更多的年轻人参与进来，整个亚洲作为一个整体，当然也希望有更多的青年人加入，如果做这样的事情，北大十分希望能跟联盟合作，进而发挥我们的作用。

Jordi Torrent：基于此，我会提出建议——把这个夏季课程放在亚洲举办。我相信，只要有了文化之间的实际交流，我们在个人层面的了解就能给民族和人民带来极大的好处。目前，我们文明联盟只是在政策层面、组织机构层面、文明社会层面来做工作，我们一定会考虑您的建议，下一步将在基层层面和学术层面开展一些项目。

吉拥军：我接着北大老师的话谈一些观点，我很同意他的观点，我们这边也有一些很好的活动、很好的创意。UNAOC 很大，关注点不仅仅在亚洲，亚洲只是它的关注点之一。Zaw Win 先生曾提议设立一个常设机构，我们建议应该有一个亚洲事务专员，因为我们亚洲文化有一系列活动，直接跟 UNAOC 组委会联系会很不方便，亚洲事务专员则可根据我们提供的草案筛选出一些有最大可能的项目。UNAOC 的时间、精力是有限的，支持活动的财力也是有限的，我们可把亚洲要办的各项最重要的活动搞好，再由专员去具体落实，所以我认为常设机构是很重要的，谢谢！

Jordi Torrent：我在这里要提醒几点：首先，联合国文明联盟在联合国体系里是一个新的机构，真正开始运行是在 2008 年，到现在只运行了 4 年，是一个非常年轻的机构。第二，它是一个非常小的机构，有一个秘书处位于纽约，只有 12—14 名员工，是一个非常小的机构。因此，我们的资金比较短缺，所有的项目都需要和其他机构去共同主办，即和一些私营部门或政府机构来共同主办，但我们希望能够和不同机构形成伙伴关系，并且得到赞助。通过和不同伙伴的合作，我们能够获得不同的知识，还能够在基层和政治层面建起一座桥梁。这就是联合国文明联盟在联合国体系里的基本情况。

问：我有一个问题，我们知道中国友协做了很多不同文化和文明之间的沟通工作，而且有些项目很有政治影响力，甚至越过了民间局限，如中国和美国的生长论坛等等。那么，友协这样的组织如何与 UNAOC 这样推动文化层面对话的机构合作来做一些事情呢？有没有什么障碍？有没有什么方式？

吉拥军：首先很感谢您，看来您比较关注我们的工作。您说的只是对外友协工作的一点，由于受国务院的委托管理友好城市，地方政府的友好城市就成为我们其中的一些项目。我们专门有中国国际城市友好联合会来做与世界各个国家发展友好城市的工作，我觉得这个对文明的推动是很重要的。

我接触联合国文明联盟的事务很短，第一次是在土耳其，就是合作伙伴论坛。当时我就很有感触，觉得文明这个主题能够超越很多障碍，使大家走到一起，因为文明是很重要的东西。对外友协在这方面做了很多工作，我们把研究古老文字的专家请到中国来，如我们曾经邀请了一位秘鲁专家，他了解很多语言，包括只有几千人讲的语言。我们想通过了解其他古老民族的文化，即濒临消失的文字或文化来看他们采取什么方式来保留，然后给云南地区做个借鉴。

对外友协跟联合国合作做了一些非常基础的工作，我参与过对外友协在青海的项目。青海海拔很高，有一些牧民的生活条件很差，我们把联合国的一些官员带去参观，得到了一些资助，进而在当地推广太阳能，让牧民得到热水。这是我了解的一些情况，希望我们可以继续沟通。

Jordi Torrent：还有没有什么建议？从联盟角度来看，我们的宗旨本来就是为了缓解西方世界和穆斯林世界的一些冲突，后来我们意识到作为一个全球的组织，文明的沟通是普遍存在的，所以我们希望听到你们这些专家的意见，同时希望你们给我们带来一些新的伙伴，如大学、组织，所以我们很想了解一下你们的建议和意见。

Zaw Win：你现在已经收集了几条建议？

Jordi Torrent：我有 4 条建议了。第一条建议就是将联合国文明联盟关注的一些内容加入到东盟的议题中，还有就是在政治讨论方面要融入一些东方的哲学思想，因为现在联合国的讨论更多地是以西方的视角来进行的。还有建议 UNAOC 在亚洲建一个常驻点，也就是办事处。另外，通过一些暑期项目来增进青年人之间的了解。

问：我希望联合国文明联盟可以更多地参与在亚洲的一些会议、活动，因为不同的会议会涉及到文明的不同方面，比如在马来西亚的翻译大会。我提一条建议，联合国文明联盟若在世界其他地方召开大型会议，可以请几位亚洲的代表去参加，因为在联盟里亚洲代表的活跃性好像弱于欧洲代表。

Jordi Torrent：你说得很对，我的专业就是媒体沟通，曾经参加了在兰州的媒体会议，那是一个关于媒体教育的会议，在会议上我们看到中国的媒体教育是非常丰富的。我感到很意外，许多学生、教授在这个方面有着各种各样的活动，西方却没有这么多教授、学生参与到这个会议中，所以让其他地方了解中国发生的事情是很重要的。我们在联盟的网站将会介绍这一块的内容，会请中国的专家去参加在世界其他地方召开的文明联盟的会议，让他们介绍在中国做的一些很有益的工作。

问：我有一个问题，我们知道联合国文明联盟主要在 4 个方面开展工作，你觉得你们在知识支持方面做得足够吗？如果不够的话，你们是否要在这方面做更多的改善？

Jordi Torrent：我们联盟成立的时候有一点是很明确的，就是不希望和一些已经存在的组织进行竞争。联合国系统是一个庞大的机构，文化、艺术、跨文化关系方面由教科文组织来负责，因为教科文组织在这方面是很重要的组织，我们不想和教科文组织的职责有任何重叠，这是一种时间、精力的浪费。我们不要假扮专家，我们所做的只是沟通工作，所以建立了很多的网络。我们将世界各地的大学联系在一起建立了一个网络，所以我们更像一个平台、一个媒人。在媒体这一块也是这样的，我们有非常多的知识储备，但是不愿意以专家的姿态出现，而愿意和各种各样的专家、伙伴进行合作，吸取他们的专业知识储备来进行沟通工作。

我们这个组织规模很小，资金也有限，去参加成千上万的会议是不现实的，因为世界上每天有很多会议。通过各国的文明联盟我们可以做很多的事情，如由各国自己来设计一些活动，采取主动出击的方式去参加一些活动，再让他们把一些意见带过来。

Zaw Win：现在你已经有 5 个建议了，你还没有谈水，没有水就没有生命。

Jordi Torrent：你的建议是什么呢？

Zaw Win：为什么要将水加进去呢？实际上世界上 2/3 的人口都在亚洲，而且大部分水的源头也在亚洲。我不知道你在学界有什么样的项目，但是通过联合国文明联盟我们可以强调一下水的价值。许多人没有很好地认识水的价值，水每天都在那里，大家似乎对它的重要性没有很多认识，所以要对大家进行教育。

Jordi Torrent：联合国系统里面已经有这样的水资源项目和组织，我们联盟为什么还要把这样的项目加进去呢？

Zaw Win：如果有资金就可以进行各种各样的项目，加之资源允许的话，就可以把项目扩大。你们已经有青年项目了，可以把水资源项目加入到青年项目里面。

Jordi Torrent：刚才提到的一些项目不是我们主办的，我们也没有给他们提供资金，我们只是伙伴，没有参加组织工作。比如在亚美尼亚和阿塞拜疆，他们有一个青年和水资源项目，但不是我们出资和主办的。在联合国体系及国际组织里，我们可以作为一个推动者给他们提供一些能量，也可以在联合国体系里找一些和水有关的项目，再和他们进行合作，然后帮助他们把这个项目做得更好。

Zaw Win：我知道这不是你们的核心议题，你希望通过其他项目来做一些贡献。

Jordi Torrent：像人权问题、少数民族问题、男女平等问题我们都可以参与，比如妇女问题有人权委员会，其是主要的主管机构，但是我们可以参与。像水的问题，我们可以说水的问题是合作和对话的源头，进而合作来办这些项目，参与进去。所以你的建议就是，和一些机构建立伙伴关系，以此来宣传水的价值。

Zaw Win：我知道这不是你们的核心任务，所以关键就是让文明联盟能够参与到这个跨国水资源问题的处理中去。

问：我想提一个建议：要加强对亚洲文化的了解，光做青年人的这种暑期项目是不是不够？是不是可以搞一些教师暑期项目？因为我认为师资更为重要，一个老师能教更多的学生，使更多的学生受益。我在北京大学从事跨文化教研十多年了，2012 年我们也请了在京和美国的老师跟我们一起培训，因此是不是可以让搞亚洲研究的这些教师聚在一起共同研究亚洲文化之间的差异，同时进行跨文化的交流，使更多的学生能够受益？我的建议是搞亚洲跨文化的学校，我刚才跟我们校长也提了这个建议，我们校长也是大力支持的。

Jordi Torrent：非常感谢，我们的教育者是推动社会进步的主要力量，所以我非常同意把一些区域的教育者组织起来召开一些研讨会，以促进不同文化之间的了解，因为了解它们的异同是很重要的，我会将此作为另一条建议提出来，谢谢。现在我们已经有很多建议了，就到这里，谢谢大家！

议题5

中国传统文化的精髓如何为“多元文化、一个人类”做贡献

主持：杨国荣（中国）

报告起草：Fethi Mansouri（澳大利亚）

发言：赖世伦（中国）、Angela Xu、李天纲（中国）

议题“中国传统文化的精髓如何为‘多元文化、一个人类’做贡献”发言席

杨国荣：我们这一场的讨论主题是中国传统文化的精髓如何为“多元文化、一个人类”做贡献？总的题目就是中国文化能够为当今文明的发展作出什么样的贡献，且这个贡献是侧重于精神层面的。从精神层面来看，中国文化包含着非常丰富的内容，从最基本意义上的一些价值观、价值原则等到思维方式，都可能包含着对我们当今文明发展产生积极作用的

内容。

从最根本的层面来看，如早期儒道形成的仁道原则及道家提出的自然原则等等，都包含着在今天看来还有生命力的方面。中国文化包含着丰富的层面，这些都会对中国文明的发展产生积极的作用。今天这一场有三位发言人，他们将分别从不同的角度对议题谈一些自己的看法。我们第一位发言者是赖世伦先生，他是从事中医医学研究的，退休前是回归中医药大学的校长，这个学校在美国的波士顿，下面欢迎他发言。

赖世伦：我是一名传统的中医师，在中国、美国行医 50 年，今天跟大家一起分享一些我的体会。传统的中华文化有五千年历史了，中医药又是传统文化的重要组成部分，中医药的核心思想是天人合一，最早的一本中医经典《皇帝内经》就说人以天地生，以父母的精卵结合，这是生命的科学，现在却很少有人谈到这个了。

人的生命不是精子和卵子结合以后就可以生长的，还要有一种东西，这种东西我们叫作“气”。气是怎么来的呢？祖宗经过上千年观察认为，宇宙的星球都在快速运行，而在快速的运行当中就产生了一种能量。这种能量注入受精卵才会产生人体的生命。很多人就会问这个“气”是什么东西？能不能够量化？现在还不可能。我们在临床上经常遇到这样的事。我在美国考上执照后，为了求生开办了一个中医诊所。中医诊所在美国西医发达的地方要生存下去很难，我们就先看不孕症，在那边做了二十几年，确实治好了很多不孕症的病人。按照西医的观念，治不孕症就是试管婴儿。麻省理工学院有个西方最尖端的医学院校，他们也在做试管婴儿，如果三次做试管婴儿失败，这个病人就不能生养小孩了，只能领养小孩。但是有些病人不甘心，就到我们这边来了，我们就用中医的办法来让他们怀孕，然后把小孩带到麻省理工医学院去。麻省理工医学院说恭喜你们领养小孩，他们说不，是我们自己生的。我们治好了好几个，最后大家都认为中医有一定的秘方，当地的医院来找我们把秘方给他们。其实，我们中医对不同的病人有不同的方法，能够用上的我们都会用来综合治疗。我们反观人工受精卵，肯定是有一个因素使小孩不能成胎。我们老祖宗就认为这是气，是天地之间的气，认为父母可能违反了自然规律，所以身体里出现了一些问题，不能达到平衡的规范。我们经过调整也只能治疗 50%左右的人，大部分还是没有办法，因为有很多东西还要进一步去认识它。

"天人合一"对我们人的生命、人生、治疗、认识疾病非常重要，中国传统文化把天人合一看成核心。大家又会问"天人合一"是什么？很简单，就像我们一天有 24 小时，有白天和晚上，白天我们属阳，夜晚属阴，白天我们就要工作、活动，晚上就要休息、睡觉，这就是天人合一，就这么简单。还有，天跟地是我们的母亲和父亲，他们把最好的东西都奉献给我们人类——阳光、空气和土地。但是人类是不是对他们有一点回报呢？有没有一点感恩呢？有没有思考自己是不是爱护"母亲"、"父亲"呢？没有，现在的人提倡征服自然、超越自然，到处砍伐森林，地球已经有些问题了，所以老祖先提倡"天人合一"。

在天人合一思想的指导下，中医就提倡治未病、养生。治未病、养生是什么呢？就是祖先提出的如果按照规律生活，我们的身体就会健康，就没有很多病；如果违反了这个规律，身体里就会埋下很多病根。这就是中医的最高境界。上次我们也办了一个北大的班，有一个西医也是教授，上完课后他说赖老师你们中医就像防火队，在还没有烧火之前就把火熄灭了，而我们西医就是救火队。我们中医提出的治未病、养生不仅在医学上有用，推而广之，也是治人、治家、治社会、治世界的良方。我们老祖宗又怎么讲呢？《皇帝内经》上说，圣人不治已病、治未病，这种思想就是防患于未然的思想。

今天离玛雅文化的预言兑现还有 22 天。地球是真的要毁灭了吗？我认为玛雅文化的预言给了人类一个警示，到了我们人类该反思的时候了，到了该尊重天地法则的时候了，到了该重新回到天地大道的时候了，在此基础上我们再进入下一个文化时期，这是我对玛雅文化的解释。

杨国荣：非常感谢赖先生从中国医学的角度对中国文化在今天依然具有生命力的方面做了扼要的介绍。其中，他特别提到"天人合一"的问题，医学本身就是带实证性的科学，天人合一可能就是这实证性科学背后隐含的观念，这样的观念对于处理天和人及更广义的社会生活方面都具有意义。当然，对于天人合一的具体理解我们还可以进一步讨论，即人类的目的性追求如何和天人合一法则相一致？这可能是我们在处理人和世界关系时普遍面临的问题，中医却从另一个角度对这个问题进行了解决，这种解决的路径对今天是很有启示意义的。

我们的第二个发言者是复旦大学宗教系的主任李天纲教授，他发言的题目是文化多样性与中国文化。

李天纲：我觉得文化多样性是中国碰到的大问题，我们大概在一二十年前已经意识到文化多样性是要接受的现实，也用了“文化多样性”的理论在不同的场合表达我们的一些意愿。所以，“文化多样性”的说法经常是指在国际场合，以中国自己的方式来讲中国是世界当中的，即中国文化是世界文化之中的一个多样性。

所以，通常讲“文化多样性”是在全球范围内的，比如在联合国场合讲中国的文化多样性是作为一种文化，即中国文化。但是我想提醒一点，就是中国的文化还有一个内部的多样性问题。中国有那么大的幅员、那么悠久的历史、那么不同的地理状况，加之各地、各个方面的情况都不一样，所以我认为中国有一个内部的多样性，而内部的多样性可以帮助我们理解我们和世界的关系，以及我们相互之间的关系，所以我想从这个角度来讲我们的文化多样性是怎么在中国社会发展的、推动世界文明的进步方面作出贡献的。

在中国，文化多样性已经变成很重要的问题，我前几年研究联合国时很喜欢一位学者，他发现了北京猿人，但是我们只知道他是考古学家，却不知道他还是很重要的神学家，甚至是20世纪人类思想家。他认为人类最终会走向一个终点，而且在这个过程中会发生各种各样的问题，但最终还是会相处在一起，尤其是会把自己不同的文化，即各个部落、各个群体的文化结合在一起相互学习，然后共同走向一个进步。这个思想成为联合国设立之初的思想，我想这个想法就是保持人类想法的一致性，然后走到人类的终点，我今天就把这样的说法拿来作为思考问题的出发点。我们应该既保持自己文化的多样性，同时完成普适价值框架之下可以谈论的共同的文明。

我们回到中国文化的内部来看文化的多样性，我们中国文化天然地就是文化多样性的传统，这是因为中国地大物博、人口众多、历史悠久。中国在两三千年前是大一统的国家，内部有非常大的多样性，如通过一部很受欢迎的《舌尖上的中国》，我们就可以感受到中国的饮食文化是非常多元的。

再谈我们的宗教，中国的宗教更是多元的，不是统一的宗教。过去欧洲在研究的时候有一种观点，认为多神教是文明的缺陷，多神教信仰的不坚定使得它变成一种缺陷。欧洲则是一神教，可今天看起来多神教的传统也有着另外的价值，即它非常容易提供一种文化多样性，因为它不在乎宗教的统一性，从而使得儒道佛下面还有更多的宗教多样性。我们各种各样其他的宗教，甚至几个人信仰的一种宗教在传统体制下都能维持，除非你要造反，把宗教变成秘密组织的造反机构，如白莲教和法轮功，否则都能存在。过去很容易保持这样的多样性，这是因为我们没有把宗教看成用来管理社会、统治社会的工具，而是对宗教有其他的认识。但是我们的宗教传统总的来说可以支持文化的多样性，我们对此要有一个很明白的认识。

今天，在中国宗教作为社会冲突因素的情况其实并不严重，而在欧洲、美洲及中东、南亚，宗教很容易变成社会冲突的因素，可是在中国汉族传统里就没有这样的问题。我们讲儒道佛，因为在我们看来儒道可以用来治事，佛教可以用来治心。近代以来儒道佛确实有这三种分工，且对于分工有不同的理解，这可以帮助我们理解社会，所以宗教传统也是很重要的。

近代以来，我们有好多学者，如章太炎、梁启超、胡适都意识到中国社会不同于西方，文化传统和宗教传统也不同于西方，所以我们可以保持一种文化特征来建构自己的现代社会。很遗憾的是，我们在最近 100 年基本上是按照西方的民族国家模式做了很强的社会改造，在很大程度上抑制了文化多样性。

文化多样性是一个正面的东西，这在联合国组织众多文件当中都得到了证明，我们还在很多场合意识到多样性是有助于社会发展的，而且不止在中国，在全世界都可以。我们利用文化资源可以做各种各样的事情，所以想了好多办法来维护多样性。比如对江浙一带古镇的维护，大家都不希望看到千篇一律的城市，而且意识到多样性的重要性。中国的后工业时代、后城市发展时代已经开始，像上海这样的现代都市已经有170年的历史，可以说跟工业革命是同步的。现在，新一代的年轻人甚至我们自己都在追求多样性，如去古镇风情游。我们要重视这些东西，可惜这些东西还没有变成自觉的意识，只是旅游局做的商业化推动，即弄一个假镇或游乐园，把原来的建筑拆掉重新建假的古董。但是这个时代已经到来，文化的多样性其实一直是我们运用的因素。据说上海有200多个创意园区是利用旧有的符号做的，所以这些应变成为我们自觉的意识，一种文化的自觉。现在很多城市都在这样做，这将会变成人类喜欢的事情。

再谈谈语言的多样性。最近上海、广州、香港都提出来这样的问题，即方言要不要？语言要不要？我一直认为方言和语言要保持。事实上语言还是族群认同的方式，语言冲突的后面是族群的冲突。比如本地人跟外地人、香港跟大陆的关系中就出现了语言的问题。各个城市中也出现了，不单单是上海，甚至北京也出现了，即老北京话应不应该保留。对于这些问题，我们应该作为文化多样性来处理，不要等到族群冲突时变成族群冲突的标志，使得社会分裂。我希望国家语委尽快放弃僵硬的立场，不能将一种语言作为中国的身份，中国不是单一的身份，中国在文化上有多样的身份。这个问题我们要提，而且这个问题在社会当中已经很严重了。我希望提出语言多样性的问题。上海过去是各种各样的语言都能用的社会，上一辈人都是用各自的方言说话，方言还使得我们的城市维持了各种各样的艺术方式，如粤剧、沪剧、淮剧，过去一天能演几百台戏，且用不同的语言演，可见那个时候语言多样性是获得大家一致公认的。

我最后讲一讲文化多样性，它是全球新的主张，是我们在20世纪的主张当中提示出来的文化的可能性。有这样的可能性大家就应该去做，《联合国宣言》里面也提到文化的多样性对于生物的平衡不可缺少。中国人维护自己文化的多样性，其实也是在帮助人类维持文化的多样性。中国人也到世界去旅游，也去看别人的生活方式，当然不希望看到一样的方式，也希望看到具有风情的社会生活方式。现在中国人应该慢慢地理解这样一种观念，政府也应该帮助我们一起推动今天社会的文化建设。事实上，十七大已经提出“文化大发展”，文化发展要以文化本身为目的，而且文化发展不仅是为了经济，而是以文化、以人自己的生活来满足城市人、农村人的需求方式，所以我觉得维护文化的多样性，坚守我们自己的文化价值、生活方式是很重要的问题。

杨国荣：非常感谢李天纲教授。就中国问题而言，从历史层面来看，中国文化几千年来事实上已经形成多元的形态，地区、山区、中原文化都有差异，语言上各地都有方言，学派上则有诸子百家，宗教上更是有中国本土的道教、外来的佛教及近代的基督教。

在文化发展过程中提出一些处理多元文化的原则，这是我们所熟悉的，从天地万物来说就是彼此共同承载世界、不相互否定。从道方面来说，指的则是不同的价值理想、价值观念、价值原则可以共存。中国在文化发展过程中提供了现实的形态，这样的观念在今天看来还是有生命力的，为我们在更大范围内提供富有启示的视野。

第三位发言的是英孚教育的 Angela Xu。

Angela Xu：我来自英语教育，家在上海，工作是从上海到波士顿两边飞。我非常幸运能够活在两个“家”中间，到哪里都有“家”的感觉。

我们的使命就是要打破语言和地域造成的人员障碍。今天我想跟大家分享一下，语言对我们的沟通，以及经济发展和国家的前景有何影响？

刚才我们的李老师提到了语言的多样性，我非常赞同。在经济全球化的今天，英语成为全球的沟通工具已经是不争的事实。英孚教育的专家和学者对全球 54 个国家的 170 万名在英孚网上做了英语测试的学生做了一个全球的排名，即英孚教育全球英语熟练度的指标。

这来自 54 个国家的 170 万成年人是在网上使用的免费的英语测试，他们没有任何动机去欺骗大家，所以我们认为这些数据是真实可靠的。

我们做了一个全球排名图，其中深蓝色的是北欧国家，属于极高熟练度；粉红色的是中欧国家，是高熟练度；桔红色的包括西欧国家、亚洲国家，是中熟程度；黄色分布在北非地区以及拉美地区，属于极低程度。排名前 11 位的都是欧洲的国家，这是欧洲文化多样性对这个结果产生的影响，而这对政府的教育政策，以及我们学校的教学大纲都会产生影响。

另外根据申根公约，那些国家没有任何贸易壁垒，他们可以自由地游动，均会以英语作为媒介进行沟通。而北非国家的熟练程度比较低，可见这些年的动荡、政治不稳定对他们的教育产生了负面的影响，英语只是其中的教育成分而已。

在座的同仁大多是中国人，中国排在36位，排名最后的是利比亚。为什么说英语很重要呢？因为它是媒介语言，跟经济、个人收入都息息相关。一个国家如果出口量高的话，相对而言英语水平就比较高。可见，英语跟出口经济有关。

英语跟个人的工资也有相关性。2012年对跨国公司的报告显示，人力资源的负责人愿意付比一般英语不好的人多30%—50%的工资来聘请英语好的人。70%的高管认为，员工英语是他们发展的障碍之一。

还有，一个国家的服务贸易占到GDP越高，英语水平也更高。这是非常好理解的。一个发展中国家寻找外包时，考虑的就是员工的英语水平，外商投资者如果能说好英语，他当然会觉得更容易沟通。

对于英语与创新的关系，我们也调查了一些数据。这些数据说明，在跨国以及跨领域的研究中，有35%发表的论文都是跨国合作的结果，且这个数据在北欧国家，如瑞典和丹麦可以达到50%，在中国却只有15%。

此外，我们还发现互联网使用得越多，英语能力也越强。全球的网络使用者只有25%的母语为英语，但网上的内容有50%以上都是英文的，包括美国最大的图书馆及英国大不列颠图书馆，其大部分都是英文的资料。

现在，我想分享一下亚洲国家以及中国的情况。在新加坡和马来西亚，其熟练度是较高的。它们的官方语言是英语，但是并没有稀释自己国家、民族、种族的独特性，马来西亚及印度均在一个多民族的环境里共存着。日本排在第22位，可英语排名却不是那么理想，我们分析其原因存在教育体系里面。中国也是一样的，更多地注重语法教学，而不是应用教学。我们应该致力于能够用英语真正去交流，而不用在乎正确性。中国排名第36位，我们的英语还有一大段路要走。我们虽然论文发表量是第二位的，仅次于美国，但我们只有4%的论文被别人引用，这是因为没有全部用英语发表，所以不能被引用。当然，中国内部也有区域的差别，上海北京及沿海地区的英语相对而言要好一点。

与此同时，我们还发现女性的英语熟练度要高于男性。而且，英语水平跟年龄段也有相关性。从全球来看，35 岁左右的人可能是因为在用英语工作，所以比较熟练。在亚洲这个趋势是非常乐观的，亚洲十八九岁的高中生都在应用英语，这对他们进入职场更有帮助。

英语确实是全球性沟通的语言，这个重要性是无可辩驳的，包括今天的同传大部分都是英语。还有，英语对创新精神、国民收入及生活品质都有影响。我们在教育下一代的时候应对语言的模式做一个思考，既要注重语法重要性，又要注重一下语言的沟通能力，让我们的学生更多地用英语去实际沟通。

我们希望接下来能够跟联合国文明联盟合作，把项目提供给年轻人，即把全球各地的年轻人聚集在一起，让他们在全球十几个国家进行家庭居住，学习当地的文化。

杨国荣：Angela Xu 的发言提出了我们今天讨论主题之外的一个维度，即多元和一元之间的关系。我们讨论的是多元的问题，但从现实的交往、文化教育来看，某种语言形式又实际占了某种主导地位，那如何在多元和一元之间互动，形成积极的效应呢？这也许是我们需要考虑的问题。

文化多元化本身就意味着文化的开放性，开放性之一就是多元当中的每一元都应该以开放的心态去接收其他的文化资源、文化传统。在接收过程中，语言作为工具有不可替代的作用。在某一种语言具有普遍交流意义的历史前提下，掌握好一种语言就意味着我们可更多地把握一种资源，从而丰富我们的文化传统。从语言的角度来说，多元和一元并不是相互排斥的。下面请大家发表评论和提问。

问：我来自 21 世纪经济报道，有一个问题想请教赖老，您说天人合一有助于找到人类的本源故乡，那您心目中的理想家园是什么样的？

问：我来自于中国联合国协会，想提问徐女士和李教授。第一，你们如何在学好英语和自己的母语两者之间寻找一个平衡？第二，在过去的语言学习过程中，中国出过不少学贯中西的大家，他们当时用了什么方法，既使自己的语言知识非常丰富，同时英文水平又非常高。这个问题好像没有人探讨过，也没有人研究过。

问：我听了李教授的发言以后很有感触，使我的思考有了答案。文化的多样性背后可能是文化的侵略，这从几位发言者的姿态上就能够体现出来。我更想了解的是，赖老师是不是愿意跟我们分享一下酒文化和中国精神的关系？

问：刚才徐女士讲的教学我觉得可以从另外一个角度提出来，也就是语言的多样性。法语是纯正的语言，可为什么在今天法语却没有英语那么强大呢？

问：赖先生对天人合一的解释只是给出了一个例子，简单地讲天人合一就是日出而做、日落而息，能不能给出更加概括、更加精确的天人合一的界定？

杨国荣：提问到此为止，下面请发言者按照发言的顺序做一个简要的回应。

赖世伦：天人合一是中医的核心，也是中国传统文化的核心，如果要在短短的10分钟、8分钟内讲透比较难。简单地说，我们人生长在大自然里，无时无刻不在受大自然气的影响，只能顺应它。我搞了50年中医，病人特别多，东方、西方的病人都特别多，为什么会这么多呢？就是因为我们社会的节奏太快、信息太多，迫使大家都拼命地往前赶、往前冲，根本没有时间停下来看看路边的小花，也不能看看周边的小鸟。在美国，人们都用一个小本记今天早上干什么，一直到晚上，生病了就吃一大把西药，这样就违反了天人合一。刚才那位先生讲了做酒，我曾经做过酒，茅台酒就是我们家乡的，茅台酒的生产就一定要符合天人合一，一定要用当地的粮食、当地的水，还要配合当地的气候。不仅要这样，而且一定要在重阳节的时候把粮食埋下去，如果不按照时间、地点去做，做的酒就不好，这就是天人合一，只能这样讲一点。

我们的生活也是这样的，有一个规律，这个规律不能违反了。现在我们要求超越的东西太多了，往往让自己到50岁左右就有大问题了。最近两个月我有三个病人猝死了，为什么？就是因为太操劳了，每天心里面没有一点宁静。而中国的佛家、道家、儒家文化就让人回到本原的位置。现在我就请大家把自己的心声放到好的位置，谢谢！

李天纲：关于语言的平衡问题，我想肯定是要处理的。我们刚刚讲到普适性和地方性的关系问题，我们不反对用英语来做交际的语言、沟通的语言，也不反对将普通话变成国家内部交流的语言。但是我认为母语是方言，它能够正常表达人的情感，而我们讲英语的时候就难以表达完整的情感。我们要坚持自己的语言，英语只是国际语言而不是民族语言，我想大家都很清楚这一点。

Angela Xu：我想用我的儿子举例，他 11 岁英语就很流利，但是我不希望他忘记中国话。我非常有意识地跟他讲中国的文化，告诉他我们的思考应该开放，去接纳别人，知道自己到底是谁。这是我作为家长一定要提醒自己的。

再讲到语言的包容性，语言本身就是有包容性的，英语是，日语是，中国语言也是一样的。据说全球现在有 7000 多种语言，而 7000 多种语言各有它的美丽，但我觉得这和英语作为共通的媒体并不矛盾。而且，一个语言的通用性跟国家也是相关的。以前中文在国际上并不是那么流行，可现在中文已经成为继英语、西班牙语之后的又一热潮。

上海也在保留上海话，现在回上海的航班都用上海话播报，这都是非常好的，谢谢！

杨国荣：非常感谢各位的问题和回应。Fethi Mansouri 是不是还要提一些问题？

Fethi Mansouri：谢谢刚才的三位演讲人，你们的发言都非常有启发性，而且从不同的角度分析了这一话题。通过这样的讨论，我们能够形成政策方面的建议或行动方面的建议，或是形成切实可行的计划。今天我们谈到的是中国文化和中国历史，那中国文化和中国历史有没有潜力为文化多元性作出贡献呢？我觉得我们需要进一步思考如何将中国的作用清晰化，使得中国能够为多元文化、一个人类的思想作出贡献，希望大家就此表达一些观点。

问：我来自北京大学，刚才主持人说我们主要的题目是中国文化如何对世界文明作出贡献，我们做过相应的研究。

杨国荣：我更正一下，这不是我的看法，是刚才那位先生的想法。

问：刚才赖先生谈的天人合一可以作为一条，还有己所不欲、勿施于人也是被接受的。我们曾经做过的调查表明，中国的仁者爱人是可以的，公平正义是可以的，和谐世界大家也是认同的。我们对几个国家做过全国性的问卷调查，即在美国、德国、印度、日本、俄罗斯 5 个国家做过相应的实证性问卷调查，大家对这几个观点都是比较认同的。就补充到这儿。

杨国荣：非常感谢几位发言者，也非常感谢各位的参与，我们这一场的讨论就到此结束。

议题6

如何通过对话缓解紧张和冲突

主持：Helena Barroco（联合国文明联盟）

报告起草：Thanine Sok（柬埔寨）

发言：Cristina Montiel（菲律宾）、Yoo Kwonjong（韩国）、刘鸣（中国）

议题“如何通过对话缓解紧张和冲突”发言席

Helena Barroco：今天我们的议题是“如何通过对话缓解紧张和冲突”，之前我们讲了各种文明，提到了如何来预防各种紧张和冲突的情况，当然“预防”本来也是我们文明联盟的任务之一。在过去的5年里，我们开展的最大的一项工作就是“媒体”。我们建立了一个非常具体的媒体机制，即可以避免媒体冲突的沟通机制。沟通有时候会引起“紧张”，而且这个“紧张”会被放大成“冲突”。媒体由于本身所具有的能力、力量，会很快看到冲突、报道冲突，所以我们希望有一个媒体快速反应机制，在面对紧张和冲突时能给予迅速报道，即希望有一个比较中间的声音介入，能够通过 Twitter 或博客等方式把可能存在的问题通过沟通得以解决。这就是为什么对于文明联盟来说是一项比较重要的工作。未来文明联盟的工作可能就是在这个区域里展开，因此我们比较重要的一件事情就是处理紧张和冲突，特别是由文化引起的紧张和冲突。我们也知道大多数时候“冲突”不仅仅是文化方面的，还有一系列其他问题也会引起冲突。不管怎么说，地区性的解决方案都是非常重要的，所以我们邀请了三位嘉宾来演讲，然后大家可以提问，我们可以开展双向的讨论。最终，我希望能够收集到各位具体的可实施的建议。

先邀请 Cristina Montiel 女士，她来自于菲律宾。

Cristina Montiel：我是一个政治科学家。我们现在已经不再说超级大国之间的冲突，也不说敌对的两个国家或友邦之间的沟通，而是对国家内部，尤其是亚太地区、南太平洋地区民族间或不同利益团体间的冲突感兴趣，其经常表现为一个民族想控制另外一个民族，或利益团体之间有一些不平等。由于它们是不同的，加之势力大小不同，所以我们希望有一个文化的内容在里面，而且需要沟通。

在我们这个地区、国家里，需要有一个机制来解决冲突。在这种情况下，冲突一般来说有两种类型：(1) 实际的战争；(2) 政治和文化上的冲突。政治和文化上的冲突一般来说表现为对于历史的不同理解，一个国家会说以前压迫或占领过另一个国家。这个所谓的“过去”可能是一百年以前，或者是 20 世纪 40 年代的第二次世界大战之间。这样一来，对历史的不同理解和解释就会引起冲突。这样的一个历史记录也会是导火索，会引起国家和国家之间的争议。还有一个类型，即国和国之间的冲突表现为历史上的侵略及领土上的冲突。而领土上的冲突还会有两种：(1) 国家和国家对于国界问题、地基、海洋所有权及主权的争议。我觉得菲律宾和中国之间可能会因黄岩岛引发冲突或争议。(2)沟通中的文化的问题。文化在我们这个地区首先表现为信任，信任通常是个人和个人之间的信任，有冲突的双方也希望能够有个人的信任。另外本地区的冲突实际上更多是间接的、理论上的、思维上的争议，而不是实际上有什么冲突。

Helena Barroco：接下来邀请 Yoo Kwonjong 教授。

Yoo Kwonjong：我来自韩国，是一个哲学家，主要研究的是“共存的道德基础”，即一个地区，不管是国家还是整个亚洲地区的范围内的共存。这一共可以分成几个部分：

1. 全球化时代的民族主义倾向

在过去的 100 年里，我们有大量的技术在发展，运输、媒体以及沟通也有了很大发展，已经大大地改变了人类的生活方式。这样一个变化让我们很明确地理解到：我们之间形成了前所未有的互相依赖，而这种互相依赖正变得越来越深、越来越多。而且“互相依赖”会让整个人类的生活发生变化，也让国家和国家之间的界限超过了传统“国界”。在这样的情况下，我们从国家的角度思考一个行为应该转换为全球化的东西，不再局限于自己的国家里，因为其他人的贫困也可能成为我们的问题，比如原来有的市场现在没有了，因此我们需要去考虑如何能够解决我们之间的相互不信任、仇恨、偏见等等问题。我们刚才提到的这些问题只有通过全球性的合作才能够解决。在这种情况下，民族主义应该是很多国际问题、全球问题产生的推动剂，因为它会带来各个文化之间的误解及冲突。同时，民族主义是在自己的文化及宗教基础上发展起来的，有可能造成盲目的爱国主义倾向，有可能影响我们的国际文化、交流等一些活动。同时，我们需要遵守一个原则，即尊重自己的文化并且坚持自己的文化，还要能够包容其他文化。“民族主义”在发展过程中会影响各个国家相互沟通的因素。如果我们不能在亚洲邻国之间、东亚邻国之间进行良好沟通，又如何能在全球做到这一点呢？在亚洲、西亚以及日本都曾经出现过帝国主义，而且出现过殖民主义的历史。各个不同的国家也存在着相互之间的隔绝。所以我们现在必须合作，要接受历史的教训为我们的共存作出贡献。现在可以看到，各个国家在经济、文化还有军事方面都存在合作。如中日韩三国自由贸易区，以及东盟的“10＋3”，这些都是一些非常重要的合作。从文化的角度来看，我们也希望能够解决相互之间的误会、误解以及冲突。同时，我们需要在亚洲地区建立一个更加广泛的群体，这可能比较理想化，但我们需要从现在开始进行合作，起码应该去避免由于误解而造成的一些负面影响。从现实来说，我们如何能够做到“共存共荣”呢？当然，如果现在就建立一个整个亚洲的共同体，这是比较理想主义的。但是，我们可以建立一个共同的精神，即建立整个社区之间相互共存及合作的一种气氛。大家能在整个共同体之中感觉比较舒服，能够获得发展的空间，同时在经济、文化及各个方面获得更多合作的机会。只有这样，我们才能够解决民族主义带来的一系列问题。民族主义是一种已经过时的观念，现在正处在一个全球化的阶段，除了这种方式没有其他办法可以让我们获得进一步的发展。那么我们是不是应该抛弃民族主义，或者说除了民族主义之外，我们有没有其他办法可以实现在整个国际环境中的共存呢？在谈到整个亚洲地区的“文化”和各种不同道德观共存的问题时，我们可以通过一些合作来促进相互之间的共存和共荣。现在也许没有办法建立起整个亚洲的共同体，但是可以做一些初步的工作，是否可以建立一个更加健康、合理、可行的亚洲共同体，甚至比欧洲共同体更成功呢？亚洲的共同体以及共同体精神是否可以比欧洲的更加具有可持续性呢？我们如何去建立这样一个机构呢？首先应该建立一个道德观上的共存环境，这样各种不同的文化就能获得发展，同时可以避免国家内部的绝对主义倾向。没有任何一种文化可以作为唯一的排他文化。而且在整个亚洲，我们必须能够融合统一各种不同的文化，接受各种文化不同的地方，即要能够包容其他文化，要欣赏和尊重其他文化，即使它们和我们完全不同，千万不要把自己的文化当成唯一的文化。

2. 我们的共存应该如何去发展

我们应该在尊重各种不同传统和文化的基础上进行发展。如果我们想建立一种排他的文化或道德，这是完全不可能的。即使这种文化在意识或道德观方面更强，或者在更高的水平上，它也没有办法为所有国家接受和欣赏的。每个国家都有自己的问题，因此对于各种问题的解决方案和想法肯定是不同的，如果要建立一个共同体，我们就需要能够包容各种不同的道德观和文化，比如佛教、儒教、道教，还有伊斯兰教、印度教等等。亚洲有一个亚太地区国际教育协会，它就是一个非常好的可以让我们沟通和发展的平台，对于我们建立社区精神是非常有帮助的。

Helena Barroco：非常感谢您的讲话，您讲到了我们的哲学观，也非常清楚地讲了在亚洲建立“共存共荣”的亚洲共同体的观念，还谈了对各个文化不同点的尊重。当然，您也提到了发展的可能，以及我们的菲律宾、吉隆坡计划等等。这是我们之前的一个计划，而现在它正在促进我们相互之间的合作。现在邀请我们的最后一位专家，刘鸣先生。

刘鸣：我是刘鸣，来自上海社科院国际关系研究所，在过去的 20 年里我特别关注朝鲜半岛国际关系的发展。现在，我想讲一下关于这个话题的一些观点，以及我们如何去缓解和避免在整个地区的一些冲突和紧张。我想这是一个很大的话题，并不是很容易解决的，而且对于亚洲来说也是一个核心的问题，特别是东亚。首先，在亚洲地区特别是在东亚，我们之间怎样来避免这种冲突？首先，要考虑这些冲突的根源。我们来看欧洲大陆，其经历过两次世界大战，他们从战争的教训中学到了很多，现在会把很多注意力放在各个国家的整合和经济的整合上，而不太关注主权或边境方面的问题。亚洲同样是日本帝国主义的受害者，曾经也是西方殖民主义的受害者。西方殖民主义已经离开了这个地区，却留下很多问题没有解决，比如领土问题。这样的一些问题仍然是热点问题，在中国、其他一些东盟国家及日本之间依然存在争议，所以我想问题的焦点应该是日本、韩国、中国，当然也包括东南亚各国之间的关系。但是，日本和德国却有很大的不同，日本基本上没有消除军国主义的余毒，虽然在文明上有一定的发展，但是很多人并没有意识到战争对其他国家带来的影响及伤害。这样的一些右翼军国主义势力现在渐渐占据了一些主要的政治地位，一直想要发出声音。当然，他们也想否定或是抹杀军国主义给亚洲国家带来的深远的伤害。这是一种对过去和历史的否定，也是造成中国、日本、韩国之间存在领土和关系问题的一个根源。当然，还存在其他一些问题，如亚洲的一些海域问题。坦率地讲，这个问题在 20 年之内甚至更长的时间没有解决的可能，更好的方式是我们应该对这些问题有良好的控制。就像刚才韩国教授讲的那样，在我们这个地区，各个国家的人民应该相互合作、加强沟通。

对于各个国家战争中遗留下来的历史问题，年轻人也有着非常深刻的思考。对于收复一些领土，他们有比较强的愿望，这也是一种比较强的民族主义的表现。无论是在中国、日本、韩国，还是其他一些东南亚国家，都有这样一些观点。这使得我们需要去解决一些比较顽固、难解决的问题，因为这样的一些问题会导致较强的社会压力，即来自民众的压力，领导者则必须表现出一种强硬的对外态度。无论是在民间还是在官方，我们都遇到过类似的问题，那么如何去处理这些问题就是一件很难的事情，需要花很长的时间。我们想实现“欧洲共同体”这样的状态，首先就要能够化解现在面对的一些主权和领土的问题，把注意力集中到“共存”和“共荣”之上。日本的前首相就曾经提出过“东亚共同体”的观点和提议，但是现在这个提议得不到执行，因为有来自亚洲国家和美国的反对声音，所以我想这是比较理想化的愿望。但是我们可以从现在开始推进各个不同层面的对话，去寻求对话的机会。领导者可以采取一些方法，特别是在政策上给予比较强有力的指引，这也是非常重要的，否则我们没有办法去控制现状。现在，有些情况甚至是在向“危机”的方向发展，所以我认为“对话”是一个很好的方法，可以保持现状并解决问题。这是我想讲的第一点。

第二点，我们必须携手合作去推进对于民众，特别是年轻人的教育。在一些不同层面的合作上，我们必须更加冷静、理智，而不是更加情绪化。我们需要有更多的耐性来解决问题、控制事态，不要让情绪化的问题造成真正的冲突。这对于我们的国家将是很大的威胁。

第三点，作为学者和知识分子，我们有时候需要提醒自己保持中立。我们做政治科学研究的人，想要真正实现“中立”并不是件非常容易的事情，因为我们总有自己的立场，总有自己的态度。我们需要有一个良心，有一个智慧，可以在说话时忽视媒体对事实的夸大或是对一个政治家、政客的夸大，或是年轻人激情的反应。我们的政界应该有一个互相谦让的态度，从而把紧张的态势降下来，这样才是有帮助的。

最后是经济合作。目前，如果没有经济合作，日本、中国、越南、菲律宾或韩国就没法合作。所以，除了经济合作以外，我们还应该找到其他的沟通渠道来克服我们的问题。这可能需要更长的时间，或者是需要更好的耐心。

Helena Barroco：非常感谢刘鸣先生的讲话，我觉得您主要是从“预防”的角度来看这个问题的，即如何来防止紧张态势变成冲突。现在我要邀请其他嘉宾，Cristina Montiel 有什么要回应其他专家的吗？或者有没有要问的问题？我觉得现在可以让听众来提问题，希望你们能够把你们的经验分享出来。

问：我来自菲律宾伊斯兰教及民主化联盟，想讲一下我们未来的目标，即伊斯兰社会和全球或西方的和平共处。现在在我们地区，穆斯林和天主教的少数民族会发生冲突；在泰国，佛教和穆斯林也存在这个问题。我觉得这两个有影响力的组织之间沟通得还不多，关于和平的讨论还很少，特别是在和平推动方面。我觉得首先是女性，女性应该参与到对话或谈判、调解、冲突后的沟通中，我觉得在沟通过程中，女性会是一个自然的和平使者的角色。联合国文明联盟应该做些什么，让女性参与到谈判、对话或冲突的解决中去。

还有一个就是宗教组织的角色。我觉得会有越来越多的宗教领导者参与我们的会议。如果让一个宗教信仰的领导，特别是穆斯林领导来参与，他们就可以进行一种和平理念的教育，尤其是对穆斯林成员进行教育，可以通过相应的工具，在伊斯兰的教义中找到相应的基础，用以灌输和平、沟通共存的理念，而不是战争。通过这样的方式，希望文明联盟能够在亚太地区找到相应的对策来支持这些工作。

Helena Barroco：我觉得你讲得非常好，很有现实意义。

问：我也来自于菲律宾，有两点要讲，都是来自于菲律宾的经验。我们那边一直有武装冲突，从而得到两个教训：第一，尽量有多个沟通平台，既有官方的平台（即最上面的、最上层的平台），又有中间以及底层、草根层的对话平台。这样一种对话平台更容易达成和平的机制，从而解决问题。第二，对话前的互相体谅。我们觉得参与冲突的双方都可以很明确地表达自己的意向，讲清楚我们在谈判桌上具体代表着什么，否则就会把大家都搞糊涂。这就是我们的两个教训。

Helena Barroco：非常感谢您给我们讲的这两个非常具体的教训。

问：我们看到冲突和争议的过程中有不同地区、不同类型的冲突，所以我觉得让政府参与到沟通、对话过程中很重要，因为如果政府不支持的话，对话会很难进行。如果国家也参与进来，对话可能会更加容易，大家也可以把精力放到解决方案中。刘鸣教授刚才讲了欧洲和亚洲的对比，你觉得这样一个对比是不是也能够在未来被我们借鉴，让我们可以更好地进行对话。

Cristina Montiel：我想根据自己国家的经验来讲一下。在菲律宾，要想请国家政府参与进来，而国家又是独裁机构的话，这个可能不容易做到。想做到这一点，要把不同的层面引导进来对话，还可以找一个社会机制作为催化剂。当然，这还取决于政府的首脑究竟是谁？在过去的民主建设过程中，政府经常参与和平进程的推进，但有时也会给和平进程带来负面影响。所以，比较重要的是究竟首脑是谁。

Yoo Kwonjong：我觉得就像刘教授提出来的一样，亚洲要完全解决问题是很困难的。但是我们要沟通、讨论如何建立一个机制把整个亚洲所有的社区都包括进来，而不仅仅是从社会科学的角度来看。我觉得亚洲的文化有不同的背景及不同的文化特点，可能跟欧洲比起来更困难。但是，我觉得可以让东亚社区建立一个机构，先把韩国、日本及中国组织起来。但是这一点也非常困难，不仅因为每个国家有不同的文化背景，而且韩国人或中国人都对日本以前的侵略有非常不好的历史印象。而日本本身呢，像刘教授刚才讲的，他们也要重新来解释所谓的“历史事实”。这一点存在很多困难。过去的已经过去了，未来还在展望中，我们希望有一个建设性意见来促进我们相互间的关系成长。我们应该把以前坏的记忆、历史中坏的问题放到后面去，首先沟通未来的东亚社区。

这就是我提出“共存”这样一个建议的原因，我希望将来亚洲能有这样一个社区。当然，现在还做不到，不过我们要讨论一下如何在未来更容易建立起一个大家都想要的社区。

因为过去有非常不好的历史记忆存在我们的脑海里，但是我们应该为下一代做好未来的教育，希望他们能够建立一个亚洲的社区。

Helena Barroco：你讲到了“过去”，其实历史是非常沉重的。同时，你也讲到了“能够把未来建立起来”，把“过去放到过去”。你觉得这个现实吗？

Yoo Kwonjong：我看过一本书，是一位中国学者写的，书名叫《亚洲对未来的思考》。这本书讨论了很多东西，包括中国学者和日本学者对历史的讨论，他们也感到非常愤怒，特别是对于日本历史上的侵略。但是，他们也同意要有未来，认为我们要往前看。当然，这是不容易的。要把历史的包袱留在过去，我们认为要有一个组织来协调。

问：我对于处理历史问题很有兴趣，比如中日关系。不管从历史看还是考虑未来，我觉得历史是没办法被完完全全放到一边的。我觉得中国和日本还是有相应的能力带来一个不同状态的。那我们有什么办法？到底是靠政府还是政治精英？还是一个调停员或老师，或者是其他社区和哲学家，或者是有智慧的人、艺术家和学者？究竟该由谁来负责把前面特别是一开始的几步走出来？

现在中日之间已经有很多沟通的困难，我觉得这样的紧张会越来越多，以至于学术上的交流都会下降。所以可以邀请第三方国家来进行沟通，这是不是有可能？即不仅仅他们双方自己参与，还有第三方参与。我觉得一旦事情发展到一定程度，应该有人来把各位邀请到第三方国家进行沟通。

刘鸣：我觉得这个非常有意思。作为中国学者，我觉得应该说点什么。我认为，至少在东北亚我们的社会精英、领导缺乏这样一个政治成熟度。在我们这个地区，我觉得并不缺乏对话，且有各种各样的对话已经在进行中。这些对话并不是国家内部的沟通，中日之间、中韩之间都在沟通历史及自己的领土问题。此外，中越、中菲等等也有各种各样的对话在进行。但是所有的参与方都会有自己的底线，会最大化自己国家的利益，会尽量达到自己国民的要求，这样国家和国家之间就会有一条鸿沟。而政治领导者都有任期，都是被选举出来，所以他们要了解公众的意见、公众的想法。即便是在中国，年轻人也会通过不同的渠道表达他们的意见，我们的领导经常要听他们的说法及想法，然后做决策，这就是问题。这样会导致领导没有一个长期的智慧或观点，只能采取短视、短期的做法，所以很难作出好的决策。

如果我们真的想对话，就要了解不同的事情。很多国家，如中国、日本、韩国，以及各个不同的阶层，包括政府领导、学者、名人、NGO及军方的领导，都必须负起责任。我们必须避免彼此之间的紧张和矛盾。在国家利益方面，我们应该寻找到和平解决问题的方法。如果要进行对话，对话的目的就是建立互信，这是我们的主要目标。另外一个主要目标就是：我们不是为了对话而进行对话，而要考虑到我们之间的谈判。比如：必须在谈判之前做好充分的准备，因为每一个谈判方都有想要达到的目标，所以我们必须为达成共识做好准备，而且有第一手的资料，同时实现彼此之间诚信的合作。如果不能实现这一点，就没办法实现互信，也没办法实现彼此之间的统一。对话是很好的，但是如果对话长时间没有进展的话，人们也会失去耐心。

比如在核武器方面，我们有很多的“共同声明”，也有很多的讨论，但是如果不能够达成共识，对话本身就是对时间的无谓浪费。我们应该通过对话寻找一些可行的提议，一步一步地将这些对话的成果正式化。而且必须按照政府的方式，并且是要以能够解决问题的方式来进行。

Cristina Montiel：我们有各种各样的干预方式，需要通过对话来解决一些问题，而且可能要通过上层来影响下层，同时通过下层来影响上层的决定。我们还必须通过民众的努力来实现对政治走向的一定影响。我想在“中东”、西亚的问题上，我们都应该有这样的努力。

问：我来自国防大学，有一个问题想问 Cristina Montiel 女士，即中国和菲律宾如何解决南海问题？因为我觉得通过对话解决这些问题比较难，所以在进行对话之前我们首先要清楚地了解我们的重点是什么。从我的角度来讲，这里面包含了领土的因素、主权的问题以及临海的问题等等。出于国家利益的考量，中国在这方面是没有办法作出任何让步的，我想请问一下您的观点？

Cristina Montiel：我们在这一块也有研究，我的学生也跟我有过这方面的讨论。我们还没有清楚地去了解中菲双方在南海问题上的目标，如果双方的目标是在经济方面的共同开发，我觉得可以通过一个提议来解决问题。我的提议就是，这个争端的背后可能有很多情绪的因素。首先，对于它的叫法就不一样：中国叫“南海”，菲律宾叫“西菲律宾海”。我想这个问题在很多地方都存在。比如：在不同的文化和不同的语言之下，我们对同样一个问题会有不同的叫法，但我们是共存的，必须实现一个共存的方案，正确对待一些搁置的问题，不要影响到共存和共融，而且要考虑到各个方面的影响。

中国的钓鱼岛也有类似的问题。长期来看，我们如果可以和平共存、共同发展的话，这也许不失为一个方法。但重点是我们需要有一个解决的办法，从长期来讲就是需要相互之间的和平对话，而对话就是为了找到解决问题的方案。

Helena Barroco：非常感谢您的回答，也非常感谢各位的互动。我们最好能够通过对话来获得更多的解决方案，我想我们整个地区都可以通过对话实现共存。

我们的演讲者今天做了非常好的报告。有人提出应该将女性纳入对话以及解决问题的努力中去。还有的讲要将我们民意的领袖也纳入到解决问题的范围之内，并且通过教育来解决问题。比如伊斯兰教的教义，其在教育中能否发挥作用。除此之外，还有一个建议是不光要在各个不同的相关方之间展开对话，还要将对话的各方集合在一起协调，寻找到一个解决问题的方法，以确保了解各方的利益所在及目的所在。比如：在解决问题的过程中，能否用和平的方式解决问题，让各个不同的对话能够朝着共同的方向发展。同时，不同的阶层都可以参与到他们自己阶层的对话之中，并且为找到共同的解决方案作出努力。当然还有其他建议，如如何推进对话的过程去解决争端，如何解决各个不同宗教团体之间的问题……

各位还有没有其他意见？请畅所欲言。

Cristina Montiel：我不是为自己的国家做官方发言，但如果想通过

“对话”来解决我们在临海问题上的争端的话，我想建立一个地区、亚太地区的对话应该是非常有帮助的。

Helena Barroco：所以“对话”是非常重要的，因为对话可以让我们达成一些共识。

问：我想联合国文盟联盟也该从自己的角度去推动对话。世界经济论坛更多地关注经济对于政治及双边关系的影响，这和我们文明联盟的功能是不同的。我们的功能应该是更多地去关注不同的国家，像东盟国家及自己的国家，我们应该更有针对性地来获得联合国文明联盟的帮助。

Helena Barroco：如果回答您的问题的话，我们将会更多地考虑未来可以采取一些什么样的做法？有哪些方面我们可以提供附加的价值，以及我们要去开展哪些行动？以此来促进现在世界上正在进行的一些工作。所以，这是我们应当考虑的第一点。而第二点呢，从文化及文明的角度来看，政治上的分歧和冲突从根源上讲很多时候都是由各个不同组织或群体观点的不同造成的。而解决这些问题有不同的可能性，我们可以通过安全理事会或其他一些机构来解决问题。而从我们文明联盟的角度来讲，应该试图去思考能否对这些问题产生干预作用。我们应促进人和人之间的沟通，因为我们会在不同的领域遇到冲突，包括政治问题、领土问题及临海问题等等。我想，在各个不同的方面联盟都应该发挥作用，如试图集合公众的观点去解决一些现实的社会问题。此外，还可以去澄清一些观点，解决一些偏见，这都是很重要的。

比如在巴尔干地区，我们就可以通过更广泛的历史教育来促使大家作出更多的努力。很多民间组织也可以做一些这样的工作。我们可以和家庭、教师及各个教育团体进行合作，通过教育来改变人们的观点，且在这个方面我们的联盟可以发挥重要的作用，当然也包括从文化的层面去解决问题。

我希望刚才的话回答了您的问题。

问：我想我们应该通过民间组织来促进文化联盟的一系列工作，这一点您提得很好。我们可以更多地探索民间的社团在这方面及整个地区可以做什么。

Helena Barroco：您的问题是“民间组织去解决所有各方面的问题，还是我们在这个地区的一些紧张问题?”

回答：就像您刚才所说的这样，不同的政治争端都有文化和心理方面的根源。政府很少会从心理和文化的角度去思考解决方案。而我们的很多论坛，包括文明方面的论坛，都可以去做这样的一些工作，即使是针对一些政治问题，我们都应当先去解决文化和心理层面的问题。大家都谈到了利益的问题，但什么是利益？利益如何定义？谁来定义它？实际上没有任何一个东西像利益一样是永恒的，我们可以把我们的对话进行一个解剖：大家的利益是什么？大家的利益应该如何得到更多满足？我们离获得想要的利益有多远？我们如何去避免各方利益的冲突和影响？对于所有这些，无论是政府还是学界都可以做更多的思考，因为我们是想建立一个共同体，即国际社会的共同体。所以从学者的角度来讲，应该为促进这样的环境建设作出一定的贡献，因为这样一个环境可以让我们的政治家从这个角度思考，看一看如何去解决实际的问题。

Helena Barroco：非常感谢您。也就是说，我们为了解决争端，可以去做更多的努力。我要再次感谢各位专家和我们分享观点，并且要感谢所有的听众。另外我也想对大家提出建议表示感谢，我觉得这是一个我们可以进一步探讨的话题。

谢谢大家!

议题7

青年如何为跨文化对话与和谐做贡献

主持：Abhishek Takhore（印度）

报告起草：Aljunied Khairudin Syed（新加坡）

发言：沈健（中国）、Ghadafi Kamal Pg Suhaimi（文莱）、季明（中国）

议题“青年如何为跨文化对话与和谐做贡献”发言席

Abhishek Takhore：这一组的讨论开始，下面先请各位嘉宾发言。

沈健：我是媒体工作者，在中央电视台的电影频道工作了十多年，长期致力于文化推广，自电影频道开办以来每年要向中国观众播放近400部来自不国家的电影。

我认为这个栏目是中国媒体行业从事文化多样性推广的一个实践、一个行动，也是我和我志同道合的同事们能够认同并且积极支持联合国文明联盟倡议的原因，因为联盟的宗旨和目标跟我们创办这个节目的目的及十多年来坚持的价值观是非常吻合的。我们始终相信中国是世界的舞台，世界也是中国的舞台。电影自 1895 年在法国诞生以来，在众多媒介中作为文化多样性的载体体现了最为重要的影响力。在过去的 12 年里，我们几乎走遍了全世界，把非常多样的、不同的电影介绍给中国的亿万观众。我们的收视群体主要是 30 岁左右的中国观众。同时，我们也利用这样的机会把中国的电影带到世界各地，与世界各地的电影工作者和同行分享，所以我们非常幸运能够进行这样的工作，我觉得非常有意义。

在过去 12 年里，我们制作了上千个专题节目，均是以世界电影为主题的。以电影为纽带，我们向中国社会及大众展示了世界各国电影人的艺术成就、他们对于文化和文明的理解，以及他们对文化多样性的诉求。中国有一句至理名言，“各美其美，美人之美，每美与共，天下大同”。强大靠实力，伟大靠胸怀，中国在实现伟大复兴的进程中，如何来发扬中国民族文化有容乃大的传统呢？我认为培养当代青年包容和多元的文化观念是非常重要的。所以，我们创办这样的节目也是期望能够起到教育和启示的作用。因此，我们的节目不是一般意义上的娱乐节目，它能够对青年起到教育作用，是以他们最为喜闻乐见的娱乐电影方式来进行的一种文化多样性的推广。

我非常幸运有机会见证和参与联合国文明联盟的发展历程。早在 2006 年 11 月，我应联合国文明联盟大使潘光教授的邀请参加了在伊斯坦布尔举行的文明联盟报告的讨论。伊斯坦布尔之后，我又参加了在马德里、里约热内卢、多哈及 2012 年的伙伴论坛，有机会与联合国文明联盟同来自世界各国的朋友进行面对面的交流。应该说，我是在参与文明联盟的过程中不断受到启发和鼓励的。在跨越五大洲的电影旅程中，我们访问了近 70 个国家和地区，共积累了数十万分钟的影像。可以很骄傲地说，我们给中国观众勾勒出了世界电影文化多样性图景，呈现了非常多元化的世界文明的风貌。

我们在节目里经常向观众介绍他们平时非常不了解，特别是在电影院看不到的电影。我可以举两个例子，比如 2011 年访问埃塞俄比亚时，我们在那里采访问了好几位非常年轻的电影工作者。他们以非常低廉的成本和非常简陋的设备从事电影创作，可让我们非常吃惊的是，埃塞俄比亚的观众却对这些国产电影表现出非常大的热情和支持。他们甚至以高于好莱坞电影数倍的票价来观看他们自己导演的电影。他们说，我们就喜欢看用我们自己的语言拍的自己文化和传统的电影，因为它们跟我们最贴近，导演也是以这样的方式最近距离地接触到观众内心的。所以，我们确实从这些埃塞俄比亚电影人的身上感觉到难以置信的文化，他们把民族文化的尊严表现在他们的电影里，我们又把这样的节目呈现给中国的观众。这样的节目播出以后，在中国年轻的电影人及我们的观众中引起了强烈反响。

还有一个例子是在非洲的津巴布韦，津巴布韦的电影处于萌芽状态，但是得到当地政府和民众的热情支持。他们用自己的电影表现了这个国家从殖民地走向自由的发展历程。我们的节目播出以后，观众就了解了津巴布韦的文化，也非常深切地感受到非洲确实是一块文化沃土、艺术宝库。由此，我们有了这样的心得——任何文化只有走自己的路才能赢得尊敬。我想这也正是中国的文化能够发展千里，世界文化能够多元共存至今的一条光明大道。

所以，我们一方面关注这些国家的电影产业，推荐那些非常有人文底蕴的电影佳作；另一方面也深入到这些国家的现实生活中去亲身体验当地独具特色的民族文化，尊重每一个国家的文化价值观，以一种平等、自信和开放的文化立场走向世界，把世界文化的多样性呈现给中国的观众。这样一种追求使得我们这个节目在中央电视台各个频道的电视栏目中独树一帜，2004 年国家广电总局授予我们中国电视百佳栏目称号，我本人也荣获中国制片百佳称号。

电影即将迎来诞生 120 周年纪念日，中国电影也将迎来 110 年周年纪念日。在这个重要的时刻，如何来纪念电影这个人类最伟大的发明呢？我们期待着与联合国文明联盟一道将文明联盟的宗旨和文化多样性通过电影传递给世界各国的普通民众。同时，我们也希望通过中国的电影将中国人民的美好情谊传达给世界各地不同种族、不同肤色的兄弟姐妹。

我十分荣幸能作为联合国文明联盟的合作伙伴，肩负着责任和义务，继续为中国与世界文化的交流作出不懈的努力。

Abhishek Takhore：非常感谢您作出的努力，我们的第二位嘉宾是 Ghadafi Kamal Pg Suhaimi 先生。

Ghadafi Kamal Pg Suhaimi：非常感谢您，我的名字叫 Ghadafi Kamal Pg Suhaimi，大家对于文化多样性的交流是非常有趣的。我们有很多项目，并通过这些项目实现各个国家间的合作。我们和中国、韩国、日本都有一些项目。刚才的嘉宾说，通过电影把中国的文化推广到世界各地去。我自己也是个音乐人，也把喜欢的音乐推广到了自己的国家。我自己的公司也做这方面的业务，把很多西方的音乐和我们自己的一些音乐融合起来，比如把西方国家的音乐和我们自己的音乐做到一张专辑里，这非常有趣。我们看到西方文化是可以融合到我们自己的文化中去的，这点也是非常重要的。

我也希望未来我们能够做更多的项目。我开始认识到我们的文化很好，但是别人的文化也有一些值得学习的地方，这样我们的生活才会更美好。所以我从过去的经验中学到了很多，也非常高兴联盟给了我这个发言机会。虽然我的讲话可能有些跳跃性，但同样分享的是对文化多样性的理解，在多样化的进程中，我们有必要更好地了解彼此。同时，我们也需要去保留自己的文化背景，保护本国的文化。

Abhishek Takhore：待会儿我会向您提问，到时希望您能够更好地谈一谈这个话题。我们还有另外一个发言者，有请。

季明：我来自新华社上海分社，新闻强调短而美，我会做一个比较短的发言，发言的题目是“破除偏见为构建全球传播新秩序而努力”。

2400 多年前，古希腊历史学家修昔底德在其史诗著作《伯罗奔尼撒战争史》中记录了一段强者与弱者的对话：强大的雅典在弱小城邦美洛斯求情时说：“强者可以为所欲为，弱者只能逆来顺受。”

这番话道出了过去百年间国际传播格局的实质——凭借在国际话语体

系中的垄断地位，西方媒体一直掌握着国际舆论的主导权。也就是说，一个发展中国家在国际上是什么形象，绝大部分是由西方媒体塑造的，我们所知道的只是西方媒体想让我们知道的。

这就带来一个很严重的问题。10年前，我在瑞典留学时曾非常疑惑，为什么电视里关于中国的新闻不是煤矿事故就是连环车祸？不是腐败贪官就是环境污染？当时我还以为这是因为中国还不够重要，外界主要还是以猎奇的目光来看待中国的。

但是在十年后的今天，在我们成为世界第二大经济体并成功举办了北京奥运会和上海世博会，而且中国制造已经与全世界如此息息相关的今天，情况似乎仍没有得到改善。有学者曾对一份西方主流大报近年来的数千篇涉华报道进行过分析，发现其中负面报道占55%，中性报道占44%，正面报道只占1%。甚至是对于得到国际社会一致赞誉的北京奥运会，多数西方媒体的报道也是负面的，甚至非常负面。这样的结果让大多数中国人非常郁闷。中国社会在过去30多年间发生了翻天覆地的变化，难道可以这样被无视和忽略？这也让我这样的中国媒体从业人员感到很无奈，为什么一直强调报道公正性和平衡性的西方媒体在报道中国事务时会出现如此一边倒戈的价值倾向？对于这样的烦恼和无助，相信今天在座的许多来自于发展中国家的朋友们都感同身受。

媒体在跨文化交流中扮演着至关重要的角色。今天我在此呼吁，要推动文明对话，全世界的媒体从业人员尤其是青年媒体人，应当率先抛开偏见，以更开放的心态和更宽容的胸怀来看待这个多样化的世界，尊重他国的文明成果和道路选择，不要站在一个先进文明拥有者或“终极制造创造者”的高度来俯视他国文明，应共同携手构建全球传播的新秩序。

我的同事在从非洲驻外回国后写了一本畅销书《非洲》，我也是通过阅读这本书才破解了许多对那块黑色大陆的错误看法的。他告诉我，写这书的初衷在于他很小时候听过一个笑话说非洲人不吃巧克力，因为怕咬到自己的手指，结果他到了非洲后才发现这个带有种族色彩的笑话是多么的愚蠢和荒谬。

我想，如果每个驻外的年轻记者都能在自己任内为本国人破解一个关于他国的不太善意的笑话，也可以说是为推动文明对话作出了一份小小的贡献。

跨越地域界限的新媒体发展让我们看到了更多的可能性。奥运会期间，世界著名学术期刊《自然》杂志在其网站上发文《为什么奥运会上的卓越表现引发怀疑》，质疑以打破世界纪录成绩夺得女子 400 米混合泳金牌的中国选手叶诗文的清白，认为即使当时的药检结果清白，也不能完全排除服用兴奋剂的可能。后来这篇带有明显歧视眼光的文章在互联网上迎来抗议反对的浪潮，《自然》杂志最终公开向叶诗文道歉。

构建一个更加公正合理的全球传播新秩序，需要我们年轻人更持之以恒的努力。在人类历史的长河中，提出“弱肉强食”理论的雅典并没有实现“强者恒强”。在与古希腊文化同样璀璨的中国文化里，“物极必反”、“否极泰来”则被认为是万事万物的自然法则，反映了唯物辩证法朴素的真理。事物的发展取决于内因与外因的变化，强与弱总是相对而言的。只有抛弃偏见，改变“零和思维”，大家才能看到一个更加真实的世界。让我们全世界的青年人为此而共同努力！谢谢大家！

Abhishek Takhore：您刚才提到西方媒体有很多偏见，这其实也是之前我们提到的世界不平衡的一些表现。我们有请下一位嘉宾。

某嘉宾：非常感谢给我这样的机会在这里展示 BMW 的项目，这是由中国宝马 6 年前推出的，旨在推动非物质的中国文化遗产的保护的保护。我想以这个项目为背景简单介绍一下为什么作为一家汽车制造商的宝马也会希望推出在中国的文化保护项目。BMW 公司有很多社会活动，包括文化的推进、教育、环境的保护以及社会的关怀。这样的活动是我们第五个支柱，就是文化的保护。而且这样的保护和我们的品牌价值是吻合的，我们在中国的品牌价值观是整个活动中的一个部分。这就是我们希望能够有文化保护项目的原因。

我们想向中国社会展示我们的价值观，还有一些比较详细的内容，比如说在创新和激情方面。2012 年的伦敦奥林匹克运动会，BMW 也是合作伙伴，也有活动体现这样的价值理念。我们另外还有一个文化支持的小项目，今天我来谈一下这个项目的情况。

在6年期间，我们开始和一些非物质文化遗产保护中心进行合作，它是文化部下的一个部门。BMW在中国已经访问了150个无形的文化遗产地区，希望能够保护那些文化遗产，并把它们继承下去。我们不光关心文化遗产本身，而且对那些把文化遗产代代相传下去的人也给予关心。我们每年有不同的主题，每个主题聚焦于不同的文化项目。比如，2000年我们有丝绸之路这样的主题，2008年我们有大运河的主题。四川地震之后，我们开始关注四川的羌族，这也是地震灾区的少数民族。2010年则从上海开始，到福建，又在广东结束。这些地区的文化跟台湾地区的文化比较类似，所以我们也开始更多地关注台湾方面。2011年中国中部的文化主题活动则包括广西和河南省。

2012年则是一个崭新的主题，我们不光走一条路线，而是有4条路线同时进行。我们聚焦于中国的一些传统节假日，访问了中国的传统活动，东方有龙舟节，南方有少数民族的节日，北方也有自己传统的节日……

为什么我们需要保护这样的无形文化遗产呢？因为我们认为这些无形的文化遗产和文化之间有非常强的联系，而且可以和一些有形的文化非常紧密地联合起来，比如食物等，所以我们希望保护这些文化遗产。从这些项目中，我们学习到了非常多的东西，也学到了中国人的精神。特别是从历史传统中，我们学到了中国人的精神。这个文化也可以和现代人有效连接起来，让我们从历史中学习到更多东西，并且与现实结合起来。

Abhishek Takhore：这是一个非常深刻的活动，也是一个文化合作的例子。我想请刚才的第一位演讲嘉宾，也是一位媒体工作者来谈谈如何利用媒体来反映年轻人的心声？

沈健：因为电影本身就是一个技术革命的产物，所以没有技术革命就没有电影的发明。应该说，这么多年来一直是技术在推动整个电影产业的发展，包括近几年来出现的3D电影以及可能出现的三维电影等等。电影技术一直在推动其发展，并在为今天电影的多元化呈现，特别是让更广泛的受众去欣赏而提供了新的可能，如互联网、手机、移动终端，均使得人们在电影院之外有了更多机会能够看到不同的电影。这就使得电影能将一些很重要的思想传递给草根阶级。

我刚才提到去了 70 多个国家，发现当地的民众十分热爱那些大明星，这些人的影响力有时候甚至超过当地的政治领袖，可见电影魅力和影响力之大，所以说电影是非常重要的大众媒介。现在，这个技术的发展使得电影作为文化载体所承载的文化，能够以更为有效的途径去传播。所以我刚刚提到我们正在准备一系列的节目和活动来纪念电影诞生 120 周年，以带给大家更多的想象力，同时希望能够影响年轻人。我认为这是一个最适合年轻人投身并从事的非常有价值的事业。

Abhishek Takhore：沈健先生刚才说了一些电影的作用，但并不是所有的电影都有很多资源或预算去宣传，那怎样来使用媒体？怎样确保基层的声音能够被别人听到？

季明：我做媒体十年，一直负责中国新闻的对外报道，负责向世界传播新闻，却一直有这样的困惑：从技术进步的角度讲，世界的距离应该越来越近了，因为大家可以了解到世界各个角落发生的情况。但是为什么我们对于世界的观感，对于一些国家的印象，在过去十年中的改变并不是那么大？这又回到我刚才讲的主题，看来还是需要大家打破一些传统的偏见。

在过去十年中，无论是发展中国家的人认识世界，还是发达国家看待发展中国家，大家都有了更加便利的方式方法。而且，随着各个国家英语教育的普及，对大家来讲，认识其他国家的障碍，尤其是语言方面的障碍比以前小了很多，但是为什么进步不大呢？我觉得是传统思维在作祟。比如中日之间关系紧张，在很大程度是因为日本在心理上很难接受中国超越自己而成为世界第二大经济体这一事实。其实，全世界都是这样的，传统上以东半球和西半球为习惯的地图，现在需要做一个改变了。

从这个角度讲，我们媒体要做的就是怎样更加平衡、全面地来报道。从新华社的稿子来讲，西方媒体采用得并不是太好，他们只喜欢报道我们的矿难、海难这些消息，却不关注我们日常中发生的一些真正有意思的东西。相反的是，这样的报道在非洲一些国家的媒体中却采用得非常好，因为他们希望了解中国，了解中国在过去 30 年获得快速发展的原因。同样，中国在看待发展中国家的一些社会趣闻、经济进步时，相对来讲也比较平和。所以，如果你不改变心态，即使技术再革新，也很难打破我们文明对话的障碍。

Abhishek Takhore：所以说，改变人的思想是最重要的，对于年轻的媒体人来讲，他们应该进行公正平衡的报道，这是他们的责任。同时，每个人也应该采取新的思维方式去表达他们的声音，Ghadafi Kamal Pg Suhaimi 您在这方面是怎么做的？你觉得应该怎样让年轻人去改变传统的思维模式？

Ghadafi Kamal Pg Suhaimi：我觉得要改变人们的思维方式并不是件简单的事，这需要时间，甚至在某种程度上需要彻底改变自我，这样才能完全改变自己的思维方式。我们是一个非常小的国家，有着非常悠久的文化传统，哲学思想也是非常独特的，已经有几千年的历史了，所以对我们来讲要改变这种思维方式是非常困难的。我不断地告诉自己，如果你彻底理解就不困难，所以我能做的事就是让年轻人了解全世界在发生什么。我研究了一些历史，又设想了我们每天怎样生活才能跟外界更好地联系起来，还写了一些文章发表在媒体上。

还有一点是关于音乐的，我一些朋友的工作就是利用电影这样的媒体去做这样的工作，因为今天媒体正发挥着越来越重要的作用。为什么我们要用音乐呢？因为音乐是一种语言，是每个人都能理解的语言，也是年轻人感兴趣的一个领域。所以，凡是要跟年轻人打交道，任何的组织只要用音乐就能够让你的工作变得更加容易。这也是我们的经验，即在了解了年轻人的真实需求之后，我们的工作将变得更加便捷。

所以，我们要传播的这种文化一定是我们本国文化能够接受的一些内容。我在学校的时候也曾经是青年领袖，当时要领导 3000 多名来自不同背景的年轻学生，这是非常困难的。我做的事情就是理解他们的想法，这很重要。我非常幸运，来自一个领导年轻人的家庭，我的长辈在过去 40 年中一直在从事这样的工作，所以我从小深受影响。作为年轻人的领导，我总是想方设法去宣传跨国文化的多样性。我非常幸运现在能够从事这个领域的工作，所以能更容易跟相关的人们交流，告诉他们今天的年轻人到底在想什么。

Abhishek Takhore：现在我简单总结一下刚才几位朋友谈到的内容。媒体是一个非常重要的领域，可通过媒体电影的方式教育年轻人，媒体人也扮演了这种桥梁的角色。现在欢迎大家提问。

问：我的问题主要针对新闻媒体，请问季明先生，你谈到近年来西方媒体在涉华报道方面绝大部分都是负面报道，作为新闻从业人员，您认为什么样的新闻最具有新闻价值？另一个问题涉及报道的全面性、公止性和社会责任。您认为西方主流媒体应该向我们的《人民日报》和《环球时报》的哪些方面学习？中国的媒体从业人员在新闻报道的全面性、客观性及社会责任方面又应该向西方主流媒体学习什么？最后一个问题，您如何看待《环球时报》的报道？谢谢。

问：首先我想对季明的讲话做一个评论，他代表发展中国家谈了公正报道的问题。对于媒体来说，报道事情的公正性应该是普遍的问题。我们可提高人们接收信息的能力，提高他们的意识，这样他们就能够互相理解、互相学习，这也是一件非常有价值的事情，可具体做法是什么呢？通过什么方法可在公正性方面做得更好？

季明：我觉得这里其实有两个方面的问题：第一个是怎样报道会更有人情味？这也是我们正在学习的方面。前段时间，新闻联播没有把国家领导人的活动放在头条，第一条就是辽宁歼 15 上一个沈阳籍同志去世的消息，第二天就是网上对歼 15 的评论。

前不久，我参加了十八大的报道，写的两篇文章后来创了历次党代会的采用记录。其中一篇被 500 家国内报纸采用，另外一篇被 480 多家报纸采用。我觉得被采用不在于传统的宣传问题，而在于从老百姓的角度理解十八大，受到了很多人欢迎。我觉得报道一定要有人情味。

第二个是严谨的态度，我觉得这非常必要。举个很简单的例子，在前两天的采访中，国内媒体和境外媒体的对比非常明显。在采访的过程中，背景在放鞭炮，国内媒体急着要走，因为采访对象说话还是基本能听清楚的，就这样录完了。境外媒体则始终坚持着，等到鞭炮放完之后再采访。国内媒体觉得没有关系，但是播出之后效果确实是不一样的。此外，可能有驻外记者经历的人都会有这样的感受，会对所驻国产生一份感情。记者发去的报道都是由后方编辑处理的，但是在编辑处理过程中他们会加入自己很多主观的东西，会把想要的话保留，而把记者写的一些情绪化的话去掉，这就是产生很多偏见的原因。我在上海跟很多驻外记者有过交流，他们都认为实际上能够留下来的不到他们当时的10%。

Abhishek Takhore：我们是不是还有其他的问题？我们再来问一个问题，然后进行最后一轮的讨论。

问：对于媒体来讲，我想问的是，我们如何参与媒体的内容制作？有个怎样的过程？怎么能够在这样的过程中促进跨文化的对话，能够更好地理解跨文化的多样性？我们可以想出一些比较实用的解决方案，这些方案能够促进文化的多样性沟通和文化的多样性对话。

沈健：我们结合过去十多年的经验和努力及掌握的一些资源，正在准备创立一个电影节。这个电影节旨在联络全球电影工作者，以帮助电影工作者们交流。这其中不仅包括电影制作的交流，还有电影制作观念的交流，以及电影技术的交流，甚至包括发行推广电影方面的交流。现在中国非常流行微电影，微电影实际上使很多对电影有热情但又达不到专业水准的电影爱好者能够参与到小电影的制作中去。中国还有土豆、优酷这样的网站可以让电影爱好者参与媒体制作，并与大众分享制作过程。我们目前基于技术发展和文化电影的发展，以及对文化多样性的推广，正在创建一个新的平台，以期能够服务于全球的电影工作者，并且让他们的成果能够更多地与普通人进行分享。我们正在做这方面的努力。我总觉得信息革命以及技术的发展能够提供更多的可能性、更多的空间，所以我对文化多样性的未来充满信心。

Abhishek Takhore：那如何提出有效实际的方法来做这些事呢？

Ghadafi Kamal Pg Suhaimi：我也同意沈先生所说的，而且有一些自己的观点，包括两个方面：一个是公司层面，一个是个人层面。我想强调的是，作为一个机构，我们不应仅仅发号施令让别人做什么，而要听更多人的意见。我们公司的办公室在伦敦，每个共同体的成员都有自己的代表，还有秘书长等等。大家会在一起探讨我们未来的发展愿景。我们希望有这样一个社区来做这些具体的工作，不光是用电子邮件进行交流，还希望大家一起坐下来谈谈，因为我们希望听到更多不同的声音。我们共同体就是一个非常好的例子，当然了，这需要有些成本的支出，但对我们未来的发展很有益处。

Abhishek Takhore：感谢您刚才提出的一些非常有意思的观点。我们需要通过这些做法来表达年轻人的声音，比如建一些平台让年轻人表达他们的思想。还有，年轻人需要得到一些支持和帮助，他们的教育也是一个方面。这个阶段的讨论到此为止，希望未来能够有机会讨论或采纳大家的建议。谢谢各位的参与！

议题8

教育如何适应跨文化对话与和谐

主持：Greg Barton（澳大利亚）

报告起草：Alessia Lefebure（美国）

发言：Francis Markus（国际红十字会）、黄高正（中国）、吴薇（中国）

议题“教育如何适应跨文化对话与和谐”发言席

Greg Barton：我们的几位演讲嘉宾会探讨一下在教育界如何进行改变，以促进跨文化的对话与和谐，以及我们在教育界如何采取措施来达成这种对话。我们的第一位嘉宾是来自于国际红十字会的 Francis Markus。

Francis Markus：我这里有一个橘子，现在我把这个橘子放到一个已有橘子的筐子里面，你找到这个橘子的难度就会比较高。我如果把这个橘子的皮剥掉，再放到已经剥过皮的橘子筐里，那你找到的可能性就更低了，这是为什么呢？我们在逻辑方法方面要看到各种事物的不同之处，要关注自己的外部和各种事物有什么不同，包括这个橘子的皮而不是橘子本身。我们看到了这个橘子有共同之处，却没有看到区别。红十字有 187 个国家会员，很多时候我们要摒弃差别来实现和谐，要抛弃那种暴力，建立相互之间的信任。要实现这样一种转变看起来非常简单，实际上做起来却很难，我们要知道怎么去做。

今天我们探讨的主题是教育。教育不仅是教导这些小孩进行加减乘除以及文字，还要教他们其他品德，包括同情心及不歧视的态度。红十字会呼吁各国政府要注重人文和价值观的教育，且要在课程里面重视，否则我们的子孙后代就无法发挥他们的潜力。我们的小孩既要获得很多知识，要养活自己，还要为社会做贡献，更要和谐地和当地社区共处。不管我们处在什么国家，来自什么文化、经济、地位背景，都需要用一些非认知性的方法来进行教学，使孩子们在知识、身心方面得到很好的教育。孩子们需要讲故事、文科模拟、体育、娱乐等不同方式的教育，这些都是非常重要的教育元素，是我们过去几年教育的核心。年轻人是行为改变的代言人。作为一种国际机构，我们非常愿意和大家分享我们 75 项非认知性教育活动所产生的成果，我们是基于人文方面的价值来进行的教育。

为什么要讲这些基本的、基础的教育环境呢？还有这些基于社区的活动呢？因为这些方法是一个基础，我们应该把一些正规的教育中心的教学内容融入到学校的正式教育中去，同时在亚洲、南亚、非洲等地予以加强。我们认为学校应该把自己看成社会的一个小分子，在这个小社会里学生可以长大成人。举个例子来说，我们把那些移民或民工的小孩同这些城市居民的小孩送进不同的学校进行教育，这不是很好的做法。还有教师，要珍惜能为教育做贡献的机会，而不是使教育失败。家长也要纳入到教学体系中去。总之，我们要使我们的教育体系和教育机构适应跨文化交流的和谐需求。这是一个非常大的挑战，我们需要政府的倡导，还要指导年轻人使用 AFRC 发明的一些工具，再加上家庭的参与，这样才能获得很好的教育效果。这是一个挑战，但是我们所做的工作。

Greg Barton：非常感谢 Francis Markus 对我们在跨文化交流与和谐方面做了一个铺垫，接下来有请黄博士。

黄高正：我今天报告的题目是在理科教育和人文教育中进行的唯识论所取得的效果。我首先谈谈唯识论的概念，唯识来自于印度的梵语经文，指的是我们所了解的任何事物都代表我们的意识，我们看到的都是意识的反映，所有的一切都是和我们的意识有关的。这是一个简单的解释，下面我会详细地介绍。这个唯识论是 7 世纪被提出来的，那时中国的玄奘和尚到西天取经，来到印度研究唯识论长达 19 年，又将这个带回中国，然后建立了这方面的理论。这个理论进入中国文明，又传播到日本和韩国。那时，这是一个非常重要的文化沟通案例。我们来看看唯识论主要是什么？它涉及到三个生活问题：一个问题是我们的身体和精神是什么？它和外部有什么关系？第二个问题是宇宙中存在的产生、发展、消失、变化是怎样的？第三个问题是人的善恶本性是什么样的？

我们使用唯识论的客观研究方法和现实方法可以解决现代社会的很多问题，特别是在教育方面出现的问题。我们的目标就是唯识论的目标，即帮助人们回到通过教育和合适的生活方式来寻找真善美这个内在价值的道路上来。

这个研究将人的精神状态分成三部分：好的状态、恶的状态、非善非恶的状态。这个好的状态是最好的一级，即做善事的同时起善念。也就是说，一个人先修行，然后影响到其他人，再共同为和谐社会做贡献，建立和谐社会。这是我们达摩学院正在研究的话题，而且是从跨文化的角度来进行研究。张尚德是我们的老师，他将毕生的精力都用于这个理念的实行。

我们有专门的协会，也有杂志，还会定期发新闻稿。我们来看看现在教育的问题在哪里？怎么帮助解决这个问题？教育有助于和平的发展，世界之所以会发生战争，就是因为战争起于人们心中的念头，我们必须宣扬和平。但是现在的教育并没有提供这样一个保障机制，我们看到文理科的教育是失衡的，这种失衡导致人们乱用社会资源，还导致了许多社会问题。

我们来看看这种失衡：计算机、物理学和生命科学这三块是很强的，而社会科学和人文科学方面的教育却很弱。这会造成很大问题，即现在的大纲只关注物质主义，而不关注人文主义。我们要找到教学大纲脱节的地方，然后填补进去，否则这个社会会非常失衡。我们知道科学发展主要从两方面得到支持：一个是军备竞赛，一个是商业发展。结果，地球上有很多资源被耗费掉。我们现在在教育上只宣传适者生存，导致许多战争爆发，只有少数适者才能生存，所以要帮助 99％的人生存下来，那怎么来寻找解决方案呢？我们要回归教育价值的本来面目，要追求真善美，在教育中弘扬真善美，要通过善来寻找真理，在教育中强调向善求真的道路。唯识论就能帮助我们找到这条道路、这种方法，其和只追求商业利益、军备发展的方向是完全不同的。

此外，唯识论还强调要摒弃偏见，无论是文化的偏见还是种族的偏见，我们都要摒弃。在联合国宪章和普遍人权宣言里都有这个精神的体现。此外，我们找到了科学的问题，就要寻找解决方法，那怎么来验证唯识论是有用的呢？可以用两个方法：一个是通过科学实验。在第二部分我已经说过，我们将精神状态分成几块，可以通过科学实验来验证，现在的技术已经能够做到这一点。对于不同的精神状态，我们用各种波都可以测，此外我们还有电子光射成型技术以及电磁共振技术，这些都可以用来衡量人的精神状态。第二个方法就是冥想。通过冥想观察，我们能知道我们大脑的状态处于哪一块，即善、非善和恶。如果你有恶的念头的话，我们通过冥想能够将恶的想法清洗掉，让意识变纯。

我举三个例子，都是经典里面说的。第一个是古兰经，如果你做好事就是对自己做好事；第二个是印度教的经书，能战胜自己的人会得到平静；最后一个是新约，它实际和我们唯识论倡导的是一致的。

最后我来总结一下，唯识论可以让我们的教育更平衡，可将理科知识、文科知识结合到一起。总之，我们现在谈的不仅是教育，而是我们希望下一代人是什么样子的。如果我们希望这个世界更好，为未来创造更坚实的基础，就必须行动起来，将真善美融入到教育中，同时将人文教育和理科教育整合起来。唯识论就能够做到这一点，将伦理结合起来。如果我们能做到这一点，我们的发展机会将会更大。

Greg Barton：谢谢黄博士。我们需要防止过度的物质化，从而与自然科学和社会科学、人文科学脱节，所以我们要更注重道德方面的教育。接下来我们有请厦门大学的吴薇博士，她会谈一下对中国与荷兰教育方面的研究。

吴薇：这是我们和荷兰的莱顿大学博士后的合作项目，今天和大家分享一下。

我们在面对国外留学生时，发现他们刚开始时会出现跨文化的休克状态。为什么这些留学生会出现文化休克或文化震动呢？这和他们受教育的过程有很大关系。我们想从教师的角度来了解一下学生的背景。另外，中国教育部 2012 年建了 30 个教师培训中心，厦门大学也有一个，是为了帮助教师改进教学行为以及教学方法的。

我们的教育学院是中国最早一批从事高等教育研究的机构之一，同时也是第一批拿到博士和硕士授予权的院校，1988 年就成为国家重点学科院校之一，国际教育、跨国教育是我们的研究领域。莱顿大学有一个教育学院，还有一个世界教师的培训项目，其目标就是为国际学校培养学生。我们厦门大学和他们进行合作，就是想通过这样一个合作项目来了解两个国家教师的教学观。

我们知道不同的文化之间有很大的差异，不同的文化有不同的价值观，所以要进行一些跨文化的研究，以使一些很模糊的概念更加清晰化。我们针对研究的问题，首先想了解一下两个国家的老师怎么来看待教学的概念？哪些因素影响了他们教学的观点？

在研究过程中，我们发现教师的教育观受到了微观、宏观、中观层面的影响，包括国家环境、社会文化和价值观的影响。总体来说，我们的教学观会受到两个方面的影响：一个是个人的精神，另一个是教学环境。我们力图找出在中国教师的教学师生观里有哪些是主要因素，然后从微观、中观和宏观的层面来了解中国教师的教学观。我们与那些有跨文化教育经历的老师进行了访谈，然后把这些访谈结果进行了汇总。

根据我们的理论框架，我们首先会问，在进行教学的时候，对于来自其他国家的学生，他们会觉得哪些在教学中影响了他们的教学观。教师会从个人经验、大学教育体制和国家文化这些层面来探讨。然后我们把这些层面分解成不同的问题，并在访谈时进行问卷式提问。一个荷兰老师觉得以前的老师对自己的影响很大，且认为教学时间越长，教学效果越差，要以学生为中心来进行教学，这是他的经验。中国的老师说教学环境对自己的影响比较大，他也试图以学生为中心，但在中国这个环境中很难做到，因为中国的学生比较多。在不同的文化、不同的国家里，由于硬环境不同，我们想把一些想法付诸实践是很困难的。也有的老师说，在大学里我们过分重视研究，忽视教育了。荷兰的老师还发现中国的同行工作非常辛苦。我们把老师的说法进行了汇总，想了解一下这些不同的因子对他们的教学观影响空间有多大。

我们看到中国和荷兰的教师都非常注重个人的教学经验，还很重视学生的反馈或评价，但是荷兰和中国的教师还是有区别的。举个例子来说，荷兰的教师更注意自己的教学经历，就是他个人的成长；中国的老师则更加侧重于自己老师的教学体验。这是我们对于这个问卷基本的结论。

基本的研究结果给了我们一些启示，因为这是一个体系上的案例的研究，我们已经把这个结果展示给厦门大学和莱顿大学的国际合作处，以帮助我们的学生了解到比较多的信息。此外，我们两所大学也进行了合作，希望不仅在教学上有交流，也能对这些留学生进行进一步的跟踪，这样才能提出更好、更有针对性的建议。

Greg Barton：在中国，教师承受了非常多的社会压力，比荷兰的同行压力更大。还有没有人提出评论或建议性建议，谁先开始呢？我们在教育工作中有没有一些成功的故事来和大家分享？

黄高正：我有一条建议，如果我们把跨文化的研究或课程纳入到教育体系，纳入到我们夏天的课程中去，这样就可以帮助年轻人了解教育融合的重要性。将来，我们可以把这种概念进一步推广。

Greg Barton：不知道在座的还有没有相关的实际经验，来给我们分享一下。

问：我来自澳大利亚，澳大利亚的一些国家机构和社区已经开展了一些项目来促进年轻人之间的相互了解，而且这些教育计划都是针对少数民族的，同时在一些社区层面开展活动。很多学院都在政府的公办学院里开展活动，从效果来看这些项目是行得通的，但是我们应把这些项目进一步推广，使之成为主流。

Greg Barton：那我要问一个问题，澳大利亚是不是已经通过宗教来解决一些教育的问题。现在我们来看效果有时候是混淆的，因为这种教学过程中的教员有时并没有得到全面的培训。也许未来我们应该考虑到哲学和价值观，尤其是黄博士提到的真善美，可这些观点有时并不支持甚至会反对某种宗教，当然这只是一种观点，我不知道你在这方面怎么回应？

Francis Markus：这里有一个很重要的问题，即在这个教育体系里人们期待什么？教育竞争是非常激烈的，在东亚尤其如此。学校多是应试型的，而且大家非常偏重挑选学校。黄博士刚才的一些提议如果想被学校应用的话，我们就需要做很多宣传，要说服社会、父母、利益相关者及政府，告诉他们教育不光是考试，而是做人，这是我们应该努力的方向。

吴薇：我建议联合国文明联盟或一些机构建立一些组织来跟踪一些老师、学生，看看进来多少学生老师或者出去多少学生老师，这比较简单。我们应持续做一些调查，从头到尾地跟踪、了解这种沟通产生的影响，因为文化本身就比较抽象，即使是亚洲国家之间的文化也是不一样的。我们可以建一个有针对性的数据库。

Greg Barton：是的，我们联合国文明联盟正在做相关的数据库，以帮助大家了解有关的东西。

问：此次会议有一个演讲者谈到了教育的价值，我们确实在这方面进行了一些联合的研究，以推动学生之间的对话和文化学习。如果文明联盟提供一个载体，我们可以进一步推动这方面的沟通，那就更好了。我给大家举一个例子，此人是诺贝尔奖得主，有一个癌症研究得了诺贝尔奖，他有一个项目就是提高老师的教学技能，让他们成为更好的老师。

我们的老师可以参加联合国的项目，而且许多老师也希望参加联合国的项目，我们也想把这个项目带到中国来，这会极大地推动文化的沟通。

问：我来自文明联盟，建议在教育和宗教方面建立一个数据库，使之成为一个全球的平台，我们可以在这个平台上分享资源，大家也可以了解一些活动、组织的情况，并将现有的资源都整合到这个平台上。还有关于教育政策的问题，我们要将媒体教育纳入到大纲，不仅要教学生技能，而且要传递一些价值给他们。

同时，应该让学生在与人沟通的时候将这些价值传递出去。如果一个教育体系不能提供一些伦理价值和沟通原则的话，那就是没有可行性的，也是有待改善的。要想让学生在与人沟通的时候将伦理核心的价值传递出去，老师就要意识到在教育时要普及媒体教育，且在进教室之前要将这些价值传递给学生。

Greg Barton：关于社交媒体的建议，我们会在建数据库时予以关注。当然，这种数据库的建立会是一个集体努力的结果。

问：我觉得学校在课程设置里面可以更加多元化，学校的大纲也可以有更多元化的课程。

Alessia Lefebure：我是报告人，但是还想讲两句话，我觉得在初级教育上面我们可以有更多创新，老师可以有更多想法。高等教育由于模式、排名的原因，许多大学想在竞争中胜过其他大学，可能会更忙于做一些比较实用的东西。在过去四五年中，中国和新加坡做了许多试验，在教育中引入一些文科的教育，还做了一些试验。亚洲社会已经意识到西方在创新方面更成功，已看到西方教育中社会科学、人文科学的比重较大一点，所以现在也想改善这种跨学科的教育、多学科的教育。这对我们联盟来说也是一个机会，我们可以以这样一个名义在教育方面引入一些变化。

Greg Barton：很好，报告人提出的建议非常有借鉴意义。

问：我有一个问题想问黄博士，人文教育能给我们带来一些什么样的人文技能呢？

黄高正：我刚才不光强调人文技能和文科教育，还建议要将各个学科整合起来进行教育。人文学科是一个非常广泛的领域，我们要将文科和理科朝着向善的方向传递给学生。有了善的价值，理科教育和文科教育就能够为我们整个教育的完整性作出贡献。

Francis Markus：教育应该推动一个和平、非暴力文化的建立，推动社会的互动，推动一些面向文化的活动，让人们能够更好地了解不同的文化，从别人的、不同文化的角度来看同样的问题，从另一个性别的角度来看待问题，从而摒弃一些有偏见的观点，创造一个更和谐的社会。

问：请问，从道教和佛教的角度你有什么观点？

Francis Markus：红十字会不是一个宗教，我们在宗教方面是独立的。我们有一个很重要的机构是关于亚洲青年行为改变的。我们还有几种不同的技术或方法，能利用不同的资源使我们的人文想法发生一些改变，从而抛弃极端的想法，不受到暴力的影响。这样的话，我们会达到一个新的境界。

Greg Barton：西方也是一样的，很多家长都希望小孩受到最好的教育，都会去私立学校，而很多私立学校都有宗教信仰。这些私立学校有很多都有很久的发展历史。现在我们面临的挑战就是要在很多公立学校把教育的质量提上去，以期和私立的能够相提并论。可这在全球的框架及教育体系里要做到会有很多困难，有没有什么建议？

黄高正：我觉得每个国家都有不同的传统，如果一个国家要改变其教育体系，对政府来说面临的挑战是非常大的，根本无法一蹴而就。所以，我们要先推广这种价值观的教育，就是善与恶的教育，就像联合国宪章和联合国宣言里阐述的那样，我们要强调价值观的重要性。

Greg Barton：在这方面我们联合国的一些机构也可以帮助其他国家，以提高对价值观的认识。吴博士，基于你对中国和欧洲教育的比较研究，你觉得中国和欧洲的共同之处在哪里？

吴薇：我在欧洲生活了 11 年，欧洲非常多元化，德国和英国就不一样。但是对欧洲和亚洲的教育进行比较后，我们会发现亚洲的家长总是希望学生受到更好的教育，为了将来更好地就业。这和社会体系有很大的关系，因为在亚洲如果没有受到良好的教育，你就很难找到好的工作。但是在西方国家，尤其是在欧洲，它的社会福利系统很好，所以他们不太关注受到良好教育的问题。英国有很多青少年不去上学，怀孕之后就可以得到补贴。他们不想工作，在家里面就可以得到一些补贴，政府还会对他们的住房给予一些补贴。

Greg Barton：可是，现在欧洲正在觉醒，新一代的小孩应该会受到一定的影响，会发生转变。吴博士，你从中荷两国教师的教学经验来看，他们有哪些共同点？

吴薇：我们谈到教育，总是认为教育就是要看书。从我们的经验来看，欧洲和亚洲人都会觉得中国的老师更加注重于教师本身。可从研究的结果来看，我们发现中国的教师其实更加注重于学生，比荷兰的老师有过之而无不及。

另外，我觉得我们已经达成了一个一致的观点，即我们的教师在教学实践的过程中要做到以学生为本是难以付诸实践的。这就给我们的教育组织机构和教育项目都提出了一些启示。在不同的国家、不同的机构、不同的文化里面，我们如何来考虑学生的个性。这可能是我们面临的共同的问题。

Alessia Lefebure：我们文明联盟有很多计划是鼓励留学的，包括夏季的培训等。如果我们要实施一些亚太地区教师项目的话，你觉得在亚太地区培养教师采用什么样的方法是最好的？

吴薇：我个人觉得最有效的办法是把这些教师送到不同的文化里面浸泡，去接触不同文化的学生。现在政府也在这么做，中国留学金委员会也在促使这些老师和学生去体验。我觉得如果没有这样的机会或资金上的支持的话，我们可以组织一些研讨会，邀请一些在跨文化、跨宗教沟通或交流方面有经验的人来交流，使国内的老师意识到实现这种国际化交流的必要性。

问：我是复旦大学的硕士生，在日本和中国都学习过，强烈地感受到当前中国教育体系下最大的问题就是政府来管理学校。在西方，这些学校是为学生服务的，但是在中国目前还没有做到这一点。第二点，我觉得中国的教育和就业市场没有太大的联系。我们很多人有各种本科的文凭，可毕业之后仍旧不能胜任工作。我们青少年刚开始都是雄心勃勃的，但是很快就梦想破灭。

之前演讲的嘉宾提到了价值观的教育，我觉得非常重要，这也是我们当前所做的工作。但是我们如何把这个基于价值观的教育和就业市场结合起来，使得我们的教育更加实用呢？这是一个问题，也是我向三位嘉宾提的问题。

吴薇：我明白您的经历和感受。我个人的想法是，我们应在有了一个跨文化的经历之后，再把A和B放在同一个比较基准上进行比较。我们若把中国的高等教育和美国的高等教育进行比较，要先考虑一下两国发展的程度和水平。我们若把中国的A和美国的B进行比较，我觉得现在是无法比较的。我们应把中国的A和美国30年以前的A进行比较，这样才具有可比性。

另外，我们在进行跨文化比较时，要看每个人的个人经验和成长经历，因为每个人的经历都是不一样的。和10年、30年前相比，中国的管理更加开放、更加灵活，也想聆听不同的声音来进行改变。我们要从不同的角度来看硬币的正反两面，这是我的观点。

Greg Barton：我们觉得中国的变化非常快，在这10年里中国的教育体系变化非常大。

Francis Markus：我觉得现在的教育体系越来越符合市场的需求了，但是我们如何来实现一种平衡呢？我们要考虑更多的道德伦理方面的教育，这是答案之一。另外，很多时候教育绕开了老师和家长，我们应和不同的机构进行合作，比如联合国文明联盟，因为联合国有着非常高的政治影响力，我们可以把这种信息传递出去。

黄高正：我觉得不仅中国有这个问题，很多亚洲国家也有这样一种趋势，即把教育进行了市场化。而且，我们没有能力去阻止这种现象，只能够强调教育的价值和重要性。我们来看北欧的一些国家，他们的教育跟我们非常不一样，比如芬兰、瑞典，他们非常注重人生的价值，首先强调怎么做人，其次才是怎样找工作。但是，这种思路或想法比较难在其他国家，尤其是亚洲国家推广开来。

Greg Barton：现在，经济存在非常多的不确定性，中国还好一点，欧洲有非常大的压力。所以，我们比较难找到一个方法使这些人成为一个有价值的人，从而为社会做更多的贡献，并且还有人文底蕴，但我们仍要为社会培养出有创造力的人，这对教育来说是非常重要的，谢谢！

地区对话总结汇报

地区对话总结汇报

主持人（杜维明）：我是联合组员之一，另外一位成员是 Melissa O'Rourke。Melissa O'Rourke 会首先让相关大会起草人做简短的介绍，然后每个人进行 15 分钟的汇报总结。我们还可以做进一步的探讨，最后我会做一个总结陈述。

Melissa O'Rourke：我叫 Melissa O'Rourke，是澳大利亚代表团的成员之一，很高兴能够来到这边跟大家探讨相关问题。我想这是一次很好的机会，让我们大会的起草人能够总结一下大家所探讨的相关内容，使我们可对未来在亚洲和南太平洋地区进行文明对话有一些展望和期许。

首先有请来自韩国的 Arnaud Leveau 教授为我们做会议总结。

Arnaud Leveau（韩国）：我来自韩国，目前专门研究东亚地区问题，也曾在日本做过研究。我们第一个研讨会的内容是“文化传统与现代生活的结合”，其实对我们来说这是比较难的话题。我们所有的与会人员都认为这是个比较宽泛的理念，因为目前关于传统文化或现代生活并没有明确的定义。我们所有的主题演讲人都认为，文化传统其实已经和我们的现代生活有机地结合起来了，可以通过艺术、文学、哲学进行很好的整合。

与会嘉宾还认为，有很多的理念如道教、儒家学说也融入到现代亚洲生活当中，传统的文化已经传承了几千年甚至更长的时间。所以，我们通过文化的方式可以进行很好的交流，东北亚地区也可以通过文化的交流来加强相互之间的理解。与此同时，我们看到，在全球范围特别是东亚地区，很多宗教领导人受到人们的尊重。我们的演讲嘉宾也介绍了现在的东南亚地区，包括马来西亚、印度尼西亚，最近已经可以很好地解决他们所遇到的种族、宗教方面的冲突。

最后，我有两点建议：第一个建议是关于宗教的，我们认为宗教既可以发挥分裂的作用，也有良好的团结作用，所以我们应该充分发挥宗教团结的作用，让宗教可以参与我们的工作和活动，包括伊斯兰教和其他的一些宗教。与此同时，一些宗教、精神领袖也一直推崇文明间的对话，我们认为通过对话很多问题都可以迎刃而解。第二点建议是，在东南亚地区，尤其是在马来西亚和印度尼西亚还会遇到一些冲突，但是他们已经通过对话很好地解决了这些问题。我们相信，无论是对于东南亚还是东北亚地区，文化的交流都能够更多地在区域冲突中发挥作用。我们也希望东南亚地区的经验能够得到传播，以便更好地解决地区的冲突问题。这就是我的会议总结，谢谢！

Melissa O'Rourke：非常感谢您的总结。我们让 Hefiz Al Asad 来介绍一下第二个话题的内容，是关于“世俗主义和宗教的复兴”的。

Hefiz Al Asad（印度尼西亚）：现在在亚太地区，宗教是非常多元化的，宗教正越来越多地发挥着自己的作用。在现代生活中，世俗主义也受到宗教复兴的挑战，我们应该更多地去了解宗教，也要相信宗教能够帮助我们更好地实现不同文明之间的对话。联合国文明联盟也认为宗教的这些理念和世俗的想法可以很好地进行融合，这两者之间并没有明显的分界线。我们希望能够更多地去挖掘宗教在市场中的作用，特别是宗教中标志性的内容。我们也相信宗教在社会治理中可以发挥很好的作用。

与此同时，我们相信，无论是宗教还是非宗教的内容都可以进行融合，也看到宗教可以帮助我们共同实现繁荣，而且共同的理念可以通过宗教的理想来发挥作用。如我们所遇到的金融危机，可以通过宗教的复兴来缓解。现在整个世界物质主义甚嚣尘上，但地球上的资源是有限的，在克服世界物质主义的过程中宗教可以发挥很好的作用，可以简化生活方式。联合国文明联盟也非常希望宗教的复兴在解决金融危机的过程中能发挥重要作用。

在地球村里，没有一种主义能够发挥主导作用，不同的地方可能有一些冲突，但是通过文化多元主义可以促进交流探讨，进行对话。联合国文明联盟应推广人权的概念，也希望在人权发展过程中宗教能够发挥应有的作用。

另外，教育也非常重要，我们应该了解世界不同地区的宗教文化，这方面我们做得非常有限。现在的教育都是非宗教性的，希望宗教的研究还可以拓展得更宽一些。我们建议，为了进一步发展教育理念，文明联盟可以建立教育网络，包括在亚太地区建立相关的培训机构，然后推广相关的宗教文化知识。非常感谢！

Melissa O'Rourke：第三个议题是“文化和文明对话作为国际关系的新兴范式”，有请代表发言。

Aran Martin（澳大利亚）：我们探讨的结果是，不是把所有的东西都整合起来，把所有的东西都作为一个标准，而是应该让每一个国家都作出应有的贡献。每一种文化都有自己的内涵，对其他人来说都是礼物，所以我们希望存在更多的尊重。

第二个变化就是如果在国际关系中遇到冲突的局势，不一定要去看这些政治文化的内容，因为世界政治有着不同的视角。大家不要忘记了，人权在不同的政治文化中的定义也不一样。我们去追溯本源可能会更好地解决这些问题，应该有更多的对话机制，求同存异，一旦认识到存在分歧时就应该积极进行对话。

第三个变化是大国的政治博弈。很多国家都希望运用自己的硬实力或软实力，尤其是强大的国家可能会把自己的准则强加于其他国家。我们的嘉宾强调，不要忘记其他地方还有其他事情正在发生，不同的利益者在全球范围内会有不同的国际关系，有一些关系可能并不是由这些大国的关系决定的，我们希望有更多的同情、更多的宽容。其实在政治框架当中，大家可能有相同的意见，也有不同的意见，但是国际关系可能还有其他的基础，不一定都要靠这种博弈。

我们这个研讨小组并没有非常明确的结论，而是持比较开放的态度，所以总体的建议就是，联合国文明联盟可以是个很好的场所，让我们去探讨共同的价值观，即使它有着各种不同的解释。国际关系应该由不同的理念来塑造，我们应该有更多的同情心、宽容心来塑造全球化时代的国际关系。

此外，我们希望未来会有更多的群体能参与其中，包括公司、非政府组织、政府、商界等，这样更能体现当今国际社会的包容性。

Melissa O'Rourke：第四个研讨会是关于“联合国体系与亚洲文化”的。

Jordi Torrent（联合国文明联盟）：我们这个研讨会内容十分丰富，与会者最后还提出了非常切实的建议，总共有 8 条。其中一条是 Gugun Gumilar 提出的，即联合国文明联盟今后可以参与东盟等区域组织的讨论。第二个建议是关于水资源的问题，水资源有着非常重要的作用，可以推动地区各个国家之间的合作。作为欧洲人，我也有一些这方面的体会，觉得水资源在欧洲也是融合的因素，欧盟就推出了一些项目（包括煤碳、水、钢铁）来推动国家之间的对话。另一个建议是关于哲学方面的，比如中国的道家思想可以推动我们更好地理解社会的各个阶层，可以作为西方二元论的替代或视角来看待当今社会的冲突。还有一个建议是通过联合国文明联盟来鼓励本地区参与联合国文明联盟的活动，并且增加联合国文明联盟在亚太地区的影响力和知名度。第五点建议涉及到青年人，我们可以在本地区建立青年会议或研讨会之类的会议。第六点建议是建立区域性教育者会议，通过这些会议来增进区域间对人权、文化的理解，以分享相关经验。教育者也可以就一些历史问题进行讨论。同时，联合国文明联盟一直非常关注推动不同文化的相互了解，与会者的相关建议和联合国文明联盟的宗旨是很匹配的。第七点建议涉及到沟通与合作，与会者建议联合国文明联盟在本地区会议上要有更多的出席率，更多地参与区域性会议。通过参与区域会议的发言，大家可为联合国文明联盟提出项目合作的具体建议，而本次在上海召开的联合国文明联盟的磋商会议就是亚太地区国家之间一次很好的沟通与对话。

Melissa O'Rourke：第五节会议的议题是“中国传统文化的精髓如何为‘多元文化、一个人类’做贡献”。

Fethi Mansouri：第一个发言人首先谈到了中医，中医在西方已经逐步被大家接受，可以成为中西方联络的桥梁，而且许多西方人在接受中医治疗之后都有了非常好的效果。他之后又谈到了中国人一直倡导的天人合一，这也可以治疗我们现代人的疾病。我们意识到中国文化传统是很重要的，有着内在的活力，有助于解决现代问题，解决现在面临的一些紧张现象。

下面的一些讨论也和中国文化有关。第一点是文化多样性和中国社会的发展。现在对中国来说，其文化多样性和其他国家没有什么不同，不同的文化最终会走到一起，现在只是互相走近，而联合国文明联盟可以在促进文化融合和协调方面作出很大贡献。中国的文化从内在来说就有很多的多样性，中国在这方面也有很多经验，中国文化在封建王朝时代就具有包容性，这些经验可以为社会提供借鉴。

在工业社会，我们面临很多挑战，需要正确认识当今文化的多样性。就中国而言，除了文化多样性以外，还有语言多样性的问题，语言多样性可以推动不同人群之间的对话，避免冲突。有些集团之间的冲突可能也有语言方面的因素。文化多样性需要公民作出努力，政府、社会也要参与其中，且要以文化多样性本身为出发点。中国的传统文化可以积极地推动文化多样性的对话，Jordi 刚才也提到中国传统文化强调“德”，即在不同人群中要有包容性，这就要求我们通过语言来推动文化多样性，还需要通过了解外语来让大家推动文化交流。外语知识可以推动国家间、文化间的对话合作，所以语言水平是文化了解的基础。经过广泛的讨论，大家提出了两点很好的建议：第一，以丰富多彩的中国文化为基础来推动在本地区和世界内文化多样性的活动，大家可以建立文化数据库来实现地区分享，或者建立战略伙伴关系，比如和孔子学院建立战略伙伴关系，在本地区推动和平、尊重团结的价值，并在世界推动这些价值的弘扬。第二，联合国文明联盟可以和孔子学院一起针对年轻人进行教育、领导力方面的培训。

Melissa O'Rourke：我们第六个会议讨论的是“如何通过对话缓解紧张和冲突”，汇报者是来自柬埔寨的 Thanine Sok。

Thanine Sok（柬埔寨）：我很高兴向大家汇报第六个议题。我们讨论时注意到民族主义的紧张局势正在日益强化，即我们有什么办法来解决这个问题呢？东南亚地区的冲突分为两个部分：一是国内冲突；二是国家间冲突。国内的冲突主要是因一个民族在文化和政治上优于另一个民族，结果造成另一个民族不满。国家间的冲突主要是政治冲突和领土冲突。政治冲突是因为大家对国家历史问题有着不同的解释，如领土问题、领海问题没有解决。

我们可积极就这些问题进行探讨，看看这些紧张局势怎么通过对话来解决，这些不仅涉及到文化的差异，而且涉及到一个民族主导另一个民族的问题。现在我们面临的问题就是民族主义在全球化的环境下不能实现沟通，只能造成误解。就此，我们提出了一些建议。有人建议应该将妇女融入到冲突的解决之中，因为妇女是天然的调解员，她们有一定的技能来协调冲突，比如伊斯兰的原则，它倡导多元论和共存。还有人建议对话要在基层到中层间推动，国家内部的对话不仅需要我们参与，也需要许多人参与进来，甚至国家的领导人也要参与到对话和协商之中。我们还需要第三方来调停国家之间的冲突，采取预防性的措施。首先是要通过对话避免冲突；其次，采取教育手段；最后，让学者积极表达他们的想法，提出解决方案。联合国文明联盟也可以参与到领海冲突的协调与沟通中。

Melissa O'Rourke：下面是“青年如何为跨文化对话与和谐做贡献”，这是第七节的议题，汇报人是来自新加坡大学的 Aljunied Khairudin Syed。

Aljunied Khairudin Syed（新加坡）：首先，我们分享了宝马所做的一些项目，意识到大型的公司也可以作为很好的文化传播者，使我们可以得到更多的资助，也能够让更多的人提升意识。在小组讨论时，我们认为应该让年轻人发出更多的声音。就联合国文明联盟而言，希望能够通过媒体——包括电影、微博以及其他多媒体方式让年轻人有更多发言的机会，让他们更多地去谈对不同文化的理解。

另外，我们应该让年轻人更多地参与到全球问题的解决与对话中去，应该给他们更多的机会。年轻人参与这些活动，可以增加他们之间的对话，让他们进行更多元化的探讨。我们还认为联合国文明联盟中应该建立青年秘书处，可以由全球不同的成员参与其中，其作用就是让世界各国的青年人进行跨文化的交流，让他们发出声音，发表他们的观点。

联盟也可以让年轻人通过不同的方式，包括电影、微博等进行互动。这样中国人就可以通过电影更多地了解日本的文化，印度尼西亚人也可以通过电影或者其他一些媒体了解其他国家的文化，所以说应该给他们更多表现自己的机会。我们也讲到了中国的文化，希望能够推出更多青年领导人的活动，这样可以通过在亚太地区的会议、企业、其他活动，以及联合国文明联盟中的资深外交官，使更多的国际组织能够参与其中。

我们有很多积极的措施可以实施，刚才特别提到宝马组织了青年活动，其实在澳大利亚也有类似的活动。我们还看到在墨尔本有这样的组织，悉尼也有这样的组织，我们可以把现有的这些组织更好地融合起来，专门让青年进行交流与对话。

Melissa O'Rourke：非常感谢您刚才精彩的总结，我觉得大家都没有忽略青年的作用，联合国文明联盟也一直在关注当代青年人的发展。

第八个研讨会的议题是“教育如何适应跨文化对话与和谐”，我们让Alessia Lefebure来汇报。

Alessia Lefebure（美国）：我们在研讨中也提到了青年在当今社会中的重要作用，我想做一个总结。在我们的和平进程中，教育起着非常重要的作用。因此，我们必须考虑到教育在跨文化交流中应发挥的重要作用。

我们小组讲了两个很重要的案例：一是红十字会的案例；二是在中国

所做的一个案例。这两个都是非常好的案例，因为他们的文化背景不一样，因而所看的视角也各不相同。如今，我们看到教育内容都是以市场为导向的，看到常规的教育可能过于强调物质主义、现实主义，因而希望有更多的非正式的教育能够推出来。比如红十字会就推出了和平方面的培训教育项目，其目的就是让年轻人获得人道主义的技能和价值观，同时教育年轻人不仅要了解这些传统的知识，成为未来的劳动力，还应该更多地了解其他一些技能。而且，这些培训应该包括多学科的内容，不仅是理论上的知识。所以，我们应该尝试一些新的教育方法，建立一些社区学校，也可以将这些经验在其他正统教育中进行推广。

第二点建议是教师鼓励学生进行讨论，通过讨论把学生和教师动员起来，改变教师的传统观念。我们也希望在正统教育之外有更多的分享，把更多的人动员起来。我们也会把一些非正式的教育内容融入到正式教育当中，这样我们的教育体系将更加完善，以真正改变周边的环境，并通过这样的改变让年轻人更具有创新意识。

杜维明：在讨论之前，我想说的是，我们之前的研讨会非常出色，我希望我们的嘉宾可以做一个简单的评论，在座嘉宾则可以进行点评与回应，然后和我们的嘉宾进行沟通。

Fethi Mansouri（澳大利亚）：我想说的是关于联合国文明联盟青年秘书处的问题。联盟当中其实已经有类似的青年活动，我们也做了不少探讨，现在考虑的是如何把它付诸实施，如可以推出哪些具体的课程、进行哪些相关的培训。据我所知，我们的日程中已经列出一些内容，但我们希望有更多的建议能够进入日程中。我觉得这次会议可以作为推动力，在未来能够提出更多的具体措施，这样才可以更好地落实目标。

杜维明：我想做两三个点评，然后再进行互动。我相信接下来我们也会有其他的提问或是评论，你们也可以向嘉宾进行提问。

我第一个印象十分深刻的是关于宗教复兴问题，这是非常重要的内容。我们可以看到，在 21 世纪，整个社会与科学发展过程都离不开宗教。我们再回顾整个人类历史，包括中国的大文化，宗教都是很重要的。我记得在 2000 年的时候，达沃斯经济论坛开始对 21 世纪宗教问题表示出兴趣，我觉得这是个非常重要的挑战，尤其是对于21世纪的领导人来说是非常重要的。任何一个领导人如果不了解宗教，或者说对宗教的力量知道很少，那么就很难治理好一个国家。

另一个让我印象特别深刻的是文化的国际化显得越来越重要了，且文化的国际化可以促进区域化和本地化的发展。因而，在国际化的进程中，我们应该更多地去考虑本地化的因素。现在，我们看到普适价值受到了挑战，有一种政治化的倾向，而且即使在发达国家，所谓的普适价值也没有真正得以实施。总之，不管怎样，我们都要构建和谐社会，欧盟其实就是很好的区域化例子，我们希望亚洲地区也能够出现这样区域化的发展局面。

我们还看到了整个国际社会的复杂性，一些政治家只看到自己的利益，希望获得最大的利益。我们希望今后国际社会能更多地关注法制、自由、尊严、权力、合理性等方面的内容，这些才是我们真正的普适价值。在讨论中，我们发现现在很多价值还是缺失的，如责任、和谐、宽容、和谐社会、文明性、公民性等等。而所有这些都是可以分享的，是亚洲、伊斯兰都可以接受。只有将更多的价值融入其中，我们才能真正地进行对话与合作。

接下来，请在座的各位尽情提问。

问：我觉得杜教授的评论非常具有启发性。就我们已经谈到的东西，我觉得我们首先要记住联合国文明联盟有很多的预期，且这个工作是由12个人来做的，不是由1000多个人来做，非常不容易。今天，来自不同国家的学者与官员聚集到这里，这本身已经体现出文明对话的价值，我要祝贺秘书处的人，感谢他们的努力。

但是我们也要看到一个问题，即大家是否知道联合国文明联盟到底要做什么事情？大家在马德里和伦敦讨论时，就出现了一些不同意见，实际上我们对此有不同的想法，而且可以在处理问题时更加有针对性。2013年2月我们还要召开另外一次会议，有人提出可以在文明联盟建立秘书处。我们在纽约有10个人，他们的工作量很大，但是大家对他们的期待越来越多，导致文明联盟的任务更重，满足期待的可能性也随之减小。我们的预算非常少，在这么小的预算中，我们举办了这么多的活动，做了这么多的工作，已经是个奇迹了。有人说在这里设个点，在那里设个点，许多区域都提出了这样的想法，而且建议从各个区域挑选工作人员去我们的秘书处工作。大家希望我们多设点是好事，但是从效率的角度来讲，这种建议我们只能以后再考量。当然，我不能说我是专家，我只是在这儿讲一下自己的想法。

大家在讨论中还提出非常重要的一点，即建立数据库以及媒体的项目。我们有很多的国家成员，每个成员都可以在联盟中体现出自己的主动性。对于你们来说，来自于哪个国家不重要，名字也不重要，只要能够贡献出一些解决区域问题的办法就够了。比如在亚洲、南太平洋地区，你们有怎样的想法？我们可以通过公民社会、国家以及各方的帮助来建立区域性的数据资源，大家则可以通过这些数据资源了解更多的东西。你们的讨论对所有人来说都是一种推动力，同时也让我们看到了新的挑战。

我们联盟第一阶段的任务已经完成了，2005 年、2006 年推出了高级别的报告，那个时候我们只有 20 个国家成员，而到 2007 年我们已经召开了 7 次会议，现在成员数量扩大到了 4000 个。虽然我们还在发展，但是这个发展趋势是非常醒目的。

大家在讨论中谈到普适价值带来了挑战，且这个普适价值不是一个杯子可以装得下的东西，而是推动相互理解的方式。我觉得这个会议非常好，可以让我们有这样一个机会进行更多的磋商。

接下来，我们还有很多愿景，如宗教可以发挥什么作用、宗教对政治有何影响等等。这些都是非常大的议题，需要国家、大学、老师都参与到这样的区域性计划的制定中。感谢各位的献计献策，非常感谢大家！

杜维明：联合国代表刚才发了言，他让我们觉得联合国文明联盟的未来一片光明。

问：青年委员会是联合国文明联盟的组成部分之一，我们应该有一些培训项目，用以培训各个国家的青年代表。之后，让他们参与管理会议，进而在和国家领导人、部长对话时有所准备。我觉得文明联盟应该为青年人参与联合国事务打开通道。

问：我简短说一下，今后我们希望能有所行动，尽可能地减少成本，以获得更多的资源。我们联盟中会有专门的人或小组来提出建议，之后由相关的人员或机构来监督这些建议的落实。还有一个建议就是南亚的代表性，比如巴基斯坦、孟加拉国这些国家存在很多问题和挑战，希望他们的代表性能更多地参与联合国文明联盟的会议中。

问：我来自菲律宾，有两个建议：第一，出席今天会议的各位有的来自政府，有的来自公民社会，我想联合国文明联盟是否会让出席今天会议的各位将意见带回去，从而获得更多的发言渠道。

还有是关于青年的问题。日本 20 年前就推出了南亚青年的项目，这个项目非常棒，是一个 45 天的项目，年轻人可以在当地的家庭里居住，了解当地人的情况。我们希望不仅有一个国家支持这样的项目，也希望东盟国家政府也支持这样的项目，因为可以让年轻人了解另一个国家的文化情况，对年轻人的未来发展是非常好的。

问：我来自澳大利亚，刚才谈到联合国文明联盟对企业的作用。企业一直是推动文化沟通、对话、合作的重要力量。对于企业来说，他们的需求在于建立全球村，这也是很好的文化沟通方式。还谈到宗教教育要和年轻人结合在一起，因为宗教一直没有真正参与到年轻人的教育中去，在今后的活动中可以更多地关注年轻人的宗教活动。

杜维明：现在中国文化有一个非常重要的意义是，一些人企业的 CEO 也积极参与到文化的重建之中。过去，一大批年轻人都失去了受高等教育的机会，这批人在 1978 年、1979 年的时候也参加了高考，现在已经成为社会的中坚力量，许多人从商。现在他们中的许多人又回到大学研究文化，我们可以看到很多大企业的老总对教育非常关注。为此，联合国设立了 10 亿美元的资金，这就是很好的渠道。

问：我想和大家分享一下我的观点，就像菲律宾那位学者刚才所讲的那样，对于缅甸来说，这也是第一次重返联盟。1997 年加入联盟时，菲律宾的代表也讲到有益的项目。我们觉得年轻人的项目让我们受益匪浅。通过这些项目，从基层到知识界，都可以开展更多的交流。每一个东盟国家都会轮流主办这样的活动，对于年轻人来说，一些具体的项目都是持续进行的，他们可以持续参与这样的交流。所以，我们有很多的价值观都可以通过对话来进行统筹，多样性也可以通过对话来进行交流。

杜维明：有请最后一位提问嘉宾。

问：希望我们整个磋商会议都能够付诸实施、采取行动，并在日程中再增加一个议程，即再加一个讨论议程。

杜维明：很多时候，联合国已经参与到世界各国文化和宗教方面的交流活动中去了。在新世纪，我们已经有了很多的沟通，安南秘书长也讲到我们要推动文化方面的对话，当然这是个比较漫长的过程。其实早在1994年，即北京妇女大会之前，在哥本哈根已经有了很多相关的话题。当时，很多宗教领袖都探讨了文化，以及宗教如何发展的问题。当年，安南意识到非政府组织的作用越来越重要，之后联合国教科文组织开始发展，联合国文明联盟也在逐步推动这方面的工作。

从长期的发展趋势来看，我们意识到这样的对话，特别是文化文明方面的对话和交流已越来越多地得到大家的共识。所以，我们觉得可以动用各方面的力量，包括国家和非国家的力量进行文化方面的连接，这是我的建议。我们也希望文化成为和平的重要推动力。现在，中国很多的大学已经开始在推动这方面的文化对话。我们看到，在美国的时代广场，中国人也租用很大的屏幕做宣传。所以，我们可以通过文化联盟的机制来进行更好的探讨。最后，说到年轻人以及教育的问题，我觉得中国应该更好地发挥联合国文明联盟成员的作用，这样做不仅是出于对话战略的考量，而且通过这种联盟的机制可以更好地推动和谐社会的建构。

非常感谢各位的聆听，再次感谢各位嘉宾以及我的联合主持人。

第四篇

地区合作

议题1

从“联盟2007年奥克兰会议”到“一个地区合作的新框架”：在亚洲和南太通过对话和多样性实现和谐

主持：Helena Barroco（联合国文明联盟）

发言：Kim Yersu（韩国）、黄俊杰（中国）、Phar Kim Beng（马来西亚）、高述群（中国）、Cesar Villanueva（菲律宾）

议题“地区合作”发言席

Kim Yersu：我非常期待下一届联合国文明联盟会议的召开，也非常高兴能够代表我所在的区域，包括中国、韩国、朝鲜和日本给大家做这个报告。我更高兴本次会议能在亚洲地区召开。可让我感到有点遗憾的是，联合国文明联盟的会议为什么那么晚才来到东北亚地区召开？这个地区也是文明古国聚集的区域，而且在过去 10 年、15 年的作用越来越重要。我觉得联盟应该关心我们这个区域。2007年奥克兰会议之后，我们这个地区已经出现很多变化，包括文明方面的一些变化。首先，我们可以看到，很多文明成果，包括和谐方面、多样性方面的对话越来越多。

与此同时，我们可以看到存在不同形式的冲突，而且不同的国家出现了不同的冲突，特别是领土方面及文化方面的争议。虽然我们在经济方面有很多合作，但毫无疑问的是，冲突仍然存在，而且在过去几年里有所升级。我们应该从不同角度来考虑冲突的根本原因，应该尽最大努力来解决冲突，更重要的是通过对话的形式来解决冲突。对话就意味着进行面对面的沟通交流，以期更好地了解我们之间的差异。而且，我们应该更多地去看彼此之间的共同点，因为共同点可以让我们更好地合作与对话。

在过去10年里，我们已不是从单一的角度来讨论文明，而是越来越多地从多元的角度来讨论文明。文明在英文中是一个单数的形式，我觉得文明应该是复数的形式。所以，我们现在探讨文明，而英文用单数写文明，可能是一个拼写上的笔误吧！

现在世界各国在全球化进程中更多地关注权力和财富的变化，关注权力的转换，对文化与文明的关注甚少。文化与文明不是暂时的或瞬间的，可能会有更长的过程。对此，大家有一些担忧，或者说担忧越来越深，因为有可能看到回潮的世纪。关于未来，我觉得要更多地将工作放在寻找和建立共同的价值基础上，让共同的价值将本地区及次区域中的国家团结起来。我们要更多地强调次区域中各国的共性，而不是将我们区分开来的差异性。我相信这样会有助于团结，有助于解决冲突。

我觉得应该对一些传统价值进行重塑，因为传统价值有比较广泛的影响，在次区域里占据重要的地位。我们可以采用本地区共同认可的价值，让它为全球所接受。比如人与自然的关系，这是一个很大的话题，我们对于人和自然的关系在文化中的见解与其他地方也是非常不同的，或者是很有特色的。当然，我不是说要回到以前对人和自然的看法，或者完全照搬过去人的看法，而是希望通过理念再造来帮助现代人解决面临的问题。其目标就是要使地球、世界变得更美好，让人类能够更舒适地在这个星球上生活，这是很重要的一点。

还有很重要的一点是人口社区和人群的关系。许多西方的思想家和东方的思想家都在考虑这个问题，并从传统批判性的角度来探讨这个问题，从古人的一些想法中寻找解决个人和团体之间关系的方法。古人的一些智慧有助于我们解决现在面临的问题，也有助于解决将来人类在这方面面临的问题。

我们可以深入探讨怎么来建立公正的社会？公正的社会应该由几块组成？建立公正的社会是全球面临的挑战，公正社会应该由哪些部分组成？我觉得在传统价值方面，不同的现代文化和文明强调的东西可以做一个嫁接。此外，还可以就生命的意义进行对话。在文明的话语体系中，生命的意义一直是西方讨论的话题，现在是将生命的意义再次进行讨论的时候。我们不仅要看物质层面，还要看精神层面，当然不是要回到宗教组织所倡导的生命意义概念上去。生命意义这个概念我觉得是非常有意义的，有助于解决人类面临的问题。我希望这类对话能够得到联合国文明联盟的关注，在对话中加大这几块议题的讨论。

黄俊杰：在过去一百年，所有的亚洲国家都经历了西方的侵略，对许多亚洲国家来说过去一百年的历史就是血泪史，对中国大陆和台湾地区来讲尤其是这样。从历史角度来看，我有几点建议：

第一，所有的亚洲国家不仅要关注国内的政治，还要关注国际环境。我指的国际环境就是法国人说的“社会环境”。在这个前提下，我们就能更好地了解、欣赏人们提出的建议。有一个美国教授提出“文化国际主义”的概念，从“文化国际主义”的视角我们能够更好地增进历史的互信。所谓历史的互信就是我们能够从内心深处去理解与我们有冲突的地方，而不是从政治角度来理解。

第二，关于中国的崛起，这是世界历史上非常重大的事件，有一些外交人士向我们的主席女士、学者们提出了一些建议。基辛格最近出版了一本书，叫《论中国》。他建议美国人在理解中国、看待中国的时候应该更温和一点。还有人建议美国应该对中国采取强硬立场，在中美冲突中应该更加强势。这两个政治家提出的建议完全不同。作为一个学者，我觉得中国在南海问题上如果通过政治手段无法解决的话，通过军事手段就更不用说了。

所以，文明之间的对话才是我们唯一的出路，但是现在的问题是我们应该采纳怎样的核心价值？即以怎样的核心价值作为平台，让不同的文明在21世纪的全球环境下进行对话。刚才Kim Yersu教授已经说到“天人合一”的概念，这对于我们解决问题很有帮助。

我还有另外的建议，即我们可以从领域的角度来看。2500年前，孔子就提出采取两种治理方法：一种是同质性治理；一种是非同质性治理，即主要关注分享利益，而不是垄断利益。分享利益对他来说是最正直的一种做法。还有第二个核心价值就是非同质的特点，即始终要记得每个人都有自己的想法，每个人都不愿意别人受苦，这是最基本的前提。谢谢！

Phar Kim Beng：我来自全球运动基金会，它是马来西亚在联合国提出来的概念。我们当时提出这个建议，是看到我们在文明方面有很多冲突，马来西亚政府希望有这样的缓和机制。

过去几年，世界经济危机的爆发使全球体系到了崩溃的边缘，所以在管理过程中我们遇到了极端主义，希望通过政策、经济、宗教来缓解争端，南中国海就是一个例子。我们还看到民族主义、国家主义有所抬头。我们希望全球运动基金会能够通过缓和的机制让更多的人坐下来进行对话。

马来西亚政府为什么要推出全球运动基金会呢？这不仅是出于全球层面的考虑，也更多地关注区域层面，希望在解决传统的国际问题时可以更多地从文明的角度来考虑，或者从中国和周边国家关系的角度来出发。我们相信马来西亚的总理不希望从冲突的角度来看和周边国家的关系。

另外，我们应该从多元文化的角度、多层面的政策角度来看国际关系。东盟国家正在逐步接受这样的理念，这也意味着我们希望推出更多的对话机制，通过更多的对话网络在区域范围内展开工作。东盟其他的国家，包括日本、韩国、中国等，其实也可以用这样的理念，以更多温和的方式来解决我们所遇到的问题与争端。

全球运动基金会和联合国文明联盟有什么样的关系呢？从理想上来说，我们GMMF基金会希望在未来能够和联合国文明联盟有更多的合作。基金会的 CEO 也作出承诺，将投入 10 万美元的基金来推进我们的项目发展。

另外，我们希望在更多领域广泛推进合作。2012 年年初，我们在吉隆坡推进了这样的项目，以促进国际关系的稳定。2013 年 4 月份前，东南亚地区国家将召开东盟会议，我们基金会也会参与其中，进一步关注地区的稳定。在与联合国文明联盟的合作中，我们也发出了自己的声明，希望在亚洲地区实现更多的繁荣。现在很多国家已经签订声明支持 GMMF 基金会，我们也相信 GMMF 基金会会在东南亚地区包括其他周边国家发挥作用，更希望能够和联合国包括其他国际组织开展更多的合作，以发挥我们在文明对话与促进地区和平进程中的作用。

我们基金会最重要的作用就是通过文明对话的实践来促进地区和平与发展。从 1976 年开始，东盟国家 90％的冲突都是通过对话解决的。我们通过对话来解决东盟国家之间的冲突，且已经取得很好的成绩。我们希望将这些理念传播到整个地区，也希望和其他国际组织进行合作，通过更温和的态度来解决问题。如果没有这样的缓和机制、解决机制，整个社会不会向正轨方向发展。之前哈佛大学的教授也讲道和平是发展的氧气，如果没有安全感就相当于人们要处于窒息的状态，我们希望通过缓和的方式来帮助大家解决问题。而且，我们希望拓展视野，从更宽泛的角度来缓和争端。

高述群：我来自孔子的故乡，来自尼山世界文明论坛，所以在发言之前首先要向大家介绍在座的陈健会长，他是我们尼山论坛的副主席，张晓安会长则是我们尼山论坛的常务理事，他们都是我的上级。在第一部分，我想重点讲三点：

第一，关于尼山论坛的宗旨与伦理。当全世界都在观察中国的发展时，我也很希望大家能更多地关注曲阜、尼山，关注尼山世界文明论坛。尼山世界文明论坛立足于孔子故乡，以聆听世界多元声音为主要宗旨的跨文明对话交流平台，“和”、“和为贵”、“和而不同”是尼山论坛的中心思想。“四海之内皆兄弟”；“己所不欲、勿施于人”；“三人行，必有我师”等是尼山论坛坚守的伦理法则。

尼山论坛的宗旨是遵循联合国宪章精神和开展不同文明对话决议精神，致力于推动跨文明的对话理解和合作，致力于在不同文明之间架设起思想交流、情感连接、心灵沟通之桥，致力于维护世界文化多样性和推动建设和谐世界。

尼山世界文明论坛具有深刻的人类忧患意识，愿唤起人类集体性的忧患意识、集体性的团结意识、集体性的智慧与力量，为拯救人类危机而一道努力。首届尼山论坛通过的人类宣言是尼山论坛当今时代主旨文化宣言和文化主张。

尼山论坛是一个开放的、不断扩大的准文明联盟系统，已初步形成一个网络性的组织系统。而且，这个系统还在不断扩大。在尼山论坛目前已经开展的各项活动中，我们均十分注重于建立拓展不同文明之间的和谐关系；注重于把对话与当地文化相结合，与当地人民相结合；注重于吸收社会各阶层广泛参与；注重于扩大对话力量，参与交流的力量。

尼山世界文明论坛每两年举办一届，届与届之间在世界各地，包括城市、乡村、工厂、学校等举办活动。目前，我们已经在巴黎和纽约举办了两场活动。杜维明先生曾说，他希望曲阜地域性的文化能够走出故乡，为融合世界多民族文化、为普适价值的建立作出独特的贡献。我们尼山论坛愿秉承这样的文化理想，希望从孔子故乡出发，主动与世界各地的文化、各地的人民生活相结合、相亲近、相友爱，能够为不同文明之间建立起一种包容、宽容、友爱的桥梁。

尼山论坛一直以来得到来自联合国及世界各界，特别是亚洲各方面的关注、支持与指导。可以说，尼山论坛的成长是全球各界各方面关心、扶持与培育的历史，在此我代表尼山论坛组委会向大家致以崇高的敬意。

第二届尼山论坛是联合国文明联盟与尼山论坛携手合作的一个起点。其间，许嘉璐主席与克里斯托弗先生举行了友好的谈话。尼山论坛组委会与文明联盟开展了丰富多彩的活动，成为第二届尼山论坛的重要篇章。特别重要的是，在纽约尼山论坛期间，克里斯托弗先生还专门到会场看望了许嘉璐主席。这次许嘉璐主席也带来了对克里斯托弗先生衷心的问候，并真诚地邀请克里斯托弗先生近期能够到北京做客，围绕合作事宜进一步进行交流。而且，尼山论坛组委会愿意为落实上海会议精神作出努力。

我发言的第二个主题是关于文明对话的动向与趋势。本次会议是在关键时期召开的一场非常重要的会议，标志着联合国文明联盟将工作重心转向了亚洲。这是 21 世纪人类文明发展的一个重要动向，展现了中国各方面向亚洲、南太平洋地区作出新的文明贡献的机会。

本世纪以来，全球范围一系列重大事件以及由此形成的发展趋势表明，21 世纪可能正在开启一个由对话取代战争、由文明建构取代政治谈判的世纪。在这样一个崭新的时代，跨文明对话将逐步成为国际关系的主流，文化与文明的关系将更加深刻、直接地影响政治、经济、军事、外交等多方面的关系。如果说 20 世纪是主要处理和建构政治、军事、外交关系的世纪，那么 21 世纪将有可能是一个对待处理和建构文化与文明关系的世纪。

最后是我的三点建议：第一，在这样的时代背景下，为迎接联合国文明在亚洲扎根，为构建亚洲和谐文明秩序，我们建议联合国文明联盟与尼山论坛等组织合作，致力于在亚洲及南太平洋地区建起一个跨国界、跨地区、跨文明的亚洲对话联盟，形成在各大文明和亚文明之间进行交流、沟通，减少误判，化解矛盾的模式与机制，构建一个地区合作的新平台。

第二，我们建议在孔子故乡或上海设立亚洲及南太跨文明对话联盟总部，形成覆盖全亚洲及南太的文明对话联盟系统。如果在尼山设立总部，尼山论坛组委会愿意承担总部的日常工作费用及有关工作；若在上海和亚洲其他地方设立总部，尼山论坛组委会申请在尼山设立亚洲跨文明对话联盟学术与联谊办事处，以肩负起我们应该承担的责任。有关在尼山开展的各项工作的费用均可由尼山组委会承担。而且，我们特别欢迎联合国文明联盟在进入亚洲的同时，能够进驻孔子故乡，在孔子故乡扎根。我们希望儒家思想与儒家圣地对联合国文明联盟在亚洲开展工作能有某些帮助，尼山论坛组委会将全力支持与配合文明联盟在孔子故乡开展的工作。

第三，在2014年5月1日，即第12个联合国世界文明对话日，尼山将举行“亚洲及南太平洋地区跨文明对话联盟”首届年会，并首先推动在全亚洲的青年人和妇女中开展文化对话和联谊活动。

Helena Barroco：您向我们介绍了尼山论坛以及尼山论坛的一些建议，内容非常丰富。您还谈到你们愿意加入到区域合作中的一些机构性的建议，我相信领导层会对您的建议非常感兴趣，我们也会将这些纳入到联盟在全球的一些举措中。下面我们请菲律宾的代表发言。

Cesar Villanueva：我代表的是国际天主教协会，想讲的主要是如何为未来的一代创造更和平、更和谐的环境。我先向大家谈几点我们取得的成绩。

在今后一百年，我们会看到越来越多样性的国际社会。在菲律宾，我们召开了会议，探讨了未来一百年多样性的趋势，以及联合国会在这方面为未来一代的人做什么贡献。我们希望在将来看到世界的和谐与发展。在马来西亚，我们和年轻人进行过一些沟通，问他们希望将来看到什么样的世界？而且，在菲律宾召开东盟会议时，在第二轮会议中我们也谈到了将来的事情。

我们在菲律宾提到的非常重要的一点是，伊斯兰联盟代表提出的对话是非常重要的途径。我们制定了框架文件，并且达成了最终的和平协议。在菲律宾，伊斯兰联盟提出建立国家的会议；在马尼拉，和平组织提出在进行对话时将妇女作为主流纳入进来。我们还就和平框架中进行的一系列方式方法进行了讨论，但大家非常关注宏观的东西，在微观方面讨论不够。

当然，我们也取得了一些成绩，但在区域方面做得还不够。我们很高兴联合国文明联盟终于来到中国召开会议。我们强调对话，那么怎么才能增进对话的质量？根据我们的经验，首先要提出话题进行讨论，并在对话之前认真地思考。如果你没有进行认真的思考、讨论，这样的对话就不够有效。现在我们面临的问题非常复杂，不仅需要双方的对话，还需要多边对话，因为有很多的利益相关者，所以我们需要有包容性，从而进行多方的交流。

关于价值方面，首先需要和平共处，即不要互相侵略；第二是发展，其他人的发展也是我们的发展，在解决领海问题上，我们可以借鉴很多发展的观点，即我们共同寻求发展；第三是和而不同，我们各个国家不一样，但是这不影响我们的和谐共存。

关于国际关系，我看到了三点：第一，我们在国际关系中有互利性、互惠性，我所做的事情不仅对我有影响，对别人也有影响，这就是互惠性；第二是平等，我们在国际关系中要倡导平等，这种平等是每个国家都应该有权享受的；第三是可持续性，这在国际关系中是非常重要的，也是我们处理国际关系的中心要点。

在解决挑战的时候，我们应鼓励政治家不要仅考虑下一次的大选，不要牺牲下一代的利益而去满足现在的利益。我们鼓励商人不要只看企业的盈利，而要更多地看到诚信、环保以及未来的可持续发展。

我们应设计出不断自动调整的系统，以适应未来的变化，特别是年轻人应该具备这样的适应能力。我们还要在亚洲及亚太地区削减小型武器的扩散，为什么呢？我们可以看到，现在一些地区还有武器扩散的现象。我们应该把武器全部放下来，真正地实现裁减，这也需要求助于各个组织。在过去的几年中，我们可以看到全球 40％的武器运输或交易都和亚洲有关，尤其是和印度、巴基斯坦以及朝鲜有关。我们应该杜绝这些现象，这样才能有更美好的未来。

再说到我们的文明，应该通过不同的项目来完成。现在有很多对话项目，还应该在这个地区有更多这样的会议召开。过去就让他过去，现在也会过去，只有展望未来才能真正地更上一层楼，而且展望未来需要更多地分享我们的共识。21 世纪也很短，在未来 20 年中我们应该更多地展望未来，展望 50 年、100 年以后的事情，且现在就要开始行动起来。现在我们恰逢其时，希望通过合作来释放我们的思想，进行高质量、思考性的对话。如果只是为了对话而对话还是会过去的，我们希望通过对话来解决问题，这才是有意义的，而且对我们来说也是一个挑战。

我建议应该更多地投资于我们的下一代，因为一二十年后下一代就要继承我们，通过对话可以让他们融入其中，而且下一代才是未来的领导人。

各位女士们、先生们，相信未来会有更多的合作机制，特别是在亚洲地区，希望我们能够携手在未来的某一天看到我们的地区有更好的文明融合和对话。

议题2

未来五年的计划和行动

主持：张小安（中国）

发言：Jean-Christophe Bas（联合国文明联盟）、Helena Barroco（联合国文明联盟）、Nanda Hmun（缅甸）、潘光（中国）

议题“未来五年”

张小安：我们来进行最后的全体大会。我们已经完成了一天半的议程，也进行了非常深入广泛的交流，就 8 个话题在 8 个分论坛当中进行了交流，还听取了他们的报告和总结。不同的代表对我们做了详细的说明，我们也听取了他们的建议。通过非常深入、广泛的研究和探讨，我们有了更好的理解、更好的相互了解，并相互交流了信息和意见，还获得了未来可以采取的措施。

这一环节的全体大会会展望未来五年，我们会有4个报告，接下来的报告会关注几个话题：首先是联合国文明联盟在东亚和南太平洋地区工作规划的建议；第二个话题是建立上海和维也纳之间的桥梁，我们如何将磋商的成果在下一次维也纳联盟全球论坛中体现出来。我们今天下午还有4位演讲嘉宾，首先有请Jean-Christophe Bas来做第一个演讲。

Jean-Christophe Bas：我们的会议对联合国文明联盟进行了全方位的探讨，取得了卓有成效的成果，无论是全体大会上，还是各个分会场都非常有成效。今天上午听取了各个小组的汇报，他们给我们提出了具体的建议，我觉得现在是时候让我们来做一个最后的总结了。

当然，陈大使和桑帕约先生最后也会在闭幕式中做总结，但这个环节可为未来做一个铺垫，看一下未来可以有哪些方案。与此同时，我们一直要牢记在心的是，这两天所取得的成绩也是基于我们前一年的工作会议汇总，我们觉得整个过程是非常独特的，这不仅是联合国文明联盟的成果，也是不同地区、不同国家探索合作的结果。而且，我们也得到了学术界及公民社会各方面的关注，希望这些成果能够为未来的发展作出贡献。

到目前为止我听了很多演讲，可要做一个全部的概括也确实很难，我们在新的问题或大的趋势方面做了一些探讨，有了很多全新的想法，我今天选择几个和大家分享。

我们看到在普适价值、共同价值之间可能有些不一致的地方，因此我们的价值观趋向也出现了一些变化。与此同时，我们也看到宗教的复兴，在这样的环境下，应该更认真地去研究这个问题，深入分析宗教在复兴的过程中会对我们的社会产生什么样的影响？我们还对其他问题进行了探讨，比如个人主义和整个社会之间的关系问题、全球面临的问题。我们也强烈建议，在文明社会中应该追求多元化的目标，也应该有区域化的机制。此外，还讲到了硬实力和软实力的问题，以及如何将这些硬实力、软实力运用到我们的地区中去。

另外，我们还倾听了中国新的发展趋势，看到现在有越来越多的大企业老总又回归到大学去学习，因为他们希望多学一些文化方面的知识，我觉得这是新的想法和新的信息。我们也讲到在区域范围内应该推出新的教育大纲，同时探讨了儒家学说。若要将所有东西都罗列出来确实非常难，但这些内容都是非常有帮助的。我们应该更深入地研究这些内容，同时看到不足之处。日本、朝鲜都缺席了此次会议，企业界人士也非常少。我们应该有更系统的机制，比如邀请更多其他的人员，包括音乐界、娱乐界的代表，还有其他一些行业的人员参与到对话中来，这样才能构建一个更新的社会。

今天上午的 8 个建议都为我们提出了新的看法，也是一些非常具体的建议。我觉得接下来我们应该更好地去研究这些建议，我们和联盟也应该有更多的合作，然后再探讨如何来实施，以及通过不同的机构来实施建议。我们也要了解现有的机制是怎样的，以及接下来该如何制定新的方案。对于我们来说，虽然现在有一个规划要做，但是接下来的工作更多地应该是付诸实施。

我最后想再提几个方案，想和在座所有的成员做深入的探讨。在过去几个月，我们也做了很多讨论，且希望在三个层面框架上进行运作。我们是一个区域性的磋商会议。在区域层面上，我们会更深入地来看待每个国家层面的方案，还要进一步在具体的国家中了解文化多样性是如何发展的？与此同时，第一个层面是国家内部文化层面；第二个层面就是区域层面，即与国家的合作；第三个层面希望能有更好的期许，例如亚洲的文化价值是否能够推向全球层面。

对于联盟来说，我们是在各个领域中活动，在教育领域、青年人领域、媒体领域等都做了一些探讨。这两天听到的新建议不仅限于我们所设定的这几个主题，已经有了更宽泛的探讨，我们原有的 4 大工作领域已经有所突破了。就像刚刚所说的，我们更多地是需要付诸实施，进而能够推向整个世界。我们还要避免冲突，希望能够提升所有人的意识，这也是这两天会议的重要主题，也希望能够从这些领域和方面出发，使最佳的实践方法得以宽泛推广。我们还可以采用其他方法，包括桑帕约先生强调的在整个联盟框架下把这些意见结合起来。现在联盟主要的委员会有 12 个成员，我们希望能够和大家进一步磋商，把它变为可以实施且是长期的行动计划。

我们虽然有非常长的任务清单，但我们会认真地去考虑这些清单，从中选取一些需要长期完成并认真考虑的问题。我相信陈大使、桑帕约也会跟进所有的这些建议，希望最后能够形成一两个具体项目，而在每一个项目中又有具体的一两个项目，然后进一步予以落实。

我们也和合作伙伴、同事积极参与到这次会议中来，我希望在接下来的工作中委员会能够再次召集会议，重新审视所有建议，然后进行筛选，最后选择有代表性的提议在下一次维也纳会议前形成一个具体的行动计划，再把所有的建议浓缩成具体的实施计划，随后在维也纳会议中把行动计划进行细化。在接下来的时间里，2013 年 11 月东盟可能会有轮值主席，我们也希望有更多东盟的国家能够参与其中，有更多的区域性组织和国家能够加入到我们的行动方案中来。所以，我们会继续筛选有代表性的内容，并真正予以实施，谢谢！

张小安：Jean-Christophe Bas 进行了非常全面的总结，总结了我们讨论的一些要点，向我们介绍了将来有可能为推动区域合作以及各国之间的合作所做的初步想法，且表示在会议结束之后会进一步落实。在各位发完言之后，我们会请大家自由发言，第二位发言人是 Helena Barroco。

Helena Barroco：谢谢 Jean-Christophe Bas 向我们展示了一个未来工作的全面图景，以及对于这些建议将会做的进一步细化工作。我想讲的则是在这个进程中我们下一步要怎么做？因为整个行动是一个过程。实际上，我们的磋商在 5 年前的奥克兰就已经开始了，我们对于将来的一些措施、执行阶段、执行的分布过程都进行了磋商。我们的下一站是维也纳，大家可以在我们的网站上查找相关的信息，从联合国文明联盟网页上可以了解到年度论坛的情况。

将来是否要将磋商的建议提交到维也纳去？我们可以就这个区域所做的一些磋商结果建立一个工作小组。在南欧和地中海地区，我们也有一个针对性的委员会。但是在维也纳我们举办的是全球论坛，它讨论的是整个全球文明、文化的互动，因此将我们的意见带过去很重要，可以将此次会议的结果在维也纳会议上分享，向他们介绍整个进程。因为每个区域的战略都会有自己的路径，且各个地区的工作路径是不同的，因此我们可以分享每个地区是如何来组织协商的？协商的结果是什么？我们也可以组织非正式的辩论将其他地方的其他意见带到这个区域中，让大家了解主要的话题是什么？我们可以把此次会议讨论的结果带到别的区域，让别的区域了解我们，也可以把其他区域讨论的东西介绍给本地区，这样对话就会有不同的视角。

在座的也可以参加发言，大家对联合国文明联盟有怎样的建议都可以踊跃发言。我们会邀请你们参加维也纳的论坛，大家也可以踊跃报名，每个人都有可能去参加，这是一个可以让大家更多了解联盟的机会。最重要的是，能够通过活动了解我们的项目，了解我们的讨论，以及我们正在开展的活动，这是一个全面了解联盟的机会。

所以我呼吁大家踊跃参加维也纳论坛，这是第一点。第二点是如何组织讨论？大家可以献计献策，即对维也纳会议的组织有什么建议。这是我要重点说的两点，希望大家能给我们提供建议。我们有了切实的建议，就可以实施。我们也要采取一种互动的方式，会议或先请几个发言嘉宾，通过磋商来挑选演讲嘉宾；也可以先做一个名单，然后从中挑选，这种挑选是互动式的挑选。还要有主持人，主持人也可以做演讲嘉宾。在区域进程中，我们最关注的就是互动和交流。

张小安：谢谢 Helena Barroco，她谈了一些具体的问题，即怎么为维也纳会议做准备，还提了一些建议，包括怎么来做准备、怎么为维也纳会议进行一些组织上的安排，并邀请各位在这方面献计献策。

下面一位发言人是缅甸驻华大使，他会从国家的角度来进行发言，会向我们介绍将来以及今后五年的建议，谢谢！

Nanda Hmun：大家肯定意识到 21 世纪是一个特殊的世纪，在这个世纪，各种文明虽然来自不同的背景，但是都朝着一个方向在前进，亚太地区也是如此。论坛为区域合作提供了一个框架，在旧有的框架基础上又有了新的内容，我们可以举行更多的区域和次区域的项目和活动来倡导人与人之间的宽容，分享彼此的信念、文化与语言。当然我们还要有不同的观点，要尊重彼此的观点，如果能够做到这一点的话，就可以在这个基础上建立伙伴关系网络，为区域的发展作出重大贡献。

我们已经看到有很多权力中心在转变，且这种转变已经产生了一些影响，应该进一步弘扬和谐、团结，让更多的人意识到这些价值的重要性，这就需要采取各种行动。我们希望大家有归属感，同时在这个区域中做一些新的事情来弥补发展鸿沟，建立桥梁以推动人和人之间的沟通，并同那些持负面观点的人分享我们的想法，希望改变他们的偏见。我们从 20 世纪 90 年代初就开始关注沟通的问题，在区域层次上人们的交流越来越多，但更多地还是在经济层面上。我们的国家非常强调生活的简单性，而要做到这一点需要更多的人在区域和国家层次上进行努力。我们已经意识到国家的相互依存度越来越高，和平、发展以及共存应该反映在我们日常活动中。对此，每一个国家都可以作出贡献，为区域的安全尽一份职责。

张小安：谢谢大使先生的介绍，下面请潘光先生发言，他将向大家介绍中国和联合国文明联盟是如何进行合作的，谢谢！

潘光：我仍然记得奥克兰大会，可能在座的只有我去出席过奥克兰会议。我记得，在奥克兰会议上地区会议得到联盟的支持。在会议上，大家提了很多建议，还有一些具体计划，这些都是针对如何推动工作的。那个时候还没有南亚和太平洋地区的参与，我记得桑帕约总统还发来一个视频，后来阿里阿拉也做了发言，土耳其代表也做了发言，我也做了发言，都提出了建议。我很高兴看到五年之后在上海举行的联盟会议做了进一步的努力，大家讨论了全面的战略，且都是东亚南太地区有针对性的战略，以此来促进本地区的合作。

我来重点谈一谈将来中国和联合国文明联盟之间将有怎样的合作？我们收集了来自不同团体的各种各样建设性的建议，文化论坛的代表也献计献策，我将这些建议带了过来，因为要让这些想法落实下来还需要时间。上海的代表提出一个建议，希望联合国文明联盟能够在上海建立一个亚洲和南太平洋办事处，由复旦大学、中导集团、联合国研究机构为这个办事处的建立提供场所、提供支持。而北京的代表，特别是来自北大的代表也很积极，他们也希望在北京有一个联盟的办事处，可以设在北大的校园中，主要用于研究和文化交流。尼山论坛的高先生也向大家详细地介绍了尼山论坛，表示尼山论坛也很愿意和联合国文明联盟合作建立全球的尼山文化论坛。这个文化论坛每两年举办一次，已经在纽约组织过孔子论坛，还组织了伊斯兰和孔子以及基督教的对话等等，并在不同的国家举办了不同的活动。在与教科文组织的合作下，还在巴黎和纽约都组织了孔子学院和其他宗教文化，包括哲学文化。

我觉得儒家学说不仅是宗教，其实也是一种哲学理念。还有一个电影团队也讲到了联合国文明联盟的电影节，我们现在有两个国际电影节，一个是北京的国际电影节，还有一个就是上海国际电影节。但是这两个电影节还不够国际化，基本上都是中国的，希望电影能够促进文化方面的交流，不仅有来自好莱坞、拉丁美洲的电影，还能得到很多明星的支持。太湖文化论坛也希望能够和我们文明联盟进行合作。太湖文化论坛每年召开，我也希望它能够成为联合国文明联盟的支持者之一，同时希望能够有更多的活动。比如在世博会的联合国馆，10 月份组织的会议非常成功，奥运会和世博会都受到百万人的关注，而通过这些活动来推广相关的活动是非常好的机会。2014 年亚太组织的会议，无论是在印尼或是在其他地方召开，都可以利用世界杯或奥运会等大型活动适当进行宣传。之前很多嘉宾建议我们在越南也推广今天上海会议的想法及战略思想，这表明他们对亚洲南太平洋地区的建设非常关注。这就是我的想法，谢谢！

张小安：非常感谢潘大使，感谢大家广泛的探讨，这其中既讲到了中国的内容，也讲到了一些具体的措施，还包括文明方面的探讨。你刚刚说到，很多其他组织都非常希望和联合国文明联盟进行合作，希望和联盟共同组织今后的活动。

我刚才也听到其他国家的一些做法，也和文化、对话有关，也是围绕这个地区的内容。我觉得首先要分享信息，然后进行协调，这样我们就可以用更好的方式来进行合作，使得联合国文明联盟和其他组织能够更好地合作，更好地携手实现我们的共同目标。

接下来让在座的各位和我们进行互动，大家可以提一些想法，也可以进行点评或提出建议，有谁想发表一些观点？

问：我想先感谢所有的嘉宾让我们有很多内容可以参考，在未来的几个月甚至更长远的时间我们将有更多的工作可以开展。我们已经听到了很多建议，比如亚洲地区有许多悠久的文明，如儒家思想等等传承了几百年甚至几千年，这对于我们来说是非常重要的，希望这些智慧能成为我们未来发展的一个动力，让我们能够更智慧地应对更多的问题。

当然，我们的嘉宾也看到这个地区有一些冲突及麻烦，未来的五年我们应该更具体地来探讨以下几个问题，包括：重要的、伟大的道德思想能不能帮我们解决这些争端；相互尊重、共处、对话、和谐这些自古就有的想法能否成为一种工具来指引我们改变所遇到的紧张局势。这对我们来说是一项非常重要的任务。我们其实可以罗列一个清单，看看哪些古代的思想、道德观可以帮助我们解决冲突。此外，教育也一直是很重要的工具。

另外，我们还要更实际一点，我们知道这不是唯一的一个磋商会议，也不一定要花五年的时间，我希望在未来的两三年中大家可携手对这个问题进行根本性的解决。最后我想提出的是，各个地区在向全球委员会提出建议时，更重要的是要提出所遇到的实际问题，这样才能把问题集中起来进行解决。

我还希望我们的讨论不仅要涉及实际的问题，还应该涉及到思想方面的改变，希望可以从理念上来指导行为。这两天我们一直在讲，在亚洲地区不断崛起的过程中，亚洲的会议会产生什么新的影响？亚洲本身对于世界会产生什么样的影响？我们也做了很深入的讨论，希望今后在全球论坛上也能够把亚洲的观点提出来，同时和其他联合国成员国在联合国框架中进行更多的探讨，而且希望在更短的时间内进行交流。

张小安：非常感谢您的想法和建议，您刚刚说到我们去维也纳的时候应该有一些更清晰的想法，能够在维也纳的会议当中进行更好的细化。非常感谢您的倡议。我们看看还有其他提问吗？

问：我也来自于青年会议，同样觉得我们应该把所有的建议罗列一份清单，希望不要有任何遗漏。另外说到维也纳论坛，希望我们可以集思广益，拓展不同的角度，不光是对亚洲文化，我们还可以通过其他方法更多地推进跨文化的交流。我觉得还有很多话题可以进行讨论，在会后也可以进行交流。大家讲到委员会 12 位成员做了大量工作，其实全球的年轻人都可以做志愿者。我们可以让年轻人有更多的机会，这样他们就可以接触到联盟的会议，也可以和其他年轻人交流，同时也希望年轻人能够学会运用这样的机会。

张小安：非常感谢您的建议！我们再看看其他人。

问：我来自韩国，有一个问题，就是我们联盟能不能把宗教主题纳入到议程中？

张小安：我们先把各位的问题都收集起来，最后进行回应。

问：根据刚才大家所讲的，我这边想表达几点。我们讲到北京和上海要建立起相关的机构或联系中心，以期今后能够进一步支持联合国文明联盟的工作。潘光大使也讲到了在上海我们也可以建立这样的中心。我觉得如果这样的中心建在大学会非常好，北京有一个大学希望从事这方面的研究工作，我想上海也是有非常广泛的基础的。我们希望在维也纳全球论坛上，所有的区域都能够参与其中，或有代表参加会议。亚洲和南太平洋会议是非常重要的会议，通过这样的会议，我们希望听取你们的意见，并把这些内容反映到维也纳的会议上。

另外，已经有很多人参与到维也纳会议的准备工作中去，可能与会人员的人数或空间没那么大，这就意味着在座的各位不能全部参加维也纳会议，但是仍然欢迎大家去申请，最后由主办方确定，还要看联盟领导人最后确定谁会参加维也纳会议，这是关于流程方面的一些想法，谢谢！

张小安：我们的嘉宾来看看如何来回答刚才的问题。

Helena Barroco：我这边有几个问题要澄清一下：首先是关于维也纳的，虽然它是开放式的会议，我们理所当然地认为所有人都能参加这个会议，但我们的空间还是有限的，而且招待能力也是有限的，这使得维也纳的主办工作可能会更加困难，所以我们还是会有限制的。当然，参加这个会议不一定要亲临现场，为了解决刚才所说的问题，我们也在考虑是否推出在线磋商会议，将会议的主题等信息进行在线传播，你们的想法或建议都可以通过在线磋商机制来进行传递，我们最新的信息也会在网上通知大家。

我们会举办一些活动，可能和联合国文明联盟在这个地区所组织的活动有些类似，这样就可以更好地与大家合作，资源开销也很小。我们会组织两个活动，也希望接下来的两次活动可以和联盟及其他机构进行合作。第一个活动是举行圆桌会议。全球格局正在发生变化，但是最基本的理念及原则，还有很多根本性价值观在整个世界权力变化的过程中是否有相通之处呢？这是我们的第一个活动。第二个活动就是，虽然我们一直在说相互沟通，但是也看到各个宗教地区存在一些冲突，我们希望通过圆桌会议让各个宗教团体、持不同宗教想法的人集聚一堂进行交流，还希望其他的合作伙伴，包括联盟能够加入我们的活动。

问：陈大使，我有一个问题可能是技术层面的，想问一下未来这种形势是不是会发生一些改变？未来中国能不能和其他国家共同主持这样的会议？即未来会不会有两个国家共同主持的机制？

陈健：我们再看一下有其他疑问或点评吗？就像我刚刚所说的，所有的这些提问我们都会考虑在内，现在我们先不做回答，但我们都会考虑的，这是非常好的探讨，而且是卓有成效的。非常感谢大家的建议，所有的建议我们都会进行考量，回去后也会分析所有的会议成果，看看如何来付诸实施。我们也相信，所有的内容都会有一个很好的总结。

附录

一、嘉宾致辞

陈健会长致辞

尊敬的桑帕约阁下、尊敬的崔天凯副部长、尊敬的屠光绍副市长、尊敬的各位来宾、女士们、先生们，大家早上好！

今天上午我们非常高兴地迎来了“联合国文明联盟亚洲南太平洋磋商会议”的隆重召开，在此我谨代表中国联合国协会向远道而来的各位嘉宾表示热烈的欢迎和诚挚的谢意，向出席此次会议的各位代表致以亲切的问候，同时也向给予此次会议大力支持的有关部门、单位、机构和个人表示衷心的感谢！

联合国文明联盟作为世界最高层次的跨文明对话的国际组织，在过去的 7 年中为促进不同文明和宗教国家之间的相互理解与合作，重建不同文化和信仰的人民之间的相互信任作出了重要贡献。联合国文明联盟以教育、青年、媒体、移民 4 个方面为主要领域活动，通过这些领域的活动为不同文化之间搭建了对话的桥梁，也为那些正在减少国家和文化之间分裂的创新项目提供了动力，同时还为缓解国家和人民之间的文化宗教紧张局面提供了很多帮助。这些活动在维护世界和平、促进共同发展的过程当中发挥了不可忽视的作用。

今天我们非常荣幸地看到“联合国文明联盟亚洲南太平洋磋商会议”在上海举行，这是联盟首次在中国召开会议，会议的主题是“通过对话和多样性促进和谐”。亚洲和南太平洋地区无论在文化、宗教、语言，还是经济政治上都存在很大差异，具有多样性的特点。随着该地区在国际格局中地位的上升，区域内的交往日益频繁，交流和合作迅速发展，正是这种多样性正在化为亚太国家相互借鉴、合作共赢的新局面。这次会议在这样的背景下召开的，无疑将对本地区跨文化交流和合作产生积极的影响。

在亚洲和南太平洋地区，中国作为具有悠久历史的发展中大国，在发展中蕴育了灿烂的文明和博大精深的传统文化。其中在与不同文化共处的问题上，中国的文化强调“和谐”，强调“共存”，强调“和为贵”这样的一些思想，这些传统文化的精髓在地区的跨文化交流中已经有所体现。中国作为地区大国，应该而且能够在促进该地区的多元文化融合中发挥重要作用，并协同相关国家逐步增强东方文明在世界文化理解的对话中作出更重要的贡献。

最后，我要再一次感谢各位来宾，预祝这次会议圆满成功，谢谢大家！

崔天凯副部长致辞

尊敬的联合国文明联盟高级代表桑帕约阁下、尊敬的屠光绍副市长、尊敬的陈健会长，女士们、先生们、朋友们：

首先请允许我代表中国政府对“联合国文明联盟亚洲南太平洋磋商会议”的召开表示热烈的祝贺！对联合国文明联盟和中国联合国协会，以及上海市政府、复旦大学、上海联合国研究会等，为本次会议所做的精心组织和周到安排表示衷心的感谢！相信在各位的共同努力下，会议一定会取得丰硕的成果。

女士们、先生们，当今世界正在发生深刻而复杂的变化，和平与发展仍然是时代的主题，同时国际金融危机的影响深远，全球发展不平衡还在加剧，局部的动荡频繁发生，粮食安全、能源资源安全、网络安全等全球性问题更加突出，世界仍然很不安宁。在这样的背景下，本次会议以“通过多样性和对话实现和谐——让联合国文明联盟在亚太扎根”为主题具有重要的现实意义。

早在2700年前，中国西周末期的思想家就指出“和实生物，同则不继”，也就是说天地万物都是在“和”，各不相同的各种要素在相互作用下才显得五彩斑斓，而相同要素的“同”不管有多少，它最终只会导致发展的停滞和生机的消歇，正如只有一种声响够不成音乐，有了七音八调的差异才能演奏出美妙动听的乐章。

当今世界有70亿人口，200多个国家和地区，2500多个民族，6000多种语言，有佛教、道教、基督教、伊斯兰教等多种宗教，文明的多样性是人类文明显著的特征，不同文明虽然有历史长短之分，但是并没有优劣高下之别，各种文明都是人类智慧的结晶，都是宝贵的财富，体现了各民族的创造能力和创新精神。正是这些不同文明的相互依存、相互交流、相互借鉴、相印生辉，才使得我们今天的世界绚丽多姿。如果不同国家、不同民族、不同文化、不同信仰的人们都能够相互尊敬、相互理解、和谐相处，通过对话谈判的方式来处理分歧，这对于我们当前克服金融危机，应对全球性的挑战，对于维护世界和平，实现共同发展无疑将起到极大的推动作用。

亚太地区各国历史悠久、文化多样，在历史发展的长河当中各种文化相互交融、相互影响，为人类的进步作出了突出的贡献。当前亚太地区总体保持良好的发展势头，已经成为推动全球发展的重要力量。

女士们、先生们，就在两个星期之前，中国共产党第十八次全国代表大会在北京落幕。作为世界上人口最多国家的执政党，中共十八大的报告确定了到2020年国内生产总值和城乡居民人均收入比2010年翻一番，全面建成小康社会的宏伟目标，再次重申了推动建设持久和平、共同繁荣的和谐世界等重要主张，提倡在国际关系当中弘扬平等互信、包容互建、合作共赢的精神。包容互建就是要尊重世界文明的多样性，发展道路的多样化，尊重和维护各国人民自主选择社会制度和发展道路的权力，相互借鉴、取长补短，推动人类的文明进步。十八大报告还把生态文明建设放在突出的位置，强调把生态文明建设融入经济建设、政治建设、文化建设、社会建设的各个方面和全过程，努力建设“美丽中国”，实现中华民族的永续发展，这些都是中国的执政党向中国人民和世界人民做出的庄严承诺。

女士们、先生们，联合国文明联盟是联合国框架内开展不同文明对话的重要平台，是一座沟通不同国家、不同民族、不同文化的桥梁，也是一座促进友谊与和平的桥梁。作为世界上最大的发展中国家，作为深受和谐文化滋养的礼仪之邦，中国欢迎联盟在亚太扎根，并且愿意一如既往地支持联合国文明联盟的活动，我们要和亚太各国一道为建设一个持续和平、共同繁荣的和谐世界继续共同努力。谢谢各位！

屠光绍副市长致辞

尊敬的桑帕约阁下、尊敬的崔天凯副部长、尊敬的陈健会长，各位来宾、女士们、先生们，大家上午好！

非常高兴参加“联合国文明联盟亚洲南太平洋地区磋商会议”，在这里我首先代表上海市人民政府对会议的召开表示热烈的祝贺，对各位嘉宾、各位专家齐聚上海表示欢迎，我特别要感谢这次会议把我们上海的两位杰出人士又带回了家乡，就是崔天凯副部长和陈健会长。

联合国文明联盟自成立以来，始终致力于推动世界各国公民对文明多样性的理解和尊重，促进不同国家、不同民族、不同文化之间的相互理解与交流。多年来，联合国文明联盟已经在教育、青年、媒体、移民等领域开展了大量的活动，成为维护世界和平、稳定的重要力量，此次会议聚焦亚洲南太平洋地区的文明对话，对于维护亚太地区文化多样性具有非常重要的意义。

按照国家对上海的发展定位，上海的目标是要在 2020 年基本建成国际经济、金融、贸易和航运中心，我们称之为“四个中心”和社会主义现代化的国际大都市，其中建成国际文化大都市也是上海的重要目标之一，文化的包容性和多样性是国际文化大都市重要的衡量标准。

上海是一个东西文化交汇的城市，海纳百川、追求卓越、开明睿智、大气谦和是上海的城市精神。2010 年，上海举办了一届成功、精彩、难忘的世博会，在这一盛会中，世界文明和文化在上海汇聚交流。目前，上海正在努力加强与世界各大城市的文化交流，正在努力增强文化软实力和国际影响力。我们相信经过若干年的努力，上海的文化将呈现更加多样性、更具包容性的特征。国际大都市也是跨国公司和国际组织之城，上海市政府正在结合建设现代化国际大都市的目标，大力吸引跨国公司在沪发展地区总部，支持和欢迎各类国际组织入沪，从而为跨国公司和国际组织营造良好的环境，也推动上海在更大范围、更高水平上参与国际经济合作和竞争。

正因为如此，此次“联合国文明联盟亚洲南太平洋地区磋商会议”在上海召开，必将对上海建成国际文化大都市产生积极的推动作用。同时这次会议在消除世界各国文明之间的隔阂和偏见、促进文明之间的互动与交流方面，我想也会作出贡献。特别是上海要建设成国际大都市，也应该在推进这一进程当中发挥我们应有的作用，我们期待通过此次高端对话和交流平台分享各位专家、来宾和学者的真知灼见。

最后我们预祝本次会议取得圆满成功，祝各位嘉宾在上海生活愉快，谢谢!

桑帕约致辞

崔天凯副部长、上海市副市长屠光绍先生、中国联合国协会会长陈健先生，各位参会代表、女士们、先生们：

我非常荣幸在此欢迎大家参加为期两天的“联合国文明联盟亚洲南太平洋磋商会议”。请允许我向陈健大使，同时他也是中国联合国协会会长表示感谢，如果没有您的支持，我们没法来到这里。同时感谢中国的各个主管机关，包括外交部副部长崔天凯，谢谢您参与本次会议。同时也感谢屠光绍副市长，非常感谢您参与我们的大会。同时也看到你们对我们所讨论的话题非常感兴趣，对此我也非常的感激。我还要向中导集团，本次会议的赞助方表示真诚的感谢，谢谢你们对我们的盛情款待，同时要感谢薛亮先生给我们这个机会能够拓展联合国文明联盟在亚太的发展，还要感谢各个协办方的支持、准备，才能促使会议圆满召开。

女士们、先生们，我想此刻要和大家回顾一下联合国文明联盟的历史。在 2007 年的时候，当时新西兰的总理决定要召开一个研讨会来谈一谈联合国文明联盟在亚太地区的作用，他就开创了由上而下的方法使得联合国文明能够进入更加区域化的环境，使它在各个区域能够发挥更大的作用。在参加那次奥克兰研讨会的过程当中，我们回顾了联合国文明联盟在亚太地区的愿景、任务、目标，同时也讨论将愿景、任务、目标实施的方法。联合国文明联盟是为了保护和管理多样化，同时它也进一步表现了各个文明之间的重要性。我们要很好地继承各个文明之间的多样化，同时探讨世界上不同地方、不同地区的各种精神源泉和多元文化的优势所在，所以我们会不断鼓励大家的想法，在价值观、世界观方面进行讨论。我们要吸取不同的文化精粹，使我们更好地迎接 21 世纪的各种挑战。

女士们、先生们，联合国文明联盟的目标是形成集体的意愿，同时在机构、市民社会层面进一步形成一致化的行动，以促进不同文化、不同宗教之间的互相理解和合作，通过这样的过程进一步避免极端化的倾向。更重要的是，联合国文明联盟注重改善与穆斯林的交流，以解决那些长期难以解决的问题。同时在奥克兰会议中，我们谈到联合国文明联盟的任务框架，也提出了重要的建议，我们在 4 个领域采取重要行动，这 4 个领域分别是教育、青年、媒体、移民。

同时，我们还有一系列的国家计划，而且这些国家计划是联盟的重要任务，它们使得愿景和目标能够变得更加实际、可操作化。同时我们还不断强调要求每个国家承担更多的责任，而且要让文明联盟的目标扎根于各个区域。联合国文明联盟的扎根在各个区域层面都是非常重要的，我们知道目标在具体的环境当中才会实现，光说是不可能实现的，所以遇到具体的问题，以及解决具体的冲突和挑战方面，我们只有落实到国家层面才能解决。

女士们、先生们，我要告诉大家的是，我们一直在强调的目标是和阿拉伯世界改善关系，我们也一直防止恶化的趋势，要让地中海成为全世界的中心焦点，我们为什么要这样做？有几个原因：

首先，亚太有非常明显的文化多样性，这里有丰富的文明、文化、宗教、种族、语言等等，虽然亚太地区国家之间的边界并不是整齐划一的，但是世界上多样化的区域。

第二，亚洲拥有大概世界上60%的穆斯林人口。

第三，虽然亚洲是人口最多的区域，但是存在高度贫困和高度富裕的区域，而且政治文化形态也非常的多样化。

第四，有很多冲突，包括种族和文明。还有一个原因就是亚洲地区宗教冲突越发加剧，同时在不同宗教种族之间还有敌对情绪。当然，现在亚太地区是新兴的大陆，正在发生变化，正如《亚洲能思考吗》一书中说到，这个区域有一个特点就是，将亚洲最丰富、历史最悠久的几个文明同时跟西方历史最悠久的几个文明放在一起，亚洲是东西方最丰富的地方，正是因为这样的融合，该区域的创造力也是我们前所未见的。

因此，我要非常感谢5年前的奥克兰会议，大家能够进行各种讨论和交流，使得我们就以下问题得到答案。

首先，我们是否需要区域战略，使我们能够为共同的行动找到有效的处理药方，并建立区域平台来进行开诚布公的讨论和交流。我们还要围绕以保护、尊重该地区的多样性管理进行探讨。

第二，我们要建立一个平台便于交流者交流，来减少多极化和极端主义。

第三，我们是否能够采取行动以践行奥克兰会议的一些提议，我们是否能够在执行方面更加创新一些，这些问题需要在未来两到三年中找到一些有效的应对方法。

各位阁下、女士们、先生们，我们生活在新兴的时代，在这个时代，权力在分散化、政治在多样化，未来是亚洲的世界吗？我们将走向没有主权的世界？因为权力在不断分散化，世界会不会变得相互依存，在那个时候不会有权力重心。比如在21世纪我们将看到大西洋的兴起以及太平洋的兴起，我们认为21世纪是亚洲的时代。

还有政治方面，出现不同的国内和国际秩序观点也在互相抗衡、互相竞争，因此在这样的环境中对话显得非常重要，通过对话我们学会如何表达不同的意见、如何形成共识、如何达成妥协，形成和平或可接受的世界秩序。目前所面临的挑战就是如何建立包容和容忍，如何建立多种族、多文明。为了实现这些目标，我们联合国文明联盟更加积极主动，因为对话、妥协、尊重多元化、共性和和谐将是我们多元化世界的关键词，而在对话和对话方面的领导力是唯一带动人们向前的领导力，谢谢大家！

复旦大学陈立民副书记致辞

尊敬的桑帕约阁下、尊敬的崔天凯副部长、尊敬的屠光绍副市长、尊敬的陈健会长，各位来宾、女士们、先生们，大家上午好！

今天我们相约在上海，共同迎来“联合国文明联盟亚洲南太平洋磋商会议”的举办，在此我谨代表复旦大学向出席本次论坛的来宾、各位领导和专家表示热烈的欢迎。

多年来，联合国文明联盟已经在教育、青年、媒体、移民等领域开展了大量活动，成为维护世界和平与稳定的重要力量。此次“联合国文明联盟亚洲南太平洋磋商会议”在上海召开，体现了联合国文明联盟对亚太成员的重视，也反映了联合国文明联盟对中华文明的关注。教育是推动世界各个文明之间相互了解和交流的重要手段，复旦大学始终致力于促进世界各国文明之间的互动与交融，培养学生关注人类命运、关注社会进步、关注大众疾苦，培养学生具有世界视野、容纳不同文明的胸怀，了解和掌握多元文化是复旦大学的重要使命之一。

刚才致辞的陈健会长就是我们复旦的杰出校友之一，他身上生动地体现了复旦人的全球视野和中国智慧。近年来，复旦大学在校的留学生规模在中国综合性大学当中一直名列前茅。2011 年长期在校就读的留学生有 3800 余人，分别来自全球 120 个国家。目前复旦大学已经与近 120 所海外高校开展了各级各类的学生交流项目，与近 20 所世界一流大学签署了合作办学的协议，为学生的国际化培养提供了多元的路径、层次更高的可选择的方案。

让复旦学子走出国门，让全球的学子走进复旦，这是全球化时代的一种双行道。复旦中国籍的学生留学海外，增进了他们对世界各国文明的理解和包容；国际学生留学复旦，加深了他们对中国文明的了解和认识，在文明的双行道上，复旦大学以潜移默化的方式教育来自世界各国的学生，推动对文明多样性的理解和尊重，促进不同国家、不同民族、不同文化之间的相互理解与交流，这与联合国文明联盟的宗旨是一致的。未来复旦大学希望有机会与联合国文明联盟开展广泛而深入的合作，复旦大学愿意为联合国文明联盟提供专家名单和智力支持，协助联合国文明联盟开办暑期学校，参加联合国文明联盟举办的各种项目等。

最后我预祝本次会议取得圆满成功，也祝愿各位嘉宾在上海与会期间身体健康、生活快乐，谢谢大家！

北京大学李岩松副校长致辞

尊敬的桑帕约先生、尊敬陈健会长，各位嘉宾、女士们，先生们，大家上午好！

作为“联合国文明联盟亚洲南太平洋地区磋商会议”的协办单位之一，我谨代表北京大学向会议的开幕表示热烈的祝贺。这次会议的主题为“通过对话和多样性促进和谐”，汇集了众多来自不同行业、不同领域的专家和代表，共同探讨促进跨文化对话与理解的新理念和新方法。在价值趋向日益多元、发展模式日趋多样的变革时代，我们深深地感到加强不同文明间的对话，倡导不同文明间的相互理解和包容，尊重文明的多样性和促进文明的和谐发展，具有越来越重要的意义。

在这个背景下，我们深刻地感受到文明对话的重要意义，我认为实现对话的途径至少应包括两条：首先，通过系统研究和深入交流，不断增进彼此的相互了解和相互尊重，是促进不同文明间对话的必由之路，只有不断了解各国、各民族的历史文化传统、社会制度及发展模式等，才有可能不断超越思想上的障碍和束缚，在差异中寻求和谐共存的契机；其次，我们也需要在增进了解的基础上，努力搭建交流对话的平台，为平等对话创造机会和条件。

近年来，北京大学在加强对不同文明的系统研究，促进文明间的深入交流，以及搭建高端的对话平台方面做了很多有意义的尝试和努力，并且取得了丰硕的成果。北京大学充分发挥自身的学科和资源优势，通过建设北京大学高等人文研究院、北京大学世界伦理研究中心等专门研究机构，成立诸多的地区性和国别研究机构，构建完善的文明研究网络体系，加强学术交流和信息沟通，增进文明之间的相互理解和包容。

此外，北京大学还致力于搭建国际性的高端对话平台，为不同文明间的对话创造条件，力求在学术研究、社会进步和文明和谐之间架起沟通的桥梁。其中北大和韩国高等教育财团在 2004 年共同创办的“北京论坛”，就是汇集全球学者共同智慧打造的高端对话平台。9 年来，以“文明的和谐与共同繁荣”为主题，北京论坛邀请了来自 70 多个国家和地区的 3300 多位专家学者出席北京论坛的年会，从文明的角度深入探讨人类发展所面临的重大课题。

北京论坛还吸收了北大高等人文研究院杜维明教授所倡导的“对话文明”理念，发起了专场对话活动，力求在儒家文明、伊斯兰文明、基督教文明、佛教文明等众多文明之间寻求共同的伦理价值。2009 年的北京论坛，我们有幸邀请世界著名的伊斯兰哲学家萨伊德担任大会的主旨发言，并且跟杜维明教授就伊斯兰教和儒家文明做了专场对话。2010 年我们邀请了德国图比根大学荣修教授、世界著名的宗教哲学家犹莫尔特曼担任大会的主旨发言，而且举办了基督教与儒家文明的专场对话，其中有一句话很好地概括了我们的责任和愿景：我们归属哪种文明，为了在我们自己中间以及与他者之间实现和平，我们必须培养一种深深植根于我们智慧传统的全局观，我们的每一个传统都应该真正运用精神财富，为解决当前人类面临的前所未有的危机贡献力量，而每一个文明都为实现这一目标发挥着各自独特的作用。

长期以来，北京大学及北京论坛得到了联合国及其专门机构的高度关注和大力支持，联合国时任秘书长科菲·安南先生和现任秘书长潘基文先生就曾多次专门给北京论坛发来贺信和视频讲话。此外，中国联合国组织全国委员会和联合国的开发计划署也都相继成为北京论坛的支持单位，北京大学也于 2010 年加入了联合国学术影响力的项目，北京大学和北京论坛在传播和谐理念、搭建对话平台以及扩大东西方共识等方面的努力和实践，与联合国文明联盟的宗旨和使命是相契合的，彼此有了共同的追求和目标。因此，在文明和谐的共同愿景下，北京大学和北京论坛愿意与联合国文明联盟开展长期友好的合作，共同探索如何增进文明之间的理解和包容，并为人类迈向不同的新时代而共同努力。

最后预祝本次会议取得圆满成功，谢谢大家！

上海社科院王振副院长致辞

尊敬的桑帕约主席、尊敬的陈健大使，女士们、先生们，上午好！这次联合国文明联盟上海会议开幕之际，我谨代表上海社会科学院在这里表示热烈的祝贺！

联合国文明联盟是一个年轻的机构，成立至今不过 7 年，但在促进全球文明对话和交流中发挥了重要的作用。中国联合国协会成立以来，也在促进中国与联合国合作方面作出重要的贡献，在这里我要特别感谢中国联合国协会、联合国文明联盟，以及协办单位、承办单位为举办这次会议所做的辛勤工作，我也非常高兴社科院有机会参与到这样的重要活动中来。

2007 年联合国文明联盟在新西兰政府的支持下举办了亚洲太平洋地区文明对话论坛，这是文明联盟成立以后举办的第一个地区性的文明对话论坛。2010年上海世博会期间，联合国文明联盟在世博会联合国馆举办全球文明对话论坛，吸引了大批前来参观世博会的民众参与跨越文化和政治战略的对话和交流，使文明联盟的思想深入中国、深入上海。联合国文明联盟上海会议今天胜利召开，进一步显示了文明联盟对亚洲南太平洋地区的重视，将有力地推动本地区的文明对话与和谐发展，中国上海在其中发挥的作用令我们高兴和自豪。

上海社会科学院是全国规模第二的社会科学综合研究机构，但它是全国成立最早的，是1958年成立的社会科学研究机构。上海社会科学院共有17个研究所、800多名工作成员。上海社会科学院未来的发展目标定位为国内一流、国际知名的智库。承担这次协办任务的是上海社科院国际关系研究所，它共有50多名研究人员，其中关于亚太地区的和平与发展是这个研究所最重要的研究领域之一。

在这里，我作为本次会议的协办方之一，谨代表上海社科院作出一些承诺，上海社科院将一如既往地支持联合国文明联盟、中国联合国协会的各项工作，特别是要支持我院潘光教授作为联合国文明联盟大使的工作。潘光教授是欧亚研究所的所长，我们将在能力上、资金上给予大力的支持，也为推动文明对话，特别是今天的主题“通过对话和多样性促进和谐”的工作作出我们应有的贡献。

最后祝愿本次大会圆满成功，谢谢大家!

澳大利亚拉筹伯大学对话中心
Joseph A. Camilleri 主任致辞

尊敬的桑帕约高级顾问、陈健大使，尊敬的嘉宾们、朋友们，我非常荣幸和高兴能够看到我的梦想成为现实。2009年3月，我们非常荣幸能够在拉筹伯第四年的会议上进行主题发言，当时我谈到了地区性的磋商会议在2012年举办的愿景。我们的对话中心就是希望能够开发一个提议和倡议来进行区域化的协商，我们当时希望能够与澳大利亚进行对话，获得相关机构的支持，并进行通力合作，进行相关筹备工作。我们长期在纽约联盟处进行合作，并且在中国找到杰出的合作伙伴，非常感谢会议主办方之一中国联合国协会。亚洲和南太平洋是重要的区域，我们看到从宗教和其他领域来看，这个地区非常重要，将来它会发挥重要的作用，这样的重要会议对于网络成员单位而言，我们都希望能够抓住这一重要的历史时机，我为什么这么说呢？因为之前的一些讲演人提到社会处在变化之中，现在的社会相互联系，国与国、区域与区域之间的交流越来越多。

所以，我们可以看到公民社会在世界的每一个角落发展，同时我们也看到亚洲地区的崛起。从地缘政治角度来说，它已经成为世界上的角色。我们也看到联合国文明联盟在亚洲会议当中发挥的重要作用。今天的会议非常有意义，我们期待今后的两天里能够得到与会者切实可行的建议，以更好地促进亚洲南太平洋地区的和平与文明发展。

马来西亚国际公平运动组织负责人 Chandra Muzaffar 致辞

尊敬的桑帕约高级顾问、陈健大使，尊敬的会议与会方、与会者、朋友们、女士们、先生们，很高兴看到各位。

马来西亚公平组织很高兴参与到这次会议当中，首先就磋商会议本身而言，它是国与国、社会与社会之间的集体努力，来自不同宗教和不同背景的人们集中在一起。公平运动在过去 20 年中一直倡导跨文化的沟通与交流，包括穆斯林、儒家文化以及佛教文化的对话，我们同时还与印度教教徒、犹太教教徒对话，所有的对话是我们的重要工作之一。这些工作非常重要，需要把人们聚集在一起，共同探讨人类所面临的挑战。我们也关注例如联合国改革、全球军备竞赛以及核武器竞争的话题，同时我们还面临重要的挑战，比如以巴争执等等。我们来看现有的挑战是哪些？如何从人类的角度采取方式来应对更广阔的全球范围内的挑战，对话和合作显得更为重要，全球力量发生了转变，这样的转变对我们社会和全局有着重要的影响。

我们看到世界文化、宗教在国际和地区中发挥着重要的影响，世界上很多主要的宗教都来自于亚洲地区，在这样的区域里我们需要更好地了解其对于普通人的影响，这就是我们为什么需要在不同宗教中搭建不同的桥梁，因为宗教有促进世界和平的巨大潜力，能够平息战争。亚洲地区除了突出的宗教性特点以外，我们还看到很多社会性的东西，对于这些东西我们的理解还不够深入，我们需要突破壁垒和跨越壁垒来寻找共同性的话题和目标。中国的孔夫子说过“千里之行，始于足下”，我希望这一点能够体现在我们的会议中。

桑帕约致闭幕辞

非常感谢陈大使，首先我们要恭喜你，你非常准确地做到了我的名字的发音，我也非常高兴，因为在其他地方其他人不能准确地做到我名字的发音，非常感谢您非常准确的葡萄牙语发音。

女士们，先生们，在我正式点评之前，我想说的是首先我想回顾一下我们的历史，我觉得很重要的一点是我们的起源是从哪里开始的？今天上午我们也谈到了，现在是结束了原来的篇章要打开新的篇章。我们看到马德里、伦敦前几年也遭遇恐怖事件，但是我们仍然有必要重提文明的发展，这包括葡萄牙的总统希望支持土耳其，包括在联合国的大会中前任秘书长安南也看到了文明对发展的作用，我们都应该思考文化与文明。

还有我们的潘光先生今天也讲到了，我特别感谢潘光以及他的团队，包括所有其他的团队，包括幕后工作的团队，他们也非常的努力。我们也看到联合国的高层领导安南先生原先给予了我们大力支持。对于我来说，也是向联合国秘书长汇报工作，联合国安理会还有其他的不同机制，对我们文明联盟来说可能和联合国其他机构不同，我们有点像中间的项目机制。我认为我们的联盟能够像其他的机构一样，这样我们也可以更好地发挥作用，也希望这些工作计划能够使所有的大众受益。

另外，2007年我们在新西兰召开了会议，那也是我们开展会议的起点，虽然工作要花很多的时间，这也是很自然的事情。包括亚洲地区、其他地区也都一样，今天我们在中国、在上海成功举行了区域会议，而且是非常实质性的会议，此时此刻我们很多的想法、担心、计划都提出来了，都进行了很好的探讨。我想感谢所有的人，感谢主办方，特别是陈健大使，他也是中国联合国协会的会长，还有张大使，我在这里也非常感谢中导集团，我们有很多的工作得到了他们的支持。对于我们来说，这不是一个专业会议，而是一种倡议，联盟主要希望有更多的倡议鼓励大家从事某方面的工作。我们也得到中导集团的支持，薛先生，可能我们的发音不是很好，我要感谢中导集团。

这次会议也采用了不同的方式来进行讨论，这也让我们有更多的机会来进行交流，从比较宏观的角度进行探讨。我还有一个印象深刻的就是，崔天凯副部长在开幕式的时候也提到，崔部长的到来使我们感到非常荣幸，由此也可以看到中国对此次会议的重视。这两天我也学到了很多，我听到了澳门回归中国的整个工作，还有中国在联合国中所做的工作，我要感谢中国外交部以及政府的支持。我还要感谢伙伴组织，感谢他们的参与，也要感谢各位的参与，还要感谢秘书长，感谢所有的翻译，没有翻译的服务我们无法很好地沟通，他们使我们的工作更有成效，使我们的交流更方便。

我还要强调两点，请大家关注两位大使提出的建议，他们提出的建议给我们今后的工作提出了一些方向。此外我们还要感谢一些赞助商对会议的支持，没有这些赞助机构的支持，我们的会议不会这么成功，他们给我们提供了资金的支持，没有资金的支持我们会议的开展将不会成功，我们的活动也无法很好地开展，并且不可能进行，我想感谢这些赞助机构。

区域的合作框架通过联盟来形成融合的趋势，大家都说在联盟里南亚参与得不够，我们在南亚和太平洋地区第一次举办了这个会议，这是我们朝这个方向努力的第一步，我们在这方面会继续努力，会在联盟行动计划里增加区域的行动框架。

我们还可以看到，大家都非常愿意和联盟进行合作，为联盟做贡献，在过去的时间里已经明显地看到这一点，但是这些希望要落实可能要花两三年的时间，我们会做一个协调，不希望把大家的期望拉得太高，最后让大家失望。我们会通过项目活动来实现大家的一些期待。我们还要看现有的条件、实现的可能性来进行具体项目的设计和推出。非常感谢大家！感谢大家提出的一些期望，这些期望是会议中看到的积极方向，我们所有的人都希望在行动上有落实、有目标、有具体的方向，这是一个很好的现象。怎么来获得这种焦点、获得这种目标、怎么来更好地行动，这是我们要寻找方法来实现的，我们每天都在寻找最佳的方法，虽然我们在前进的路上会有失败，但我们还是朝着成功的方向努力。

非常感谢大家的建议，感谢大家提出各种各样的建设性想法，也感谢大家的合作，我们的秘书处会认真地回顾大家的建议，我们会尽快地行动，但是不能操之过急，一步一步地朝着漫长的历程前进，根据大家的建议我们会制定出可执行的行动计划。秘书长发言中也提到，我们可以向维也纳会议提交一个报告，向维也纳汇报我们这个会议的成果，可以制定2013年战略性的行动计划，这是区域性论坛的开始，我们也希望能够有一个区域联合的合力，形成合力之后在行动上落实大家提出的建议，这样大家的建议就会有价值。我们这个区域的进程要有意义，要在整个联盟中得到反映和处理，我们会评估大家的各种建议。从内部的角度来看，我们是否要建立一些办事处，或者说重点推出哪些活动，我们会尽快采取行动，使区域的框架能够体现出一致性，有专门的负责人，这些都是要从零开始做起的，但是我们已经开始，我们需要有目标，大家也不要操之过急，我们不要铺得太开，同时要做很多事情。

我们会做一个报告，会涉及到大家的建议，并且在报告中涉及重要的发展情况。今天的会议就要结束了，但是我们今后的工作又打开了新的大门，在亚洲和南太平洋地区我们的活动进程又将开始一个新的里程，非常感谢大家的参与，这个会议非常的成功。祝大家一路顺风，谢谢！

二、联合国文明联盟亚洲南太平洋磋商会议议程

2012 年 11 月 29—30 日，上海国际会议中心

2012 年 11 月 29 日（星期四）

09：00　开幕式（上海国际会议中心长江厅）
　　主持：Jean-Christophe Bas（联合国文明联盟高级顾问）
　　致辞：陈健（中国联合国协会会长）
　　　　崔天凯（中国外交部副部长）
　　　　屠光绍（上海市副市长）
　　　　桑帕约（联合国文明联盟高级代表）

09：40　茶歇、合影

10：00　协办单位领导致辞：
　　主持：张小安（中国联合国协会副会长兼总干事）
　　致辞：陈立民（复旦大学党委副书记）
　　　　李岩松（北京大学副校长）
　　　　王振（上海社会科学院副院长）
　　　　黄友义（中国外文局副局长）
　　　　Joseph A. Camilleri（澳大利亚拉筹伯大学对话中心主任）
　　　　Chandra Muzaffar（马来西亚国际公平运动组织负责人）

10：30　联合国文明联盟工作介绍
　　主持：潘光（联合国文明联盟大使）
　　发言：Iqbal Riza（潘基文特别顾问）
　　　　Belen Alfaro（西班牙外交部）
　　　　Helena Barroco（联合国文明联盟高级代表特别顾问）
　　　　Jordi Torrent（联合国文明联盟项目主管）
　　　　Abhishek Thakore（印度蓝丝带运动组织）

11：00　全体大会1：地区变革：经济发展对社会、政治、文化和价值的影响

主持：Helena Barroco（联合国文明联盟高级代表特别顾问）

议题1：亚洲和南太社会如何应对宗教、种族和文化多样性带来的挑战？

发言：Chandra Muzaffar（马来西亚）

赖永海（中国）

议题2：地区机制多大程度上融入到“通过对话和多样性实现和平”原则的过程和活动中？

发言：Joseph A. Camilleri OAM（澳大利亚）

杜维明（中国）

议题3：亚洲和南太社会如何更好地为不同文化和文明之间共存和接触的全球对话做贡献？

发言：Mata Amritanandamayi Devi（印度）

王戈（中国）

一般辩论

12：30　自助午餐（上海国际会议中心一楼）

14：00　研讨会（同时举行）

议题1：文化传统与现代社会生活的结合

主持：Choi Youngjin（韩国）

报告起草：Arnaud Leveau（韩国）

发言：李承贵（中国）、Amina Rasul（菲律宾）、李若晖（中国）

议题2：世俗主义和宗教的复兴

主持：Fethi Mansouri（澳大利亚）

报告起草：Hafiz Al Asad（印度尼西亚）

发言：卢风（中国）、Paul Morris（新西兰）、张志刚（中国）

议题3：文化和文明对话作为国际关系的新兴范式

主持：Helena Barroco（联合国文明联盟高级代表特别顾问）

报告起草：Aran Martin（澳大利亚）

发言：俞新天（中国）、Chandra Muzaffar（马亚西亚）、张宇权（中国）

议题 4：联合国体系与亚洲文化

主持：Gugun Gumilar（印度尼西亚）

报告起草：Jordi Torrent（联合国文明联盟）

发言：吉拥军（中国）、Zaw Win（联合国）、魏盛（中国）

15：30　茶歇

16：00　研讨会（同时举行）

议题 5：中国传统文化的精髓如何为“多元文化、一个人类”做贡献

主持：杨国荣（中国）

报告起草：Dina Afrianty（印度尼西亚）

发言：赖世伦（中国）、Qayyum Naveen（泰国）、李天纲（中国）

议题 6：如何通过对话缓解紧张和冲突

主持：Helena Barroco（联合国文明联盟）

报告起草：Thanine Sok（柬埔寨）

发言：Cristina Montiel（菲律宾）、Yoo Kwonjong（韩国）、刘鸣（中国）

议题 7：青年如何为跨文化对话与和谐做贡献

主持：Abhishek Takhore（印度）

报告起草：Aljunied Khairudin Syed（新加坡）

发言：沈健（中国）、Ghadafi Kamal Pg Suhaimi（文莱）、季明（中国）

议题 8：教育如何适应跨文化对话与和谐

主持：Greg Barton（澳大利亚）

报告起草：Alessia Lefebure（美国）

发言：Francis Markus（国际红十字会）、黄高正（中国）、吴薇（中国）

18：30　开幕晚宴

2012年11月30日（星期五）

9：00　全体大会2：汇报总结

主持：Melissa O'Rourke（澳大利亚）
杜维明（中国）

发言：Arnaud Leveau（韩国）、Hafiz Al Asad（印度尼西亚）、Aran Martin（澳大利亚）、Jordi Torrent（联合国文明联盟）、Dina Afrianty（印度尼西亚）、Thanine Sok（柬埔寨）、Aljunied Khairudin Syed（新加坡）、Alessia Lefebure（美国）

10：30　茶歇

10：45　全体大会3

从“联盟2007年奥克兰会议”到“一个地区合作的新框架”：在亚洲和南太通过对话和多样性实现和谐

主持：Helena Barroco（联合国文明联盟）

发言：Kim Yersu（韩国）、黄俊杰（中国）、Phar Kim Beng（马亚西亚）、高述群（中国）、Cesar Villanueva（菲律宾）

12：30　自助午餐（上海国际会议中心一楼）

14：00　全体大会4：

未来五年

主持：张小安（中国）

发言：Jean-Christophe Bas（联合国文明联盟）、Helena Barocco（联合国文明联盟）、Nanda Hmun（缅甸）、潘光（中国）

15：30　闭幕式

主持：陈健

致辞：Jorge Sampaio

UNAOCAsia South Pacific Regional Consultation

Shanghai, November 29—30, 2012

November 29

09: 00　Opening Session

Moderator: Jean-Christophe Bas, Senior Advisor Strategic Development and Partnerships UNAOC

Welcoming Address by:

—H. E. AmbassadorCHEN Jian, President of the UN Association of China

—CUI Tiankai, Vice Minister, Ministry of Foreign Affairs of PRC

—TU Guangshao, Vice Mayor of Shanghai Municipal Government

—H. E. Jorge Sampaio, UN High Representative for the Alliance of Civilizations

09: 40　Morning Tea and Group Photo

10: 00　Welcome Address by Representatives of Partner Organisations

Chairs: ZHANG Xiaoan, Vice President of the UN Association of China

Speakers:

—CHEN Limin, Vice Secretary, Fudan University

—LI Yansong, Vice President, Peking University

—WANG Zhen, Vice President, Shanghai Academy of Social Sciences

—HUANG Youyi, Deputy Director, China International Publishing Group

—Prof. Joseph Camilleri (Australia)

—Prof. Chandra Muzaffar (Malaysia)

10：30 Overview of the work and programs of the United Nations Alliance of Civilizations by：

Moderator：PAN Guang（Vice President，Shanghai Center for International Studies）

—Iqbal Riza，Special Advisor to Ban Ki Moon

—Belen Alfaro，Ministry of Foreign Affairs，Spain

—Helena Barroco，Special Advisor to UNAOC High Representative

—Jordi Torrent，UNAOC Project Manager Media Literacy Programs

—Abhishek Thakore，The Blue Ribbon Movement，India

11：00 Plenary Session 1：High Level Exchange of Views

Chair：-Helena Barroco，Special Advisor to UNAOC High Representative

A Region in Change：How Politics，Culture and Values in Asia and South Pacific are responding to the rapid social and economic change?

It is now commonplace to discuss the remarkable rise ofChina and other Asian countries，in terms of economic growth. But there is more to the changes now under way than purely economic issues. Economic development has far-reaching implications for culture，education，social and cultural institutions，and more generally for values，traditions and our understanding of the challenges Asian and South Pacific countries are likely to face in the years ahead - both within their respective societies and in their relations with each other. This session will attempt to explore these implications，especially in terms of cultural diversity within and between countries.

Three themes have been identified as the focus of discussion：

—How are the societies ofAsia and the South Pacific coping with the challenges posed by religious，ethnic and cultural diversity?（Presentation of 1 or 2 case studies）

—Presenters: -Chandra Muzaffar (Malaysia)
-LAI Yonghai (China)

—To what extent have regional institutions integrated into their processes and activities the principles of "Harmony through diversity and dialogue"?

Presenters: -Joseph A. Camilleri OAM (Australia)
-TU Weiming (China)

—How can Asian and South Pacific societies best contribute to the global conversation on coexistence and engagement between cultures and civilizations?

Presenters: -Mata Amritanandamayi Devi (India)
-WANG Ge (China)

12: 30 Lunch

14: 00 Four simultaneous workshops

One of the significant changes of the last twenty or more years has been the resurgence of religion and ethnic identity in many parts of the world. This phenomenon has also been evident in a number of countries in the Asia-South Pacific region. At the same time rapid economic development appears to have weakened traditional values and institutions.

Four workshops will explore how these changes are impacting on the work of the UN Alliance of Civilizations, and the challenges and opportunities they present. Each workshop will look at a different theme:

1. Combining cultural traditions and modern social life

—Facilitator: Choi Youngjin (South Korea)

—Rapporteur: Arnaud Leveau (South Korea)

—Presenters: -LI Chenggui (China)
-Amina Rasul (Philippines)
-LI Ruohui (China)

2. Secularism vs. resurgence of religion

—Facilitator：Fethi Mansouri（Australia）

—Rapporteur：Hafiz Al Asad（Indonesia）

—Presenters：-LU Feng（China）

-Paul Morris（New Zealand）

-ZHANG Zhigang（China）

3. Dialogue of cultures and civilizations as an emerging paradigm in international relations

—Facilitator：Helena Barroco（UNAOC）

—Rapporteur：Aran Martin（Australia）

—Presenters：-YU Xintian（China）

-Chandra Muzaffar（Malaysia）

-ZHANG Yuquan（China）

4. Increasing knowledge and understanding of Asian cultures in the United Nations system

—Facilitator：Gugun Gumilar（Indonesia）

—Rapporteur：Jordi Torrent（UNAOC）

—Presenters：-JI Yongjun（China）

-Zaw Win（United Nations）

-WEI Sheng（China）

15：30 Afternoon tea

16：00—17：30 Four simultaneous workshops：

(Guidelines as for the previous set of workshops)

These four workshops should be seen as moving from the general overview of likely challenges and policy responses to consideration of specific issues and concrete policy directions and proposed action programs. Each workshop will deal with one of the following four areas：

5. How can Chinesetraditional culture contribute to the spirit “Many Cultures，One Humanity”?

—Facilitator：YANG Guorong（China）

—Rapporteur：Dina Afrianty（Indonesia）

—Presenters：-LAI Shilun（China）

-Qayyum Naveen（Thailand）

-LI Tiangang（China）

6. Possibilities for Dialogue in situations of conflict and tension

—Facilitator：Helena Barroco（UNAOC）

—Rapporteur：Thanine Sok（Cambodia）

—Presenters：-Cristina Montiel（Philippines）

-Yoo Kwonjong（South Korea）

-LIU Ming（China）

7. Forging a new generation of young leaders：developing cultural literacy and inter-cultural dialogue to address the challenges of cultural diversity. How can the younger generation contribute to cross-cultural harmony?

—Facilitator：Abhishek Takhore（India）

—Rapporteur：Aljunied Khairudin Syed（Singapore）

—Presenters：-SHEN Jian（China）

-Ghadafi Kamal Pg Suhaimi（Brunei）

-JI Ming（China）

8. Adapting educational institutions and policies to the needs of "intercultural dialogue and harmony"?

—Facilitator：Greg Barton（Australia）

—Rapporteur：Alessia Lefebure（USA）

—Presenters：-Francis Markus（International Federation of the Red Cross）

-HUANG Kaocheng（China）

-WU Wei（China）

18：30　Opening Reception

November 30

09：00 Plenary session 2：Workshop reporting

Moderators：-Melissa O'Rourke (Australia)

-TU Weiming (China)

Proposals and recommendations from the previous day's workshops are distributed and presented by the rapporteurs

Rapporteur：Arnaud Leveau (South Korea), Hafiz Al Asad (Indonesia)

Aran Martin (Australia), Jordi Torrent (UNAOC),

Dina Afrianty (Indonesia), Thanine Sok (Cambodia),

Aljunied Khairudin Syed (Singapore), Alessia Lefebure (USA)

10：30 Morning Tea

10：45 Plenary Session 3：High Level Exchange of Views

From the Auckland Symposium on the UNAOC in 2007 towards a renewed framework for regional cooperation to achieve "Harmony through Diversity and Dialogue" inAsia and the South Pacific

Moderator：-Helena Barroco (UNAOC)

Presenters：Kim Yersu (South Korea)

HUANG JunJie (China)

Phar Kim Beng, GGMMF (Malaysia)

GAO Shuqun (China)

Cesar Villanueva (Philippines)

12：30 Lunch

14：00 Plenary session 4：The Next Five Years

Moderator：-ZHANG Xiaoan (China)

a/Two presenters will focus on "Proposals and recommendations for a

UNAOC work plan in East Asia and South Pacific"

Presenter：-Jean—Christophe Bas（UNAOC）

-Helena Barocco（UNAOC）

b/Two presenters will focus on："Building bridges between Shanghai and Vienna：How the outcomes of these consultations will be featured into the Annual Global forum of the UNAOC in Vienna"

Presenter：-Nanda Hmun（Myanmar）

-PAN Guang（China）

15：30　Closing plenary session：

Chair：CHEN Jian（President of the UN Association of China）

Closing remarks：President Jorge Sampaio（UNAOC High Representative）

三、会议主办、承办、协办、支持单位简介

（一）主办单位

1. 联合国文明联盟

联合国文明联盟（United Nations Alliance of Civilizations，UNAOC，下称"文明联盟"）作为世界最高层次的不同文明对话组织，由联合国秘书长科菲·安南发起创立，旨在促进不同文化和宗教的国家和人们之间的相互理解与合作，帮助反对那些引发分裂和极端主义的力量。

文明联盟由联合国秘书长委派的高级代表领导，下设一个由16人组成的秘书处，在秘书处主任的管理下支持高级代表的各项工作。此外，筹备联合国文明联盟成立期间成立的名人小组成员被任命为文明联盟大使，该小组成员仍为联合国文明联盟活动的开展提供建议。联合国秘书长根据名人小组报告的推荐建议，还建立了一个志愿性质的信托基金，用以支持

联合国文明联盟的项目开展。联合国文明联盟拥有133名伙伴成员，包括世界主要国家和联合国其他机构和国际组织，如教科文组织和国际移民组织等，这些伙伴共同推进文明联盟在教育、青年、媒体和移民4大问题上的项目在全球的开展。文明联盟还设有一个全球化的智囊网络，从阿根廷的ESEADE大学到土耳其的伊斯兰文化研究中心，这一网络包括了全球诸多从事文明联盟事务相关领域研究的研究机构，为文明联盟提供智力支持。

联合国文明联盟主要致力于处理交叉领域问题，在教育、青年、媒体、移民4大方面开展活动。文明联盟的宗旨是：一、尊重和维护《世界人权宣言》；二、为保护和推动世界各国的公民、政治、经济、社会和文化权利而奋斗；三、加强各国实现民主和尊重人权（包括少数人的权利和发展权）的能力；四、确保在所有社会中实现尊重和保护移民人权，消除种族主义和排外行为，实现更大限度的社会和谐与包容；五、反对任何形式的针对妇女的暴力；六、积极欢迎各方的参与；七、确保媒体自由和公众掌握信息的渠道通畅。

过去5年，文明联盟主要完成了以下工作：第一，为跨文明的对话与合作提供一个组织完善、信誉良好的联合国平台；第二，逐步将自己塑造成一个以消除不同文明间敌视情绪、加强跨文明对话的软实力工具；第三，作为桥梁者、催化剂和会议召集人的文明联盟，不仅与成员国保持密切联系，同时与各国社会和草根阶层密切接触，通过多方合作开发创新性的项目推进跨文明的交流和理解；第四，在文明联盟内部多样性日益增加的同时，建立了清晰的组织架构和工作机制。

2. 中国联合国协会

中国联合国协会（简称“中国联协”）是中国唯一以支持和促进《联合国宪章》宗旨和原则为最高宗旨的全国性非政府组织，由热心联合国事务的中国公众和社会团体组成，理事包括联合国外交经验丰富的资深外交官、联合国研究成果丰硕的著名学者以及热心联合国事业的知名企业家。

中国联合国协会是“联合国协会世界联合会”创始会员之一，是中国第一家获得联合国经济社会理事会全面咨商地位的非政府组织，是联合国新闻部的联系会员，是“与联合国建立咨商关系的非政府组织会议”的正式成员。

中国联合国协会的宗旨是普及联合国知识，促进对联合国组织及其活动的了解、研究和宣传；促进联合国宪章的宗旨和原则的实现；增进各国人民之间的了解、友谊和合作，为维护世界和平和共同繁荣发展而努力。

中国联合国协会总部设在北京，由会长和副会长主持会务，秘书处在总干事和副总干事领导下负责日常工作。现任联协会长为中国前驻印度尼西亚、加拿大大使、前外交部驻澳门特别行政区特派员卢树民大使。

中国联合国协会的主要工作有：

第一，开展联合国问题研究。联协曾举办“奥运后的中国外交”研讨会（2008 年）、“中国的联合国外交”研讨会（2008 年和 2009 年）、“应对气候变化”国际圆桌会（2010 年）、“纪念中华人民共和国恢复联合国合法席位四十周年”系列研讨会（2011 年）、哈马舍尔德研讨会（2011 年）、“联合国可持续发展大会”专题研讨会（2012 年）等专题研讨会。

为整合国内联合国研究资源，联协于 2011 年牵头成立“中国联合国研究联席会议”，在国内召开一系列有关联合国问题的专题研讨会，对新形势下的联合国和中国多边外交的新问题和新挑战开展更广泛和深入的研究，对国际上有关联合国改革和其他多边机制发展的新动向进行跟踪和了解，并与日本和韩国共同发起东亚联合国研究研讨会。

编写并出版了《联合国与和谐世界》（2008 年）、《中国的联合国外交》（2009 年）、《世界众国之国：联合国》（2009 年）及《外交，让世界走向和谐》（2012 年）等一系列联合国和多边外交问题的重要书籍和文献。

第二，参与联合国和国际非政府组织活动。联协积极参与联合国协会世界联合会的工作和决策，出席其第 39 届大会（2009 年）和第 40 届大会（2012 年）及历次执委会。现任联协副会长兼总干事张小安是其执委。

与瑞典联协开展项目合作，举办非政府组织能力建设培训（2008 年）

等活动；与斯里兰卡联协（2008年）、印度联协（2010年）开展双边交流和访问；与印度联协和瑞典联协合办应对气候变化研讨会（2010年和2011年）；与日本联协和韩国联协轮流举办年度中日韩联协会长三边会议和中日韩青年论坛（2010—2012年）。2011年，中国联协在成都主办了会长三边会议和青年论坛。

参加“亚欧人民论坛”（2008年）、联合国人权理事会会议（2008年、2009年和2010年）、“应对暴力极端主义”国际会议（2010年）、“全球化背景下的非政府组织”研讨会（2010年）、联合国新闻部第63届非政府组织年会（2010年）、联合国气候变化大会（2010年）、与联合国建立咨商关系的非政府组织会议第24届大会（2011年）、联合国可持续发展大会高级别研讨会（2011年）、联合国可持续发展大会（2012年）等国际会议。

执行中国与澳大利亚人权技术合作项目；主办《联合国经济、社会及文化权利公约》座谈会（2012年）。

第三，宣传联合国，推广模联联合国活动，举办联合国知识培训，推动公众参与联合国事务。联协与国家图书馆合办了跨度2年的联合国知识系列讲座（2010—2011年）；会领导、常务理事和理事接受的采访和举办的讲座约200场，向报刊杂志的投稿30余篇。

在厦门大学（2008年）、北京师范大学（2009年）、四川外语学院（2010年）、国防科学技术大学（2011年）、天津外国语大学（2012年）连续举办5届中国全国模拟联合国大会；积极支持全国各地高校和中学开展模联活动，派员参加全国各地约50场模联活动，向上百场模联活动发去贺信；结合相关联合国机构的议事规则和国内模联的实际情况，编制了一份既接近真实的联合国会议又不失趣味的“中国模式”的议事规则。

在中国远洋运输集团的资助下，与人力资源和社会保障部国际合作司合办2届中国国际公务员能力建设培训班，来自国内外50多所高校的200余人参加培训，30余位曾经或正在联合国机构任职的官员、资深外交官以及著名学者授课，其中包括3名联合国前副秘书长，讲授中国的联合国外交、国际组织运作情况和人事制度、联合国考试和招聘程序等课程。推荐20多名优秀学员到联合国驻华机构等位于国内外的机构实习。

举办人权知识竞赛（2008—2010年）和人权知识培训班（2011年和2012年）；每年与联合国驻华系统合办联合国日招待会；与其他机构共同发起举办年度“国际科学与和平周”和“尼山世界文明论坛”等活动；参与接待联合国秘书长潘基文访华（2012年），与联合国文明联盟在华合办联合国文明联盟亚太地区会议（2012年），协助联合国基金会和联合国训研所在华举办董事会会议（2009年和2010年）；筹措资金在云南金平县资助建设一所希望小学（2011年）；合办“联合国千年发展目标公益主题活动”（2011年）；与韩国联协推动在国家级贫困县河北丰宁县开展植树造林、防风治沙项目；与联合国开发计划署合作开展后千年发展目标国家咨询项目（2012年）。

（二）承办单位

1. 上海联合国研究会

上海联合国研究会（Shanghai UN Research Association，SUNRA）是在前联合国副秘书长、中国联合国协会会长陈健大使的倡议下，由复旦大学、上海社会科学院、上海国际问题研究院、同济大学、上海外国语大学、华东政法大学等单位的10多位知名学者发起，拟于2013年成立的大陆第一个联合国研究会。

上海联合国研究会挂靠复旦大学，主管单位是上海市社会科学联合会，由上海国际问题研究中心副主席、联合国文明联盟大使潘光担任会长。

上海联合国研究会的宗旨是：推动联合国事业在中国和上海的发展，为上海的国际化大都市建设争取联合国更多的支持，整合上海联合国研究的力量。主要任务是：为联合国有关机构在上海开展活动提供帮助和便利；为政府和社会各界提供有关联合国问题的咨询和服务；为上海有关高校和研究机构的联合国研究提供指导和协调。业务范围包括：学术研究、决策咨询、专业培训、文化传播等。

2012年6月，上海联合国研究会与上海书法家协会、联合国中国书会等在联合国总部成功举办联合国中国书法精品展示会。11月29—30日，承办联合国文明联盟亚洲南太地区协商会议。

2. 上海中导集团

中导集团成立于2008年，是中国经济导报社为积极参与上海“四个中心”建设、促进长三角乃至长江流域协调发展而成立的经济实体。集团顺应上海经济发展潮流，以土地综合开发、国际文化交流和引入世界500强企业为抓手，探索研究土地开发和文化产业发展相结合的新模式。目前集团下属有8家公司，业务范围有：报业传媒、房地产开发、文化交流和传播、投资咨询和管理、会议展览及广告策划等。

集团与合作伙伴共同在嘉定新城投资了一个涵盖专业会务型五星级宾馆、办公楼、商业和酒店式公寓的综合地块项目。集团曾参与2010年世博会联合国馆的赞助管委会工作和联合国馆的整体运营管理工作。2012年，集团又在“联合国文明联盟”授权下开展“联合国文明联盟亚洲南太平洋地区论坛”的筹备和运营管理工作，现着手展开“联合国文明联盟亚太中心”综合项目。集团还与复旦大学等高校共同发起筹建上海联合国研究会。在中国文化艺术发展促进会的主管下，集团在北京参与筹建奥林匹克文化艺术中心。

按照集团发展规划，将建设与上海“四个中心”相关的国家级研发中心、国际品牌五星级酒店、国际会展中心、国际会议中心和传媒中心，引入若干世界500强企业中国总部和重要的国际组织。

（三）协办单位

1. 复旦大学国际问题研究院

复旦大学国际问题研究院成立于 2000 年，拥有 13 个研究中心/研究室，包括美国研究中心、日本研究中心、韩国/朝鲜研究中心、俄罗斯中亚研究中心、上海合作组织研究中心、欧洲问题研究中心、北欧中心、拉丁美洲研究室、联合国与国际组织研究中心、中国外交研究中心、南亚研究中心、巴基斯坦研究中心和欧洲问题研究中心政治部。其中美国研究中心是教育部人文社会科学重点研究基地（小基地）和国家哲学社会科学创新基地（大基地）。

研究院现有研究人员 34 名，其中正高级职称 11 名，副高级职称 14 名。研究院已形成以中年学术骨干为核心力量，青年学术队伍储备较为厚实的人才结构，具有较强的科研创新和咨询服务能力，在科研成果、重大项目、决策咨询等方面取得佳绩，在国内外已有一定的知名度和影响力。

国际关系和国际问题研究是复旦大学社会科学的核心学科之一。近年来，研究院在机构、人员、成果、项目、服务等方面实现跨越式发展，研究力量得到进一步整合和提升。国别、地区和全球问题的研究布局渐趋齐整和合理，学术竞争力有明显增强，若干领域的比较优势突出，研究院在政府和国外学界的地位和影响得到进一步提升。

2. 北京大学北京论坛

北京论坛（Beijing Forum）是经中国国务院和教育部批准，在北京市政府的指导与支持下，由北京大学、北京市教育委员会和韩国高等教育财团联合主办的国际性学术会议。

北京论坛创办于 2004 年，每年举办一次，迄今已有来自世界 60 多个国家和地区的 2500 多位名流政要和知名学者参加了这一学术盛会。

北京论坛以“文明的和谐与共同繁荣”为总主题，以北京雄厚的文化底蕴为依托，致力于推动全球人文社会科学问题的研究，促进世界的学术发展和社会进步，为全人类的发展作出贡献。论坛相信，不同文明在和平环境中的交汇始终是人类社会进步的动力源泉和根本保证。

北京论坛是以学术和文化为中心的世界级学术性论坛。它以北京雄厚的文化底蕴为依托，在介绍和发表世界高水平学术成果的同时，借鉴并吸收世界范围内的高水平研究成果，从而发展成为世界范围内具有重大影响力的、高水准的学术论坛。北京论坛致力于推动亚太地区人文社会科学问题的研究，促进亚洲太平洋地区乃至世界的学术发展和社会进步，为全人类的发展作出贡献。

北京论坛具有三个特点：一是国际性，即立足北大，面向亚洲，放眼世界，汇集世界著名学者；二是学术性，即强调从文明和文化角度深入探讨相关问题，阐明文明和文化在推进世界发展与社会进步中的作用；三是影响力，即注重其社会效益，关注对现实世界的影响，引起世界学术界的共鸣。

3. 上海社会科学院国际关系研究所

上海社会科学院国际关系研究所（Institute of International Relations，Shanghai Academy of Social Sciences）于 2011 年 9 月成立，由原上海社科院东欧中西亚研究所和亚洲太平洋研究所合并，并与上海国际问题研究中心进行了有机整合。研究所主要对全球问题与周边问题进行综合研究，形成中国和平发展战略研究、地区合作机制研究、国际安全与跨国问题研究、国际文化研究等多个具有学科优势的重点研究方向，努力构建中国特色的国际关系理论体系。

国际关系研究所现设有国际关系理论研究室、国际安全研究室、地区合作研究室、大国战略研究室、中国外交研究室、国际文化研究室和《国际关系研究》杂志编辑部，另设有美国研究中心、俄罗斯研究中心、日本研究中心、朝鲜半岛研究中心、东盟研究中心、上合组织研究中心、犹太研究中心、中亚南亚研究中心、中东研究中心、世界史研究中心、台湾研究中心和新兴国家研究中心。

国际关系研究所现有上海社科院国际关系重点学科和犹太学特色学科，拥有国际关系、世界史、外交学三个硕士学位点。国际关系研究所现有在职人员 52 人，其中研究员 12 人、副研究员 15 人、博士 29 人。

4. 澳大利亚拉筹伯大学对话中心

澳大利亚拉筹伯大学对话中心（Center for Dialogue，La Trobe University，Australia）于 2006 年 8 月 15 日在维多利亚国家美术馆正式成立。中心不仅致力于研究对话的哲学理念、方法、实践，还将学术成果用于教育与培训、推动政策及提高社区参与度。

对话中心的主要研究方向包括：一是与国家、地区及国际冲突有关的文化、宗教和文明对话；二是关于颇具争议的全球化的对话。

中心的主要任务包括：一是从事理论和应用研究，解决地区间及国家和国际层面文化、宗教、政治多样性对话所带来的挑战；二是开展教育培训课程，提高学校、高等教育机构的文化素养、理念、实践和对话方法；三是参与社区活动，旨在培养跨民族、跨文化和宗教间的对话与合作；四是开拓国际合作、交流和合作项目，重点在欧洲、中东、亚洲、北美；五是与政府机构、国际机构和社区组织合作，并提供政策建议。

对话中心旨在打造一个既能服务于学术研究，又能开展以社区为中心的项目资源中心，从而引起公众的兴趣。

中心将在澳大利亚和国际层面建立一个可持续的互动计划，将学术、政府、产业、劳动力、国际组织、专业机构和社区部门的各界联系起来。

5. 马亚西亚国际公平运动组织

国际公平运动组织（International Movement for a Just World）成立于 1997 年 5 月，是马来西亚一个国际性的非政府组织，由社会活动家和著名学者 Chandra Muzaffa 先生创立，起源于马来西亚槟城的一个私人信托。

国际公平运动组织的发展目标：一是提高公民对于目前全球体系中不公正现象的警觉性；二是帮助公众更好地理解“第一世界”和“第三世界”、南北方鸿沟、少数特权阶级对人类尊严和社会正义的挑战和影响；三是在个人和社区层面培养公正价值观和理念，提高全球意识的重要性；四是为人类勾画一个精神和道德生活的普世愿景，引导人类寻求一个公正的世界。

为了达到这些目标，国际公平运动组织举办了各种活动：一是通过纸质和电子媒体对当今时事问题定期发表评论文章；二是制作和分发书籍、专著和小册子；三是为公众举办讲座、论坛和会议，为年轻人举行每年一次的研讨活动；四是构建一个强大的世界网络，其是公众宣传活动和意识提高方案的基础；五是与不同地方但致力于同样目标的其他组织积极合作。

（四）支持单位

1. 上海市文明办

上海市文明办在上海市精神文明建设委员会的领导下，拟定本市精神文明建设总体规划和年度工作计划，提出具体实施的目标、任务、方针、和政策；调查研究本市精神文明建设的新情况、新任务和新特点，适时提出建议、对策，指导、检查全市精神文明建设工作；筹划、组织全市性的精神文明建设活动，命名表彰、总结宣传本市精神文明建设的先进典型；协调本市精神文明建设工作中地区和系统、部队和地方等各个方面的关系；承办市精神文明建设委员会交办的其他事项。下设主要机构及其职能主要包括：

综合处：负责全市精神文明建设工作情况，定期向市精神文明委员会作出报告，编发简报，筹备会议以及新闻发布，管理市精神文明建设委员会办公室内部事务，负责有关接待工作。

活动指导处：筹备和组织全市性的精神文明建设活动，组织、指导开展文明单位、文明小区、行业达标、军民共建等经常性创建活动和评审表彰工作。

志愿服务工作处：上海市精神文明建设委员会办公室是全市志愿服务工作的指导、协调单位和市志愿者协会的主管单位。志愿服务工作处作为上海市文明办的职能处室，具体负责此项工作。

未成年人处：拟定上海市未成年人思想道德建设总体规划和年度工作计划，调查研究上海未成年人思想道德建设社的新情况、新问题、新特点，检查和督办全市未成年人西乡道德建设工作进度，牵头策划和组织全市未成年人思想道德建设活动，命名表彰和总结宣传未成年人思想道德建设的先进典型及经验，协调未成年人思想道德建设工作中各有关方面的关系，拟定全市性未成年人思想道德建设的工作制度等。

调研处：开展全市精神文明建设调查研究工作，起草规划和实施方案，总结经验，提出工作建议和对策，开展理论、政策研究，起草精神文明建设法规和规章。

上海市文明办还设有公益广告、社区学校、志愿者协会、区县委办等机构。

2. 上海市人民政府外事办公室

上海市人民政府外事办公室是主管全市外事工作的市政府组成部门，同时又是中共上海市委及其外事外宣工作领导小组的工作机构。主要职责包括：

贯彻执行有关外事工作的方针、政策和法律、法规、规章；结合本市实际，研究起草外事工作的地方性法规、规章草案和政策，并组织实施有关法规、规章和政策。

负责来沪访问的国宾、党宾和其他重要外宾以及进行公务活动的各国驻华外交人员的接待工作；负责安排市领导参加非经贸外事活动。

负责本市与国外友好城市、友好省（州、府、大区、县）交往活动的组织工作；指导本市外事接待、民间对外交往及涉外参观点建设工作。

负责本市人员因公出国和赴香港、澳门特别行政区的归口管理工作；根据有关规定，审批或审核有关部门派遣的出国及赴香港、澳门特别行政区团组和人员工作；负责办理因公出国人员的护照和申办签证及因公人员赴香港、澳门特别行政区的通行证的签发及签注工作；负责办理市领导出访报批等事宜；负责本市对外邀请管理工作，以及香港、澳门特别行政区政府同本市的交往事宜，按授权核发外国人来沪的签证通知函电。

负责办理与外国驻沪领事机构的交往和交涉事宜及有关领事业务；负责对外国驻沪新闻机构和外国记者的管理，审批和组织短期来沪外国记者的采访活动；负责处理或协助处理本市重大的涉外事件。

负责审理有关外事、涉外工作的请示事宜，协调重要外事和涉外活动；根据有关规定，审核或审批在本市举行的重要国际会议工作；协同有关部门研究和处理有关口岸涉外事宜；会同有关部门做好在沪外国人士的管理及对外国友好人士的表彰、奖励工作。

负责协调涉外安全事务工作，牵头负责协调境外非政府组织在沪活动的管理和本市民间组织涉外活动的管理工作；协助做好有关涉外安全事务。

指导有关外事工作机构的业务工作；负责外事干部国际形势、对外政策、外事纪律等方面的教育与培训工作；监督、检查外事纪律的执行情况，协助有关部门处理违反外事纪律、严重损害国家利益和声誉的重大案件；会同有关部门表彰外事系统的先进单位和个人。

管理、指导上海市人民对外友好协会等社会团体工作。

负责有关行政复议受理和行政诉讼应诉工作。

承办市委、市政府交办的其他事项。

3. 中国外文出版发行事业局

中国外文出版发行事业局，简称中国外文局，又称中国国际出版集团（China International Publishing Group，CIPG），是中央所属事业单位，是承担党和国家书、刊、网络对外宣传任务的新闻出版机构，是中国历史最悠久、规模最大的专业对外传播机构。

中国外文局是在周恩来、陈毅等老一辈无产阶级革命家的直接领导下创办的，前身是成立于 1949 年 10 月的中央人民政府新闻总署国际新闻局。中国外文局是中国规模最大的外文出版发行机构，以图书、期刊、音像制品和互联网，为各国读者提供丰富的中国信息。现拥有近 3000 名职工，其中包括近百名外国专家。下属 20 个机构，包括 10 家出版社、5 家杂志社，以及中国网、中国国际图书贸易总公司、对外传播研究中心、翻译资格考评中心等单位，在美国、英国、德国、比利时、俄罗斯、埃及、墨西哥、日本以及香港等 12 个国家和地区设有分支机构，形成了涵盖翻译、出版、印刷、发行、互联网和多媒体业务、理论研究及社会事业等领域的事业格局。每年以 10 余种文字出版 3000 余种图书、编辑近 30 种期刊、运营 30 余家网站，书刊发行到世界 180 多个国家和地区，网络受众遍及世界各地。中国外文局对外传播的信息全面反映了中国悠久的历史文化，真实展现了中国改革开放取得的新进展、新成就，为增进中外理解和友谊发挥了积极作用。

4. 联合国中国书会

联合国中国书会（UNSRC Chinese Book Club）是一个联合国注册的工作人员文娱俱乐部，是联合国华裔工作人员精心营造的一个文化之家。在国外中文资料匮缺的时代，联合国同事们出资出力购置了大量图书和杂志，给联合国大厦带来清新的中华文化气息。随着时代的发展，书会又开展了录像资料借阅业务。会员们每周在这里踊跃借阅图书杂志和录影资料，使书会成了华裔工作人员沐浴中华文化、获取中国信息的窗口。联合国中国书会还为会员举办过大量活动，包括联欢、讲座和其他文娱活动。今后，中国书会将顺应信息时代的要求，利用本网站和其他方式开拓活动空间，继续满足广大会员的文化需求。

联合国中国书会是联合国华裔工作人员的联络中心。会员们来自联合国总部中文处、中文文字处理股、逐字记录科、口译科和其他单位。中国书会推动联合国华裔工作人员建立联系、相互了解、增进友谊。中国书会通过本网站和内联网让大家随时了解有关华裔工作人员的信息，参加与书会有关的各种活动，讨论大家共同关心的问题。中国书会还为会员建立与外界沟通的桥梁，让外界了解会员，也让会员了解外界有关情况，特别是与华裔工作人员有关的信息。

联合国中国书会是一个弘扬中华文化的国际平台。十几年来，中国书会在联合国大厦举办过几十次展览，包括绘画、书法、摄影和艺术展览和音乐会；中国多家文化团体和许多著名作家、画家、书法家及艺术家都曾通过这个平台光临联合国传播中华文化；联合国中国书会还举办过多次捐款和义卖活动，为救灾和扶贫作出了一份贡献。联合国中国书会今后将继续因地制宜开展活动，在联合国或其他地点举办或协办文化活动，宣传中华文化。

联合国中国书会会员分为正式会员和联系会员并设书会之友。凡在联合国总部或联合国其他组织工作的华人或讲中文者，每年交纳 7 美元会费，即可成为该会正式会员。正式会员可借阅图书杂志，交流或交换图书，参加书会举办的各种活动，通过电子邮件和本网站随时获得书会信息和情况通报，代表书会参加和联系文化活动，并在本网站获得和管理个人网页，刊载信息、建立链接、讨论问题和发表文章。联系会员由前书会会员、过去参加过书会活动和关心书会的华人组成。

四、与会者名单

姓名 Name	机构 Affiliation	国家/地区/国际组织 Country/Region/International Organization
Mohammad Iqbal Ahnaf	Gadjah Mada University	印度尼西亚 Indonesia
Hafiz AlAsad	雅加达国家伊斯兰大学 State Islamic University Jakarta	印度尼西亚 Indonesia
MARIA BELÉN ALFARO HERNÁNDEZ	西班牙外交部 Ministry of Foreign Affairs，Spain	西班牙 Spain
Syed Muhd Khairudin Aljunied	新加坡国立大学 National University of Singapore	新加坡 Singapore
Mata Amritanandamayi	拥抱世界组织 Embracing the World	印度 India
Martin Aran	对话中心 Centre for Dialogue	澳大利亚 Australia
Helena Barroco	联合国文明联盟 UNAOC	葡萄牙 Portugal
Gregory Barton	莫纳什大学 Monash University	澳大利亚 Australia
Jean-Christophe Bas	联合国文明联盟 UNAOC	联合国 UN
Amina Rasul Bernardo	菲律宾伊斯兰教与民主中心 Philippine Center for Islam and Democracy	菲律宾 Philippines
蔡建国 CAI Jianguo	上海市侨办 Shanghai Overseas Chinese Affairs Office	中国 China

姓名 Name	机构 Affiliation	国家/地区/国际组织 Country/Region/ International Organization
Joseph A. Camilleri	拉筹伯大学 La Trobe University	澳大利亚 Australia
陈健 CHEN Jian	中国联合国协会 U. N. Association of China	中国 China
陈立民 CHEN Limin	复旦大学 Fudan University	中国 China
程烈 CHENG Lie	外交部 Ministry of Foreign Affairs	中国 China
崔英辰 Choi Youngjin	成均馆大学 Sungkyunkwan University	韩国 South Korea
崔天凯 CUI Tiankai	外交部 Ministry of Foreign Affairs	中国 China
戴迈雄 Matthew Dalzell	新西兰驻上海总领馆 Consulate General of New Zealand in Shanghai	新西兰 New Zealand
董正华 DONG Zhenghua	北京大学历史学系 Peking University	中国 China
范宇飞 FAN Yufei	上海市外办 Foreign Affairs Office Shanghai Municipal People's Government	中国 China
范军 FAN Jun	华东师范大学 East China Normal University	中国 China
冯影俏 FENG Yingqiao	太湖文化论坛 World Cultural Forum	中国 China
高述群 GAO Shuqun	尼山世界文明论坛 Nishan Forum	中国 China

姓名 Name	机构 Affiliation	国家/地区/国际组织 Country/Region/International Organization
Mehement Goksel	土耳其驻上海领事馆 Consulate General of Turkey in Shanghai	中国 China
Pece Gorgievski	全球对话基金会 Global Dialogue Foundation	澳大利亚 Australia
Arif Gunawan	印尼驻上海总领馆 Consulate General of Indonesia in Shanghai	印度尼西亚 Indonesia
谷雪 GU Xue	北京大学/北京论坛 Peking University	中国 China
关世杰 GUAN Shijie	北京大学新闻传播学院 Peking University	中国 China
Gugun Gumilar	The State Islamic University	印度尼西亚 Indonesia
郭峰铖 GUO Fengcheng	中导集团 Zhongdao Group	中国 China
Anna Halafoff	迪肯大学 Deakin Unviersity	澳大利亚 Australia
韩波 HAN Bo	南南技术产权交易所 South-South Global Assets and Technology Exchange	中国 China
Kusuma Habir	印度尼西亚外交部 Indonesian Ministry of Foreign Affairs	印度尼亚 Indonesia
何剑波 HE Jianbo	奉化市委常委统战部部长 United Front Work Department of Fenghua Municipal Standing Committee	中国 China
Brian Hewson	新西兰驻上海总领馆 Consulate General of New Zealand in Shanghai	新西兰 New Zealand

姓名 Name	机构 Affiliation	国家/地区/国际组织 Country/Region/International Organization
Nanda Hmun	缅甸文化部 Ministry of Culture	缅甸 Myanmar
Patrick CP Ho	中华能源基金委员会 China Energy Fund Conmmittee	中国 China
侯建新 HOU Jianxin	天津师范大学历史文化学院 Tianjin Normal University	中国 China
侯晓渊 HOU Xiaoyuan	上海市外办 Foreign Affairs Office Shanghai Municipal People's Government	中国 China
黄俊杰 HUANG Junjie	台湾大学人文社会高等研究院 The Institute for Advanced Studies in Humanities and Social Sciences，National Taiwan University	中国 China
黄高正 HUANG Kaocheng	湖南道南书院 Hunan Daonan Academy	中国 China
黄友义 HUANG Youyi	中国外文局 China International Publishing Group	中国 China
Desmond Hui	文化和发展咨询顾问公司 Culture and Development Consultancy Ltd.	中国香港 Hongkong China
Iqbal Riza	联合国 UN	联合国 UN
季明 JI Ming	新华社上海分社 Xinhua News Agency	中国 China
吉拥军 JI Yongjun	中国人民对外友好协会 The Chinese People's Association for Friendship with Foreign Countries	中国 China
Torrent Jordi	联合国文明联盟 UNAOC	联合国 UN

姓名 Name	机构 Affiliation	国家/地区/国际组织 Country/Region/ International Organization
Bjoern Kempe	高美艾博展览（上海）有限公司 Comexposium (Shanghai) Co.，Ltd	中国 China
金钟明 Jongmyung Kim	韩国学中央研究院 The Academy of Korean Studies	韩国 South Korea
Yersu Kim	庆熙大学 Kyung Hee University	韩国 South Korea
赖世伦 LAI Shilun	美国回归中医药大学 Huigui College of Chinese Medicine	中国 China
赖永海 LAI Yonghai	南京大学中华文化研究院 Nanjing University	中国 China
李光虎 Lee Kwangho	延世大学 Yonsei University	韩国 South Korea
Alessia Lefebure	哥伦比亚大学 Columbia University	美国 USA
若阿金．雷蒙斯 Joaquim. Lemos	葡萄牙驻上海总领馆 Consulate General of Portugal in Shanghai	葡萄牙 Portugal
Arnaud Leveau	Sogang Institute for East Asian Studies	韩国 South Korea
李承贵 LI Chenggui	南京大学哲学系 Nanjing University	中国 China
李若晖 LI Ruohui	复旦大学哲学学院 Fudan University	中国 China
李天承 LI Tiancheng	清华大学人文学院 Tsinghua University	中国 China
李小鹿 LI Xiaolu	国防大学战略研究所 National Defense University	中国 China

姓名 Name	机构 Affiliation	国家/地区/国际组织 Country/Region/International Organization
李岩松 LI Yansong	北京大学 Peking University	中国 China
廖名春 LIAO Mingchun	清华大学历史系 Tsinghua University	中国 China
林之畅 LIN Zhichang	中国人民对外友好协会 The Chinese People's Association for Friendship with Foreign Countries	中国 China
刘妍 LIU Yan	新单位 Xindanwei	中国 China
刘鸣 LIU Ming	上海社会科学院国际关系研究所 Shanghai Academy of Social Science	中国 China
娄晓琪 LOU Xiaoqi	文明杂志社 The Journal of Civilization	中国 China
卢风 LU Feng	清华大学哲学系 Tsinghua University	中国 China
陆建非 LU Jianfei	上海师范大学 Shanghai Normal University	中国 China
马启明 Victor C. Ma	吉富中国投资管理股份有限公司 Tano China Capital Management Inc.	中国 China
Fethi Mansouri	迪肯大学 Deakin University	澳大利亚 Australia
Francis Markus	国际红十字会 International Federation of Red Cross and Red Crescent Societies	中国 China
O'Rourke Melissa	外交贸易部 Department of Foreign Affairs and Trade	澳大利亚 Australia

姓名 Name	机构 Affiliation	国家/地区/国际组织 Country/Region/ International Organization
Cristina Montiel	雅典耀大学 Ateneo de Manila University	菲律宾 Philippines
Paul Morris	惠灵顿维多利亚大学 Victoria University of Wellington	新西兰 New Zealand
Chandra Muzaffar	国际公平运动组织 International Movement for a Just World	马来西亚 Malaysia
Siew Gay ONG	新加坡驻上海总领馆 Consulate General of Singapore in Shanghai	新加坡 Singapore
Tin Oo	缅甸驻中国大使馆 Myanmar Embassy in China	缅甸 Myanmar
Htar Pah	缅甸文化部 Ministry of Culture	缅甸 Myanmar
潘光 PAN Guang	上海社会科学院 Shanghai Academy of Social Science	中国 China
Iram Parveen	Indian Committee of Youth Organizations	印度 India
Ak Kamal Ghadafi Pg Suhaimi	联合国文明联盟青年咨询委员会 UNAOC Youth Advisory Committee	文莱 Brunei
Kim Beng Phar	Global Movement of the Moderates Foundation	马来西亚 Malaysia
Naveen Qayyum	世界基督教会联合会 World Council of Churches	泰国 Thailand
钱波 QIAN Bo	外交部国际司 Department of International Orgnizations and Conferences，Ministry of Foreign Affairs	中国 China

姓名 Name	机构 Affiliation	国家/地区/国际组织 Country/Region/International Organization
钱世锦 QIAN Shijin	上海大剧院 Shanghai Grand Theatre	中国 China
任晓 REN Xiao	复旦大学国际问题研究院 Institute of International Studies，Fudan University	中国 China
Devdy Risa	印度尼西亚外交部 Indonesian Ministry of Foreign Affairs	印度尼亚 Indonesia
Jorge Sampaio	联合国文明联盟高级代表 High Representative of UNAOC	葡萄牙 Portugal
沈健 SHEN Jian	闪亮传媒集团 Shinework Media Group	中国 China
Lamin Sise	科菲·安南基金会 Kofi Annan Foundation	联合国 UN
Thanine Sok	普华永道 Price Waterhouse Coopers	柬埔寨 Cambodia
Katriina Tahka	Diversity CouncilAustralia	澳大利亚 Australia
康加其 KANG Jiaqi	全球和谐联盟 Global Harmony Union in China	中国 China
Abhishek Thakore	蓝丝带运动 The Blue Ribbon Movement	印度 India
田宇 TIAN Yu	中国联合国协会 U. N. Association of China	中国 China
杜维明 TU Weiming	北京大学高等人文研究院/文明对话中心 Peking University	中国 China
Adinda Valentine	印尼驻上海总领馆 Consulate General of Indonesia in Shanghai	中国 China

姓名 Name	机构 Affiliation	国家/地区/国际组织 Country/Region/International Organization
Cesar Geronimo Villanueva	Pax Christi Institute and TRANSCEND Pilipinas	菲律宾 Philippines
王戈 WANG Ge	全球和谐联盟 Global Harmony Union in China	美国 USA
汪建国 WANG Jianguo	广东省孔子研究中心理事会 Guangdong Center for Confucius Studies	中国 China
王晓燕 WANG Xiaoyan	联合国文明联盟电影节筹备组 Film Festival Preparatory Group of UNAOC	中国 China
王振 WANG Zhen	上海社会科学院 Shanghai Academy of Social Science	中国 China
王珍 WANG Zhen	《解放日报》理论部 Jiefang Daily	中国 China
韦宗友 WEI Zongyou	上海外国语大学国际关系与外交事务研究院 Shanghai International Studies University	中国 China
魏盛 WEI Sheng	湖南道南书院 Hunan Daonan Academy	中国 China
Zaw T. Win	联合国秘书处 UN	联合国 UN
WU Nora	普华永道 Pricewaterhouse Coopers	中国 China
吴薇 WU Wei	厦门大学教育研究院 Institute of Education，Xiamen University	中国 China
邢丽菊 XING Liju	复旦大学韩国研究中心 Fudan University	中国 China

姓名 Name	机构 Affiliation	国家/地区/国际组织 Country/Region/ International Organization
徐菁 XU Jing	外交部国际司 Department of International Orgnizations and Conferences，Ministry of Foreign Affairs	中国 China
XU Qingjing	英孚教育 EF Education First	美国 USA
徐喆 XU Zhe	中国外文局 China International Publishing Group	中国 China
薛亮 XUE Liang	中导集团 Zhongdao Group	中国 China
燕爽 YAN Shuang	上海市文明办 Shanghai Spiritual Civilization Office	中国 China
杨国荣 YANG Guorong	华东师范大学思勉人文高等研究院 East China Normal University	中国 China
杨海文 YANG Haiwen	《中山大学学报》 Sun Yat-Sen university	中国 China
杨卫磊 YANG Weilei	韩国首尔大学 Seoul National University	中国 China
杨永法 YANG Yongfa	上海永和房地产有限公司 Shanghai Yonghe Real Estate Co.，LTD	中国 China
叶琼章 YE Qiongzhang	冷香书院 College of Lengxiang	中国 China
刘权钟 YOO KWONJONG	中央大学人文学院 Chung-Ang University	韩国 South Korea
于健 YU Jian	尼山世界文明论坛 Nishan Forum	中国 China
俞新天 YU Xintian	上海国际问题研究院 Shanghai Institutes for International Studies	中国 China
余治平 YU Zhiping	上海社会科学院哲学所外国哲学研究室 Shanghai Academy of Social Science	中国 China

姓名 Name	机构 Affiliation	国家/地区/国际组织 Country/Region/ International Organization
章迪禹 ZHANG Diyu	《世界知识》杂志 Journal of World Affairs	中国 China
张贵洪 ZHANG Guihong	复旦大学国际问题研究院 Fudan University	中国 China
张微潇 ZHANG Weixiao	中国人民对外友好协会 The Chinese People's Association for Friendship with Foreign Countries	中国 China
张小安 ZHANG Xiaoan	中国联合国协会 U. N. Association of China	中国 China
张宇权 ZHANG Yuquan	中山大学亚太研究院 Sun Yat-Sen University	中国 China
张志刚 ZHANG Zhigang	北京大学哲学系 Peking University	中国 China
郑传焮 ZHENG Chuanxin	太湖文化论坛 World Cultural Forum	中国 China
郑丹 ZHENG Dan	太湖文化论坛 World Cultural Forum	中国 China
周岭 ZHOU Ling	中国科技财富 China Science Fortune	中国 China
周亚军 ZHOU Yajun	上海市对外友协 Shanghai People's Association for Friendship with Foreign Countries	中国 China

参考文献

一、中文文献

[英] 马修·阿诺德著，韩敏中译：《文化与无政府状态——政治与社会批评》，三联书店 2002 年版。

[德] 诺贝特·埃里亚斯著，王佩莉、袁志英译：《文明的进程——文明的社会起源和心理起源的研究》(共二卷)，三联书店 1998—1999 年版。

[日] 村山节、浅井隆著，夏文达等译：《东西方文明沉思录》，中国国际广播出版社 2002 年版。

[美] 狄柏瑞著，何兆武、何冰译：《东亚文明：五个阶段的对话》，江苏人民出版社 2012 年版。

杜维明著，彭国翔译：《儒家传统与文明对话》，人民出版社 2010 年版。

方世南著：《时代与文明——和平与发展的时代主题与各国文明的多样性》，人民出版社 2006 年版。

[美] 弗朗西斯·福山著，刘榜离等译：《人类本性与社会秩序的重建》，中国社会科学出版社 2002 年版。

[日] 福泽谕吉著，北京编译社译：《文化论概略》，商务印书馆 1997 年版。

[奥] 西格蒙德·弗洛依德著，徐洋等译：《论文明》，国际文化出版公司 2000 年版。

［美］托马斯·弗里德曼著，何帆、肖莹莹、郝正非译：《世界是平的：21世纪简史》，湖南科学技术出版社2012年版。

［美］塞缪尔·亨廷顿著，周琪等译：《文明的冲突与世界秩序的重建》，新华出版社2002年版。

［美］塞缪尔·亨廷顿、劳伦斯·哈里森主编，程克雄译：《文化的重要作用——价值观如何影响人类进步》，新华出版社2002年版。

季羡林著：《季羡林文化沉思录》，中国工人出版社2009年版。

［美］保罗·肯尼迪著，卿劼译：《联合国：过去与未来》，海南出版社2008年版。

［美］欧文·拉兹洛编著，戴侃、辛未译：《联合国教科文组织国际专家研究报告：多种文化的星球》，社会科学文献出版社2004年版。

［美］约瑟夫·拉彼德、［德］弗里德里希·克拉托赫维尔著，金烨译：《文化和认同——国际关系回归理论》，浙江人民出版社2003年版。

［保］亚历山大·利洛夫著，马细谱等选译：《文明的对话：世界地缘政治大趋势》，社会科学文献出版社2007年版。

李铁城主编：《世纪之交的联合国》，人民出版社2002年版。

李铁城主编：《联合国五十年》，中国书籍出版社1996年版。

李新柳著：《东西方文化比较导论》，高等教育出版社2005年版。

汝信总主编：《世界文明大系》系列丛书：《儒家文明》、《非洲黑人文明》、《日本文明》、《伊斯兰文明》、《拉丁美洲文明》、《古代西亚北非文明》、《犹太文明》、《印度文明》、《美国文明》、《斯拉夫文明》、《西欧文明》等，中国社会科学出版社2000年版。

刘海平编著：《文明对话：东亚现代化的涵义和全球化中的文化多样性》，上海外语教育出版社2006年版。

［英］亚当·罗伯茨、［新西兰］本尼迪克特·金斯伯里主编，吴志成、张蒂、刘兴华等译：《全球治理——分裂世界中的联合国》，中央编译出版社2010年版。

［德］哈拉尔德·米勒著，郦红等译：《文明的共存》，新华出版社2002年版。

［英］马克·B·索尔特著，肖欢容等译：《国际关系中的野蛮与文明》，新华出版社2004年版。

［英］约翰·汤姆林森著，冯建三译：《文化帝国主义》，上海人民出版社1999年版。

［英］约翰·汤姆林森著，郭英剑译：《全球化与文化》，南京大学出版社2002年版。

王缉思主编：《文明与国际政治——中国学者评亨廷顿的文明冲突论》，上海人民出版社1995年版。

谢喆平著：《中国与联合国教课文组织的关系演进：关于国际组织对会员国影响的一项经验研究》，教育科学出版社2010年版。

徐静波、胡令远主编：《东亚文明的共振与环流》，上海社会科学院出版1996年版。

许启贤主编：《世界文明论研究》，山东人民出版社2001年版。

阎学通、孙学峰：《国际关系研究实用方法》，人民出版社2001年版。

俞新天著：《强大的无形力量：文化对当代国际关系的作用》，上海人民出版社2007年版。

俞新天著：《掌握国际关系秘钥：文化、软实力与中国对外战略》，上海人民出版社2010年版。

乐黛云、［法］李比雄主编：《跨文化对话》丛书（一至二十五册），上海文化出版社1998年起出版。

张贵洪主编：《联合国研究》（第一辑），世界知识出版社2012年版。

二、英文文献：

1. 出版物

Donald N. Levine，The dialogue of civilizations：An Eisenstaedt legacy，*Journal of Classical Sociology*，Vol. 11，2001.

In-Suk Cha，Modernity and Subjectivity：Enabling Asian Consciousness of Multi-Identity，*Diogenes*，Vol. 58，2010.

Niels Lachmann, In the labyrinth of international community: The Alliance of Civilizations program at the United Nations, *Cooperation and Conflict*, Vol. 46, 2011.

Renate Holub, Book Review: Dialogue among Civilizations: Some Exemplary Voices, *Political Theory*, Vol. 33, 2005.

Robert Holton, Globalization's Cultural Consequences, Annals of American Academy of Political and Social Science, *Dimensions of Globalization*, Vol. 570, 2000.

2. 网络

Achieving the Goals of the UNAlliance of Civilizations through Shared Initiatives, *UNAOC Project Description*, 2012, http://unaoc.org/docs/UNAOC%20Project%20Descriptions.pdf.

Alliance of Civilization: Fifth Annual Report of the High Representative for the Alliance of Civilization, *UNAOC Events*, 2011, http://unaoc.org/docs/UANOC%20Doha%20Forum%20Report.pdf.

Asia 2050: Realizing the Asian Century, *Asian Development Bank*, 2011, http://www.unido.org/fileadmin/user_media/UNIDO_Worldwide/Asia_and_Pacific_Programme/Documents/AsianDevelopmentBankreport_asia—2050.pdf.

Australia in the Asian Century, *Australian Government*, 2012, http://asiancentury.dpmc.gov.au/white-paper.

Confucius and the Ballot Box: Why "Asian Values" Do Not Stymie Democracy, *Foreign Affairs*, 2012, https://dl.dropbox.com/u/109880917/Confucius%20and%20the%20Ballot%20Box.pdf.

Developing Next Generation Women Leaders across the Asia Pacific Region, *Asia Society*, 2011, http://asiasociety.org/policy/social-issues/women-and-gender/developing-next-generation-women-leaders-across-asia-pacific-r.

Dialogue and Personhood by Professor Lawrence Splitter, *Newsletter of the Center for Dialogue*, 5 *November* 2009, http://www.latrobe.edu.au/dialogue/assets/downloads/cfd-connections-edition5.pdf.

Gangnam Style Now Most Liked Video in YouTube History, *GuinnessWorldRecords.com*, 20 September 2012, http://www.guinnessworldrecords.com/news/2012/9/gangnam-style-now-most-liked-video-in-youtube-history-44977/.

Growing Concerns inChina about Inequality, Corruption, *Pew Global Attitudes Project*, 2012, http://www.pewglobal.org/2012/10/16/chapter-1-domestic-issues-and-national-problems/.

HowChina Sees America: The Sum of Beijing's Fears, *Foreign Affairs*, *September/October* 2012, https://dl.dropbox.com/u/109880917/How%20China%20Sees%20America.pdf.

International student rights, Council of International Students Inaugural Conference, *Speech by Dr Helen Szoke*, *Victorian Equal Opportunity and Human Rights Commissioner*, *July* 2011, http://www.humanrightscommission.vic.gov.au/index.php?option = com _ k2&view = item&id = 1420: international-student-rights-council-of-international-students-inaugural-conference&Itemid=514.

Is the United Nations Still Relevant? *Asia Society*, 2004, http://asiasociety.org/policy/united-nations-still-relevant.

Large Halal Fair Opens in NW China, *China Daily*, 2011, http://www.chinadaily.com.cn/china/2011—07/22/content _ 12966219.htm.

Long history with Islam gives Indigenous Australians pride, *The Conversation*, 14 *December* 2011, http://theconversation.edu.au/long-history-with-islam-gives-indigenous-australians-pride-3521.

Mo Yan-Biographical, *Nobelprize.org*, 12 *November* 2012, http://www.nobelprize.org/nobel _ prizes/literature/laureates/2012/yan.htmlMuslims.

Rising Peacefully Together, *Foreign Policy*, *August* 2012, http：//www. foreignpolicy. com/articles/2012/08/01/rising _ peacefully _ together.

Secretary-General Ban Ki-moon and PSY，Korean singer，*UN TV*，*October* 2011，http：//www. youtube. com/watch? v=Sqx9lRvJIKA.

Singapore：A Depoliticized Civil Society in a Dominant-Party System? *Lee Kuan Yew School of Public Policy*，*National University of Singapore*，2010，http：//www. spp. nus. edu. sg/docs/policy-briefs/201012 _ FES _ Briefing _ Paper _ Kenneth _ EN. pdf.

Tag：HanHan，*China Digital Times*，2012，http：//chinadigitaltimes. net/china/han-han/.

The Global Village Has Arrived，*Finance and Development*，*September* 2012，http：//www. imf. org/external/pubs/ft/fandd/2012/09/pdf/mahbuban. pdf.

The Overall Situation of Studying Abroad，*Chinese Government*，2009，http：//www. moe. edu. cn/publicfiles/business/htmlfiles/moe/s3917/201007/91574. html.

The Perils of Proximity，*Brookings Institute*，*2010*，https：//dl. dropbox. com/u/109880917/China-Japan%20Security%20Relations. pdf.

Try to Right Wrongs after Protest，*Sydney Morning Herald*，*September 2012*，http：//www. smh. com. au/nsw/muslims-try-to-right-wrongs-after-protest-20120921-26bof. html.

UNAOC Shanghai Consultation Program，*UNAOC Asia & Pacific Regional Consultation*，2012，http：//www. unaoc. org/wp-content/uploads/UNAOC-Shanghai-Consultation-Programme-22-Nov. pdf.

When Strangers Meet：Visions of Asia andEurope in Film，*Asia-Europe Foundation* 2012，http：//www. asef. org/index. php/pubs/asef-publications/2604-when-strangers-meet-visions-of-asia-and-europe-in-film.

图书在版编目（CIP）数据

联合国与文明对话/张贵洪、郭峰铖主编．—北京：时事出版社，2013.7
ISBN 978-7-80232-619-4

Ⅰ.①联…　Ⅱ.①张…②郭…　Ⅲ.①国际关系—研究　Ⅳ.①D81

中国版本图书馆 CIP 数据核字（2013）第 133035 号

出版发行：时事出版社
地　　址：北京市海淀区巨山村 375 号
邮　　编：100093
发行热线：（010）82546061　82546062
读者服务部：（010）61157595
传　　真：（010）82546050
电子邮箱：shishichubanshe@sina. com
网　　址：www. shishishe. com
印　　刷：北京百善印刷厂

开本：787×1092　1/16　印张：19.75　彩页：6　字数：310 千字
2013 年 7 月第 1 版　2013 年 7 月第 1 次印刷
定价：56.00 元
（如有印装质量问题，请与本社发行部联系调换）